# ST Public

## European Rail Datafile
## France 2014

(18th edition)

| | |
|---|---|
| Researched & Updated by: | Martin Hall<br>5 Sunninghill Close, West Hallam, Ilkeston DE7 6LS |
| Printed & Distributed by: | ST Publications<br>51 Kendal Street, Wigan WN6 7DJ |

| | |
|---|---|
| Front Cover: | SNCF Sybic 26064 passing Paris Villeneuve St. George Station (Tom Dennett) |
| Rear Cover: | Y8016 seen passing through Perpignan Station (Andy Thomas) |

### Contents

Codes & Abbreviations ................................................................................... 3

**Standard Gauge Lines**
SNCF - Electric Locomotives........................................................................... 8
SNCF - Diesel Locomotives .......................................................................... 22
SNCF - Locotracteurs ................................................................................... 34
SNCF - Locma Departmental Locomotives .................................................. 39
SNCF - Infrastructure .................................................................................... 43
SNCF - Snowploughs ................................................................................... 43
SNCF - Diesel Multiple Units ........................................................................ 44
SNCF - Bi-Mode Units .................................................................................. 55
SNCF - Standard Gauge Electric Multiple Units........................................... 62
SNCF - TGV - Trains Grande Vitesse .......................................................... 88
RATP - Regie Autonome des Transports Parisiens .................................... 98

**SNCF - Narrow Gauge Lines** ................................................................. 102
**Private Narrow Gauge Lines** ................................................................. 104
**Private / Industrial Railways** ................................................................. 109
**Ex-SNCF Locomotives in Industrial Use** .............................................. 119

# Introduction

Welcome to the 2014 edition of the French Sighting File. It has been completely revised with much more information about the vehicles where information could be resourced. Liveries have now been included. French Railways have always been in the fore-front of railway technology and most of the lines are now electrified. The strong start in 1980 with freight traffic has continued to grow by about five pre cent a year and there has been no fall in passenger numbers especially with the many high speed routes run by the TGV units.We try to ensure that all our information is correct but mistakes may occur so if you notice any problems or have any up-to-date info please let me know at the address below.

**Note: The new UIC numbers for special vehicles is spreading through Europe.**
In August the EU Commission published a new Technical Specification for Interoperability which will affect motive power and special vehicles. SNCF is slowly but surely applying 12-digit European Vehicle Numbers to its trains the priority are for those which work into neighbouring countries as EVN's are now compulsory.

**Note:** When a locomotive is withdrawn I have now added (w) in the data base as I do not know if the loco is stored, scrapped, sold or preserved unless information is available.
The preserved locos can now be found in a new dadafile which contains information on all preserved stock I could find. If anyone has any new info please let me know.

A large amount of Locomotives & Units are now stored/withdrawn around France these are now listed at the rear of the book until a eventual outcome is known.


**Martin Hall**
**5 Sunninghill Close**
**West Hallam**
**Ilkeston**
**Derbyshire**
**DE7 6LS**

Email - Pamela.d.hall@hotmail.co.uk

November 2013

# SNCF - Societe Nationale des Chemins de fer Francais
# Depot Codes

Note: Because of the desire for the 22 regional authorities to maintain there own locos there has been an increase in depots and these are known as STF (Supervision Technique de Flotte)

| | | | | |
|---|---|---|---|---|
| AC | Achères. | LT | Lyon Guillotière |
| AC | STF Achères (for Infra shunters) | LV | Lyon Vaise. |
| AG | Argenteuil Val Notre Dame | LY | Paris Le Landy. |
| AL | STF Alsace (Strasbourg) | | |
| AQ | STF Aquitaine (Bordeaux) | MB | Marseille Blancarde. |
| AR | L'Arbresle | MN | STF Metz-Nancy (Lorraine region ) |
| AU | STF Auvergne (Clermont-Ferrand) | MO | Mohon (SNCF Preservation Depot) |
| AV | Avignon. | MP | STF Midi-Pyrénées (Toulouse) |
| AZ | Alizay (ECR) | MR | Montrouge & STF N/U & Paris-Chatres |
| | | MU | Mulhouse |
| BD | Bordeaux. | MY | Massy (RATP) |
| BF | Bourgogne-Franche-Comté (DP) | MZ | Metz. |
| BO | STF Dijon | | |
| BR | STF Bretagne (Rennes) | NB | Nantes Blottereau. |
| BY | Boissy St. Leger (RATP) | NC | Nice St. Roch |
| BZ | Béziers. | NI | Nîmes |
| | | NO | Basse & Haute Normandie (Caen & Sotteville) |
| CA | STF Champagne Ardenne (Epernay) | | |
| CB | Chambéry. | NP | STF Nord Pas de Calais (Lille & Calais) |
| CF | Clermont Ferrand | NPDC | Nord-Pas-de-Calais |
| CH | Châtillon TGV depot (Paris) | NU | SFT N/U & Paris-Chartres |
| CN | Caen (Ex CA) | NV | Nevers. |
| CS | Calais | | |
| CT | STF Central Region | PACA | Provence-Alpes-Côte d'Azur |
| CY | Chalindrey. | PC | Paris Châtillon. |
| | | PC | STF - PACA (Provence Alpes-Côte d'Azur) |
| DN | Doulon (Tram-Trains) | PD | STF Pays de la Loire (Nantes & Doulon) |
| DP | Dijon Perrigny. | PE | Paris Est(Noisy-le-Sec depot,suburban stock) |
| DV | Dijon Ville. | PI | STF Picardie (Amiens-Longueau) |
| | | PL | Paris La Chapelle. |
| EP | Épernay. | PN | Paris Nord (suburban EMU's) |
| | | PO | Paris Sud Ouest. |
| FA | STF Avignon | PP | STF PACA (Marseille & Nice) |
| FE | STF Lille | PQ | Paris Ourcq |
| FF | Brussels Midi/Zuid (SNCB) | PS | Paris St. Lazate. |
| FM | STF Mastéris (Strasbourg) | PV | Paris Villette. |
| FN | STF Normandie (Sotterville) | PZ | STF Paris Sud Est |
| FP | STF Picardie (Longueau) | | |
| FT | STF Thionville | RA | STF Rhône Alpes (Lyon Vaise & Vénissieux) |
| | | RIV | Rivesaltes Freight Terminal |
| HE | Hendaye. | RS | Rennes. |
| | | RU | Rueil-Malmaison (RATP) |
| IC | STF Infra Locomotives (Chalindrey) | | |
| | | SA | Saintes. |
| LG | Limoges. | SB | Strasbourg. |
| LH | Le Havre | SBF | Supervision Bourgogne-Franche Comté |
| LI | STF Locomotives Infrustructure | SFT | Supervision Flotte Tiers Strasbourg |
| LM | Le Mans. | SG | St. Gervais les Bains. |
| LN | Longueau. | SLE | Supervision Locomotives Electriques Lille |
| LO | STF Lorraine (Metz) | SLF | Supervision Locomotives Freight |
| LR | STF Languedoc Roussillon (Nîmes) | SLI | Supervision Locomotives Infrastructure |
| LE | Lens | SO | Sotteville. |

## Depot Codes

| | | | |
|---|---|---|---|
| TC | STF Translien Ligne (Vitry Les Ardoines & Trappes) | TP | Tours St. Pierre |
| | | TR | Trappes |
| TD | Paris TGV Duplex maintainance | TV | Thionville |
| TE | Unknown depot at moment | | |
| TG | Paris Sud-Est TGV Fleet | VE | Vénissieux. |
| TH | STF Fret Thionville | VF | Villefranche de Conflent. |
| TL | Toulouse. | VG | Villeneuve St. Georges. |
| TM | London Temple Mills | VI | STF Villeneuve St Georges |
| TN | STF Paris Nord | VS | STF Lignes Normandes |

## RATP - Regie Autonome des Transports Parisiens Depot Codes

| | | | | | |
|---|---|---|---|---|---|
| BY | Boissy St Leger. | MY | Massy. | RU | Rueil Malmaison |

## Sector Codes

Like most European Railways the SNCF has been split into business sectors.
To differentiate these "companies" ownership of locomotives, all engines numbers are prefixed with a code number (These have been detailed below). Locomotives with 4 figure numbers also have a "0" inserted between the owner code number and the locomotive number, i.e. Electric locomotive 7201 carries the number 407201.

| | |
|---|---|
| 1 | Voyages France Europe (VFE). |
| 2 | Train Inter Regionaux (TIR). |
| 4 | Fret SNCF. |
| 5 | Action Régionale (Regional Passenger). |
| 6 | Infrastructure. |
| 7 | SNCF Motive Power Division |
| 8 | Île-de-France (Paris Region). |
| 9 | Built for specific Regional Councils (Multiple Units). |

## General Codes

| | |
|---|---|
| **dsm** | Dismantled |
| **(inf)** | Infra |
| **(Pres)** | To be preserved but still at depot |
| **(s)** | Stored |
| **(w)** | Withdrawn but no information on status. |

# Operator Codes

Note:- So locos are not sitting idle some are being hired out to private operators but are still SNCF.

| Code | Operator |
|---|---|
| AKM | Akiem |
| ALS | Alstom Locomotive Services |
| AR | Aquitaine Rail |
| AT | Alpha Trains |
| CB | CBRail |
| CF | CFTA-Société Générale de Chemins de Fer de Transports Automobiles |
| CFBD | CF de Blaise et du Der |
| CFR | Compagnie Ferroviaire Regionale |
| CFTSA | Chemin de Fer Touristique des Sud Ardenes |
| COLRA | Colas Rail |
| CT | Captrain Deutchland |
| DF | Delcourt Ferroviaire (A new company based in Barizon, south of Paris) |
| DVF | Dijonnaise de Voies Ferrées |
| ECR | Euro Cargo Rail (Euro Cargo Rail also uses Class 66's from the UK) |
| EPF | Europorte France (Eurotunnel set up Europorte to run freight in France and through the Channel Tunnel) |
| E-G | E-Génie |
| EP | Europorte Proximite |
| ESAF | Enterprise Spécialisé en Activités Ferroviaires (Locos managed by Railmat) |
| ETMF | Enterprise de Transport de Matériel Ferroviaire |
| ETF | Europeenne de Travaux Ferroviaires (Eurovia subsidiary of Vinci took over Vis owns (ETF) |
| FR | Fourchard et Renard |
| FSC | Frasca (A subsidiary of TSO) |
| FT | Ferrotract |
| GEN | Genifer |
| HBL | Houillères du Bassin de Lorraine (Network of lines serving the coal mines in the Lorraine area north-east France) |
| MCI | Meccoli |
| MRCE | Mitsui Rail Capital Europe |
| NOR | Norena (A company set up in 2008 at Villenave d'Ornon, near Bordeaux) |
| NVC | Naviland Cargo |
| OFP | Ferovergne |
| OLI | Olichon |
| OSR | On Site Rail-France (SNCB Subsidiary) |
| PB | Pichenot-Bouillé |
| PD | Dunkerque Port Authority |
| RDT 13 | Regie Departmentale des Trans-Ports des Bouches-du-Rhone (This is a new private local freight operator) |
| RR | Regiorail (This is a new local private freight operator) |
| SO | Socorail |
| SR | Seco-Rail (A subsidiary of the French construction group Colas) |
| TPCF | TPCF Fret (This is a tourist railway on the Rivesaltes-Axat line) |
| TR | Toprail (This is a subsidiary of TSO) |
| TSO | Travaux du Sud Ouest (For construction work being carried out in Algeria) |
| VC | VC Holding |
| VEC | Vecchietti (This company is owned by Colas Rail but its fleet is separate) |
| VFL | Voies Ferrées des Landes. (Operates freight only branches off the SNCF Bordeaux to Dax line) |
| VFLI | Voies Ferrees Locales et Industrielles |
| VL | Vossloh Locomotives |

# Builder Codes

| | |
|---|---|
| Adtranz | ABB / Daimler Benz Transport, Zürich and Berlin |
| ANF | Ateliers du Nord de la France, Blanc Misseron – Now Bombardier |
| Alsthom | Société Générale de Constructions Electriques et Mécaniques Alsthom |
| Alstom | Alstom, Belfort and Aytré, France |
| Arbel Fauvet Rail | Arbel Fauvet Rail, Lille |
| | |
| Baldwin | Baldwin Locomotive Works, Philadelphia |
| BDR | Établissements Baudet-Donon-Roussel |
| Billard | Anciens Établissements Billard & Cie, Tours |
| Brissonneau & Lotz | SA des Établissements Brissonneau & Lotz, Aytré, France (Also known as B&L) |
| Brown Boveri | Brown Boveri, Baden, Switzerland |
| | |
| CAFL | Compagnie des Ateliers et Forges de la Loire, St Chamond (Later Creusot-Loire) |
| CEM | Compagnie Electro-Mécanique, Le Havre, Le Bourget & Nancy |
| CFD | (Compagnie de) Chemins de Fer Départementaux |
| CGC | Compagnie Générale de Constructions Batignolles, Paris, Châtillon & Nantes |
| CIMT | Compagnie Industrielle de Matériel de Transport, Marly les Valenciennes (Now Alstom) |
| Carde & Cie | Carde & Compagnie, Bordeaux |
| Carel & Fouché | Établissements Carel & Fouché SA, Le Mans |
| Creusot-Loire | Formerly SFAC and CAFL |
| | |
| De Dietrich | De Dietrich & Cie, Reichshoffen (Now Alstom) |
| De Dion | Société des Automobiles De Dion, Puteaux, Paris |
| Decauville | Société Nouvelle Decauville-Ainé, Corbeil |
| | |
| Études | Société d'Études pour l'Electrification des Chemins de Fer |
| | |
| Fauvet Girel | Établissements Fauvet-Girel, Suresnes, Arras & Lille |
| Fives-Lille | Compagnie de Fives-Lille pour Constructions Mécaniques et Entreprises, Fives, Lille |
| Franco-Belge | Société Franco-Belge de Matériel de Chemin de Fer, Raismes (Now Alstom) |
| Francorail-MTE Schneider | Consortium of Carel et Fouché, Creusot-Loire, De Dietrich, Jeumont- and MTE |
| | |
| GEC- Alsthom | GEC-Alsthom, Belfort and Aytré, France (Now Alstom) |
| | |
| Henschel | Henschel Werke AG, Kassel, Germany |
| | |
| Jeumont | Société de Forges et Ateliers de Constructions Électriques de Jeumont |
| | |
| LHB | Linke-Hoffmann-Busch, Salzgitter, Germany (Now Alstom) |
| Lilloise | Société Lilloise de Matériel de Chemins de Fer, Aulnay-sous-Bois |
| | |
| MTE | Le Matériel de Traction Électrique (Formed from SFAC, Jeumont & SW |
| Moyse | Établissements Gaston Moyse, La Courneuve |
| | |
| Oerlikon | Société Oerlikon, Switzerland |
| | |
| Renault | Regie Nationale des Usines Renault, Billancourt |
| | |
| SACM | Société Alsacienne de Constructions Mécaniques, Mulhouse |
| SEMT | Société d'Études de Moteurs Termiques-Pielstick, St Denis (Now Alstom) |
| SLM | Schweizerische Lokomotiv-und Maschinenfabrik, Winterthur, Switzerland |

# Builder Codes

| | |
|---|---|
| Saurer | Adolf Saurer, Arbon, Switzerland |
| Schneider | Société des Forges et Ateliers du Creusot, Usines Schneider, Le Creusot |
| SFAC | As Schneider, renamed in 1949 |
| Siemens | Siemens AG, Berlin, Nürnberg & Erlangen, Germany |
| Socofer | Société de Construction Ferroviare, Tours |
| Soulé | Soulé Fer et Froide, Bagnères de Bigorre (Now CFD) |
| Sprague-Thomson | Société Parisienne de Matériel Roulant, Paris |
| Sécheron | SA des Ateliers de Sécheron, Genève, Switzerland |
| SW | Schneider-Westinghouse |
| SWS | Schweizerische Wagons und Aufzügefabrik AG, Schlieren |
| TCO | Société Traction CEM-Oerlikon |
| Vevey | Ateliers de Constructions Mécaniques SA, Vevey, Switzerland |

# Useful Railway Terms

| | |
|---|---|
| Locomotive | la locomotive |
| Steam Train | train à vapeur |
| Electric Train | train électriques |
| Diesel Train | locomotive diesel |
| Shunter | locotracteurs |
| Diesel Multiple Unit | les autorails |
| Electric Multiple Unit | les automotrices électiques |
| Passenger coach | la voiture |
| Sleeping car | la voiture-lits |
| Restaurant car | le wagon restaurant |
| Freight wagon | le wagon de marchandises |
| Station | la gare |
| Timetable | l'horaire |
| Marshalling yard | la gare de triage |
| Platform | le quai |
| Track | la voie |
| Driver | le conduteur |
| Guard | le chef de train |
| Ticket | le billet |
| Single fare | aller simple |
| Return fare | aller-retour |
| First class | la première classe |
| Second class | la deuxième classe |
| Train late | en retard |
| Depot | dépôt |

# SNCF - Electric Locomotives

| Class BB7200 | | B-B | | 1500 V DC | |
|---|---|---|---|---|---|
| Built by:- | Alsthom / MTE 1976-85 | | Weight:- | 84t | |
| Length:- | 17.48m | | Max Speed:- | 100# / 160 / 200*km/h | |

Note: Some locos are now equiped with TDM for push-pull workings with Corail stock.

| | | | | | | | |
|---|---|---|---|---|---|---|---|
| 407201# | AQ | 207253 | VI | 207303 | VI | 407369* | FE |
| 407202# | BO | 207254 | VI | 207304 | AQ | 407370* | FE |
| 507203# | CE | 207255 | VI | 207305 | VI | 407371* | FE |
| 507204# | CE | 207256 | CE | 207306 | VI | 407372* | FE |
| 407205# | AQ | 207257 | VI | 407307 | FE | 407373* | FE |
| 207206# | AQ | 207258 | VI | 407309 | VG | 407374* | FE |
| 407207# | SO(s) | 107259 | MP | 507310 | AQ | 407375* | FE |
| 507208# | CE | 207260 | VI | 407313 | FE | 407376* | FE |
| 507211# | AQ | 107261 | MP(w) | 207315 | CE | 407377* | VI |
| 207212# | VI | 107262 | TL(w) | 207316 | CE | 407378* | FE |
| 507213# | AQ | 107263 | MP(w) | 407317 | CE | 407379* | DP |
| 507214# | AQ | 207264 | VI | 207318 | CE | 407380* | FE |
| 507215# | AQ | 207265 | VI | 507319+ | BO | 407381 | FE |
| 507216# | CE | 207266 | VI | 507320+ | BO | 407382 | FE |
| 507217# | AQ | 207267 | VI | 507321 | BO | 407383 | FE |
| 207218# | AQ | 207268 | VI | 507322+ | BO | 207384 | VI |
| 407219# | CE | 507269 | CE | 507323+ | BO | 207385 | VI |
| 407220# | BD(w) | 207270 | CE | 207324 | CE | 407386 | FE |
| 507221# | CE | 207271 | VI | 407328 | FE | 207387 | VI |
| 407222# | DP(w) | 207272 | CE | 407329 | FE | 407388 | AQ |
| 507223# | CE | 207273 | CE | 407333 | FE | 407389 | FE |
| 407224# | DP(w) | 507274 | CE | 407334 | FE | 207390 | AQ |
| 407225# | SO(s) | 507275 | CE | 407336 | MB | 207391 | TP |
| 407226# | SO(s) | 507276 | CE | 507338 | AQ | 407392 | FE |
| 407227# | SO(s) | 207277 | VI | 507340+ | PC | 207393 | VI |
| 407228# | SO(s) | 507278 | CE | 407343* | FE | 407394 | CE |
| 207229# | AQ | 407279 | SO(s) | 407344* | FE | 407395 | VI |
| 207230# | AQ | 507280 | AQ | 407345* | FE | 407396 | AQ |
| 407231# | SO(s) | 207281 | VI | 407346* | FE | 207397 | CE |
| 407232# | SO(s) | 207282 | VI | 407347* | FE | 407398 | FE |
| 407233# | SO(s) | 207283 | VI | 407349* | FE | 407399 | FE |
| 407234# | SO(s) | 207284 | VI | 407350* | FE | 507400 | AQ |
| 507235# | CE | 207285 | VI | 407351* | FE | 407401 | FE |
| 507236# | BO | 107286 | AQ | 407352* | FE | 207402 | CE |
| 507237 | BO | 107287 | AQ | 407353* | FE | 407403 | FE |
| 507238 | BO | 107288 | AQ | 407354* | VI | 407404 | FE |
| 507239 | BO | 107289 | AQ | 407355* | FE | 407405 | FE |
| 507240 | BO | 507290 | PC | 407356* | FE | 207406 | VI |
| 507241 | BO | 507291 | BO | 407357* | FE | 107407 | BD |
| 507242 | CE | 207292 | VI | 407358* | FE | 107408 | BD |
| 507243 | BO | 207293 | VI | 407359* | FE | 107409 | BO |
| 507244 | BO | 207294 | VI | 407360* | FE | 507410 | PC |
| 507245 | BO | 207295 | VI | 407361* | FE | 407411* | LE |
| 507246 | BO | 207296 | VI | 407362* | FE | 407412* | FE |
| 507247 | BO | 207297 | VI | 407363* | FE | 407413* | FE |
| 507248 | BO | 207298 | VI | 407364* | VI | 407414* | FE |
| 507249 | BO | 207299 | VI | 407365* | FE | 407415* | FE |
| 207250 | CE | 207300 | VI | 407366* | FE | 407416* | VI |
| 207251 | VI | 207301 | VI | 407367* | FE | 407417* | FE |
| 207252 | TP | 207302 | VI | 407368* | FE | 407418* | FE |

## Class BB7200　　B-B　　1500 V DC

| 407419* | FE | 407425* | FE | 407431* | FE | 407436* | FE |
|---|---|---|---|---|---|---|---|
| 407420* | FE | 407426* | FE | 407432* | FE | 407437* | FE |
| 407421* | FE | 407427* | FE | 407433* | FE | 407438* | FE |
| 407422* | LE | 407428* | FE | 407434* | FE | 407439* | FE |
| 407423* | FE | 407429* | FE | 407435* | FE | 407440* | FE |
| 407424* | FE | 407430* | FE | | | | |

### Named Locomotives

| 507203 | Saint-Flour | 507242 | Vienne |
|---|---|---|---|
| 507221 | Saint-Amand-Montrond | 507243 | Villeneuve-Saint-Georges |
| 507223 | La Souterraine | 507244 | Vernou-La-Celle-Sur-Seine |
| 507236 | Chambéry | 107253 | Montréjeau |
| 507237 | Pierrelatte | 207256 | Valenton |
| 507238 | Thonon-Les-Bains | 207270 | Entraigues-Sur-Sorgues |
| 507239 | Saint-Pierre-D'Albieny | 507410 | Fontenay-Sous-Bois |
| 507240 | Saint-Etienne | 407411 | Lamure-Sur-Azergues |
| 507241 | Villeurbanne | | |

## Class BB7600(Ex Class BB7200)　　B-B　　1500 V DC

| Built by:- | Alsthom / MTE 1976-85 | Weight:- | 84t |
|---|---|---|---|
| Length:- | 17.48m | Max Speed:- | 140km/h |

Note: 14 Class BB7200 are to be modified for push-pull operation.

| 807601 | NU | [7312] | 807606 | NU | [7339] | 807611 | MR | [7341] |
|---|---|---|---|---|---|---|---|---|
| 807602 | NU | [7314] | 807607 | NU | [7342] | 807612 | MR | [7311] |
| 807603 | NU | [7331] | 807608 | NU | [7326] | 807613 | MR | [7327] |
| 807604 | NU | [7335] | 807609 | NU | [7330] | 807614 | MR | [7337] |
| 807605 | NU | [7325] | 807610 | NU | [7332] | | | |

## Class BB8500　　B-B　　1500 V DC

| Built by:- | Alsthom 1964-74 |
|---|---|
| Length:- | 14.70 m (8501-36), 14.94 m (8537-87), 15.57 m (8588-8646) |
| Weight:- | 78t (8501-36), 79t (8537-87), 80t (8588-8646) |
| Max Speed:- | 100#/140km/h  Rheostatic Braking, Multiple Working Fitted & Push-Pull Fitted |

| 208506 | SO(s) | 208587 | VI | 508609 | TL(w) | 508624 | MP(w) |
|---|---|---|---|---|---|---|---|
| 208509 | SO(s) | 508588 | NU | 508610 | TL | 208625 | VI |
| 208514 | SO(s) | 508589 | NU | 208611 | VI | 508626 | TL |
| 188515# | VG | 508591 | NU | 508612 | DP(w) | 508627 | TL |
| 288518# | VE | 508592 | NU | 508613 | MP | 208628 | SO(s) |
| 208519 | SO(s) | 508593 | NU | 508614 | MP | 508629 | MP |
| 288520# | VE | 508594 | NU | 508615 | TL | 208630 | VI |
| 288522# | VE | 508595 | MR(w) | 508616 | MO(p) | 508632 | MP |
| 188525# | PO | 508596 | NU | 508617 | TL | 208633 | VI |
| 208549 | VI(w) | 508597 | NU | 208618 | VI | 208638 | VI |
| 108552 | SO(s) | 508598 | NU | 508619 | TL | 108640 | VG(w) |
| 108562 | VI(w) | 508599 | DP(w) | 508620 | NU | 108641 | SO(s) |
| 208565 | VI | 208604 | MR(w) | 508621 | TL | 208642 | VI |
| 108567 | VI(w) | 508606 | TL | 508622 | TL | 208645 | VI |
| 208576 | SO(s) | 408607 | SO(s) | 208623 | VI | 508646 | NU |
| 108581 | TL | 408608 | TL | | | | |

### Named Locomotives

| 208604 | Cerdagne | 508627 | Saint Gaudens |
|---|---|---|---|
| 508626 | Fleury-Les-Aubrais | | |

## Class BB9200 — Bo-Bo — 1500 V DC

| Built by:- | Schneider-Jeumont / CEM / MTE 1957-64 | Weight:- 82t |
| --- | --- | --- |
| Length:- | 16.20m | Max Speed:- 160km/h |
|  |  | Rheostatic Brakes (9263-9292 only) |

| | | | | | | | |
|---|---|---|---|---|---|---|---|
| 509214 | TP(w) | 509242 | DP    | 509257 | TP    | 209275 | SO(s) |
| 209217 | SO(s) | 509243 | SO(s) | 509265 | TP    | 209279 | SO(s) |
| 509222 | TP(w) | 509245 | SO(s) | 509266 | SO(s) | 509282 | SO(s) |
| 509231 | SO(s) | 509247 | TP    | 209272 | SO(s) | 509284 | TP(w) |
| 209240 | TP(w) | 509254 | SO(s) | 209273 | SO(s) |        |       |

## Class BB9300 — Bo-Bo — 1500 V DC

| Built by:- | Schneider-Jeumont / CEM / MTE 1967-69 |
| --- | --- |
| Length:- | 16.20m |
| Weight:- | 84t |
| Max Speed:- | 160km/h |

**Rheostatic, Electro-pneumatic brakes and Driver Guard Communication**

| | | | | | | | |
|---|---|---|---|---|---|---|---|
| 109301 | MP    | 509311 | TL(w) | 509321 | TL(w) | 509330 | TL(w)   |
| 509303 | TL    | 509312 | TL(w) | 509322 | MP(w) | 509331 | TL(w)   |
| 509304 | TL(w) | 509313 | TL(w) | 509323 | TL    | 209333 | TL(w)   |
| 509305 | TL(w) | 509315 | TL(w) | 509324 | SO(s) | 509334 | SO(s)   |
| 509306 | MP(w) | 509316 | MP    | 509325 | TL(w) | 209335 | TL(w)   |
| 209307 | TL    | 509317 | TL    | 509326 | MP(w) | 209337 | SO(pres)|
| 509308 | TL(w) | 509318 | TL    | 509327 | TL(w) | 509338 | TL(w)   |
| 209309 | MP(w) | 509319 | MP    | 509328 | TL(w) | 509339 | TL      |
| 509310 | TL(w) | 509320 | MP(w) | 209329 | TL(w) | 109340 | TL(w)   |

### Named Locomotives

| 509326 | Montrabé | 209329 | Castres |
| --- | --- | --- | --- |

## Class BB15000 — B-B — 25 kV AC 50Hz

| Built by:- | Alsthom / MTE 1971-78 | Max Speed:- 160km/h |
| --- | --- | --- |
| Length:- | 17.48m | Rheostatic Brakes |
| Weight:- | 90t | |

| | | | | | |
|---|---|---|---|---|---|
| 515001 | CA | Gretz-Armainvilliers.   | 215027 | AC    | Creutzwald. |
| 515002 | CA | Longwy.                 | 215028 | AC(w) | Villiers-Le-Bel. |
| 515003 | CA | Sarreguemines.          | 215029 | AC    | Aurillac. |
| 515004 | CA | Sedan.                  | 215030 | AC    | Forbach. |
| 115005 | SB | Saint-Louis.            | 215031 | AC    | Moyeuvre-Grande. |
| 515007 | CA |                         | 215032 | AC    | Chambly. |
| 115008 | SB | Nancy.                  | 215034 | AC    | Sète. |
| 215009 | AC | Reims.                  | 115035 | SB    | Nogent-Sur-Marne. |
| 215010 | LN | Strasbourg.             | 215036 | AC    | Le Perreux-Sur-Marne. |
| 515012 | CA | Châlons Sur Marne.      | 215037 | AC    | La Ferté-Sous-Jouarre. |
| 215013 | AC | Longuyon.               | 215038 | AC    | Ars Sur Moselle. |
| 215014 | AC | Thionville.             | 215039 | AC    | Rosny-Sous-Bois. |
| 215016 | AC | Charleville-Mézières.   | 515040 | AC    | Livry Gargan. |
| 215017 | AC | Saint-Avold.            | 515041 | AC    | Sainte Menehould. |
| 115018 | SB | Bondy.                  | 215042 | AC    | Etival-Clairfontaine. |
| 215019 | AC | Montigny-Lès-Metz.      | 215043 | AC    | Maizières Les Metz. |
| 115020 | LN | Pau.                    | 215044 | AC    | Suippes. |
| 115021 | SB | Château-Thierry.        | 215045 | AC    | Raon L'étape. |
| 215022 | AC | Pantin.                 | 515046 | AC    | |
| 115023 | SB | Meaux.                  | 515047 | AC    | Chelles. |
| 515024 | CA | Lunéville.              | 515048 | AC    | Haguenau. |
| 115025 | SB | Toul.                   | 515049 | AC    | Vitry-Le-François. |
| 215026 | AC | Épernay.                | 215050 | AC    | Aulnoye-Aymeries. |

## Class BB15000 — B-B — 25 kV AC 50Hz

| | | | | | |
|---|---|---|---|---|---|
| 215051 | AC | Cambrai. | 515059 | SB | Tourcoing. |
| 215052 | AC | Trouville-Sur-Mer. | 515060 | AC | Creil. |
| 215053 | AC | | 215061 | AC | Sarrebourg. |
| 215054 | AC | | 215062 | AC | Montmédy. |
| 215055 | AC | Metz | 515063 | CA | Verdun. |
| 515056 | SB | Vannes. | 215064 | AC | Saverne. |
| 515058 | SB | Epinal. | 215065 | AC | Vaires-Sur-Marne. |

## Class BB16000 — Bo-Bo — 25 kV AC 50Hz

| Built by:- | MTE 1958-63 | | Weight:- | 88t |
|---|---|---|---|---|
| Length:- | 16.68m | | Max Speed:- | 160km/h |

| | | | | | | | |
|---|---|---|---|---|---|---|---|
| 216003 | SO(s) | 216029 | AC(w) | 216054 | SO(s) | 516106 | SO(s) |
| 216005 | SO(s) | 216031 | SO(s) | 216056 | SO(s) | 516107 | SO(s) |
| 216006 | SO(s) | 216032 | SO(s) | 216057 | SO(s) | 516108 | SO(s) |
| 216007 | SO(s) | 216037 | SO(s) | 216058 | SO(s) | 516109 | SO(s) |
| 216008 | AC(w) | 216039 | SO(s) | 216059 | SO(s) | 516110 | SO(s) |
| 216012 | SO(s) | 216041 | SO(s) | 216061 | SO(s) | 516111 | SO(s) |
| 216013 | SO(s) | 216043 | AC(w) | 516101 | SO(s) | 516112 | SO(s) |
| 216015 | AC(w) | 216050 | AC | 516103 | SO(s) | 516113 | MO(pres) |
| 216019 | SO(s) | 216051 | SO(s) | 516104 | SO(s) | 516114 | SO(s) |
| 216020 | MO(pres) | 216053 | SO(s) | 516105 | SO(s) | 516115 | SO(s) |
| 216021 | SO(s) | | | | | | |

### Named Locomotives

| 216007 | Mantes-La-Joue | 216008 | Drancy | 516114 | Dol-De-Bretagne. |
|---|---|---|---|---|---|

## Class BB16500 — B-B — 25 kV AC 50Hz

| Built by:- | Alsthom 1958-64 | | Weight:- | 71-74t, 81t (16700) |
|---|---|---|---|---|
| Length:- | 14.40m (15.27m 16700) | | Max Speed:- | 90# / 100 / 160km/h |

| | | | | | | | |
|---|---|---|---|---|---|---|---|
| 416530 | LE(w) | 416651 | LE(w) | 516715 | TV(w) | 416757 | LE(w) |
| 116583# | LE(w) | 416652 | LE(w) | 516726 | TV(w) | 416758 | EP(w) |
| 516592# | LE(w) | 516655 | SO(s) | 516729 | LE(w) | 416759 | LE(w) |
| 516594# | LE(w) | 516656 | LE(w) | 516735 | SO(s) | 516760 | LE(w) |
| 416601 | LE(w) | 516661 | TV(w) | 516739 | SO(s) | 416761 | LE(w) |
| 416603 | SO(s) | 516664 | SB | 516741 | LE(w) | 516762 | TV(w) |
| 416614 | SO(s) | 416665 | SO(s) | 816742 | SO(s) | 416766 | LE(w) |
| 416616 | LE(w) | 516677 | SO(s) | 416745 | MO(Pres) | 516770 | TV(w) |
| 516617 | LE(w) | 516678 | SO(s) | 416746 | LE(w) | 516772 | LE(w) |
| 416618 | LE(w) | 516705 | SO(s) | 516750 | LE(w) | 416773 | SO(s) |
| 516628 | EP(w) | 516709 | TV(w) | 416751 | LE(w) | 416775 | SO(s) |
| 416630 | LE(w) | 516710 | SO(s) | 516754 | TV(w) | 416786 | SO(s) |
| 416641 | LE(w) | 516711 | LE(w) | | | | |

## Notes

## Class BB17000　　　　　　　　B-B　　　　　　　25 kV AC 50Hz

| Built by:- | Alsthom 1965-68 |
|---|---|
| Length:- | 14.40m (17001-04, 006-037), 15.57 m (17005), 14.94 (17038-105) |
| Weight:- | 78 t　　　　　　　　　　　Max Speed:-　　90 / 140km/h |

| | | | | | | | |
|---|---|---|---|---|---|---|---|
| 517002 | AC(w) | 517030 | AC(w) | 817058 | AC | 817083 | PL |
| 817003 | AC | 517031 | AC | 817059 | PL | 817084 | PL |
| 817004 | AC | 517033 | AC | 817060 | PL | 817085 | PL |
| 817007 | SO(s) | 517034 | AC | 817061 | AC | 817086 | PL |
| 817008 | AC | 817035 | AC(w) | 817062 | PL(w) | 817087 | PL |
| 817009 | AC(w) | 517036 | AC | 817063 | SO(s) | 817088 | PL |
| 517010 | AC | 517038 | AC(w) | 817064 | PL | 817089 | PL |
| 817011 | AC | 517039 | PL | 217065 | PL | 817090 | PL |
| 817013 | AC | 517040 | AC(w) | 817066 | PL | 817091 | PL |
| 517014 | AC | 817041 | AC | 817067 | PL | 817092 | PL |
| 817015 | SO(s) | 817042 | AC | 817068 | PL | 817093 | PL |
| 817016 | AC | 517043 | AC | 817069 | PL | 817094 | PL |
| 817017 | AC(w) | 817044 | PL | 817070 | PL | 817095 | PL |
| 817018 | AC | 817046 | PL | 817071 | PL | 817096 | PN(w) |
| 817020 | AC | 817047 | PL | 817072 | PL | 817097 | PL |
| 817021 | AC | 517048 | AC(w) | 817073 | PL | 217098 | PL |
| 517022 | AC | 817049 | AC | 817074 | PL | 217099 | SO(s) |
| 817023 | AC | 817050 | AC | 817075 | PL | 817100 | PL |
| 817024 | AC | 817051 | PL | 517076 | PL | 217101 | SO(s) |
| 817025 | AC | 817052 | PL | 817077 | PL | 217102 | PL |
| 817026 | AC | 817053 | PL | 217079 | PL | 217103 | PL |
| 817027 | SO(s) | 817054 | PL | 817080 | AC | 217104 | SO(s) |
| 817028 | AC | 817055 | PL | 817081 | PL | 817105 | PL |
| 817029 | AC | 817056 | AC | 817082 | PN(w) | | |

### Named Locomotives

| 817011 Colombes | 817042 Chaumont-En-Vexin | 817051 Cormeilles-En-Parisis |
|---|---|---|

## Class BB22200　　　　　　　　B-B　　　　　　　1500V DC / 25 kV AC 50Hz

| Built by:- | Alsthom / MTE 1976-86 |
|---|---|
| Length:- | 17.48m |
| Weight:- | 90t |
| Max Speed:- | 160 / 200(#)km/h |

**Rheostatic, Electro-pneumatic brakes and Driver Guard Communication.**
**# - Fitted with TVM430 cab signalling.**

| | | | | | |
|---|---|---|---|---|---|
| 422201 | VG(w) | | 822218 | NU | Fourmies. |
| 422202 | VG(w) | Oyonnax. | 422219 | VG(w) | Albertville. |
| 422203 | VG(w) | | 422220 | SO(s) | |
| 422204 | SO(s) | | 422221 | SO(s) | |
| 422205 | VG(w) | | 422222 | VG(w) | |
| 422206 | SO(s) | | 822223 | NU | |
| 422207 | VG(w) | | 422224 | SO(s) | |
| 122208 | PC | | 422225 | SO(s) | |
| 522209 | RA | | 422226 | VG(w) | |
| 422210 | VG(w) | | 222227 | VI | |
| 422211 | VG(w) | | 422228 | VI | |
| 622212 | IC | | 222229 | VG | |
| 422213 | VG(w) | | 422230 | VI | |
| 522214 | RA | Dole | 422231 | VI | |
| 422215 | VG(w) | | 222232 | VI | |
| 422216 | VG(w) | Lagny-Sur-Marne. | 222233 | VI | |
| 422217 | TL(w) | | 222234 | VG | |

| Class BB22200 | | | B-B | 1500V DC / 25 kV AC 50Hz | |
|---|---|---|---|---|---|
| 522235RC | PACA | | 222294 | VI | |
| 522236RC | PACA | | 622295 | IC | |
| 222237 | VI | | 422296 | LE | |
| 222238 | VI | | 622297 | IC | |
| 122239 | PC | Lons Le Saunier. | 522298RC | PACA | |
| 222240 | PC | | 622299 | IC | |
| 422241RC | NPDC | | 622300 | IC | Chalon-Sur-Saône. |
| 522242 | PC | | 522301RC | PACA | Villeneuve-D'ascq. |
| 522243RC | PACA | | 422302 | LE | Rive-De-Gier. |
| 222244 | VI | | 422303RC | NPDC | Croix. |
| 522245 | PC | | 422304 | LE | |
| 422246RC | NPDC | | 522305RC | NPDC | St-Rambert-D'albon. |
| 522247 | BO | | 622306 | SO(s) | |
| 522248 | SBF | | 122307 | PC | Le Teil. |
| 522249 | BO | Velaux. | 122308 | PC | Gisors. |
| 522250RC | PACA | | 122309 | PC | |
| 222251 | MB | | 122310 | PC | |
| 522252RC | PACA | | 122311 | PC | Pierrefitte. |
| 422254RC | NPDC | | 122312 | PC | Antibes Juan-Les-Pins. |
| 422255RC | NPDC | | 122313 | RA | Digne-Les Bains. |
| 422256RC | PACA | Rognac. | 122314 | RA | Tain-L'hermitage. |
| 522257 | RA | | 122315 | RA | Miramas. |
| 522258RC | PACA | | 122316 | RA | Lomme. |
| 522259RC | PACA | | 222317 | VI | La-Tour-Du-Pin. |
| 522260 | RA | | 222318 | VI | Carpentras. |
| 422261RC | PACA | | 222319 | VI | Sorgues-Sur-Ouvèze. |
| 422262RC | NPDC | | 222320 | VI | Istres. |
| 422263RC | PACA | | 222321 | VI | Bellevie. |
| 522264 | RA | | 222322 | VI | Bollène. |
| 422265RC | NPDC | | 222323 | VI | Cagnes-Sur-Mer. |
| 522266 | RA | | 222324 | VI | Lannion. |
| 422267 | SO(s) | La Ciotat. | 222325 | VI | Champigny-Sur-Marne. |
| 422268RC | NPDC | | 222326 | VI | |
| 422269 | RA | | 222327 | VI | |
| 522270RC | PACA | | 222328 | VI | |
| 522271 | RA | | 222329 | PC | Quimper. |
| 422272 | MB | | 222330 | VI | |
| 422273RC | NPDC | | 222331 | VI | |
| 222274 | VI | | 222332 | VI | |
| 422275 | FM | | 222333 | PC | |
| 522276RC | PACA | Dijon. | 222334 | PC | |
| 622277 | IC | Is-Sur Tille. | 122335 | VG | |
| 422278RC | NPDC | | 122336 | SO(s) | |
| 222280 | VI | Hazebroyck. | 122337 | VG | |
| 422281 | SO(s) | | 222338 | VI | |
| 522282RC | PACA | | 222339 | VI | |
| 422284 | LE | Gevrey-Chambertin. | 122340 | PC | Cavaillon. |
| 422285RC | PACA | Chantilly. | 222341 | VI | |
| 422286 | LE | Béthune. | 222342 | VI | Carnoules. |
| 622287 | IC | Saint-Jean-De-Maurienne. | 222343 | VI | |
| 622288 | IC | Louhans. | 222344 | VI | |
| 422289 | SO(s) | | 222345 | VI | |
| 422290 | SO(s) | | 222346 | VI | Aubagne. |
| 422291 | SO(s) | La Ferté-Alais. | 222347 | VI | |
| 622292 | IC | | 122348 | PC | Saint-Martin-De-Crau. |
| 422293RC | NPDC | | 222349 | VI | |

# Class BB22200 — B-B — 1500V DC / 25 kV AC 50Hz

| | | | | | | |
|---|---|---|---|---|---|---|
| 522350 | RA | | 622378# | LB | Le Quesnoy. | |
| 222351 | PC | Valognes. | 622379# | LB | | |
| 122352 | PC | Sablé-Sur-Sarthe. | 622380# | LB | | |
| 122353 | RA | Plaisir. | 422381 | SO(s) | Le Bourget. | |
| 522354 | DP | Ancenis. | 422382 | NVC | Clermont de L'oise. | [Akiem] |
| 122355 | RA | Lorient. | 422383 | NVC | Bully-Les-Mines. | [Akiem] |
| 522356 | BO | | 522384 | PI | Saint-André-Lès-Lille. | |
| 522357 | RA | | 422385 | NVC | Longueau. | [Akiem] |
| 122358 | RA | | 422386# | LB | Bailleul. | |
| 522359 | BO | | 522387 | VI | Liévin. | |
| 522360 | RA | | 422388 | NVC | Somain. | [Akiem] |
| 522361 | BO | | 422389 | NVC | Comines. | [Akiem] |
| 122362 | RA | | 422390 | NVC | Lesquin. | [Akiem] |
| 122363 | RA | | 522391 | RA | Hirson. | |
| 522364 | RA | | 522392 | RA | | |
| 422365 | LE | | 522393 | RA | Pont-À-Vendin. | |
| 422366 | RA | Malakoff. | 522394 | RA | Joinville-Le-Pont. | |
| 422367 | LE | 5ème Regiment Du Génie. | 522395 | RA | Neuilly-Plaisance. | |
| 422368 | NVC | [Akiem] | 522396 | RA | Baie-De-Somme. | |
| 422369 | SO(s) | | 522397 | RA | Pagny-Sur-Meuse. | |
| 422370 | NVC | Thouars. [Akiem] | 522398RC | PACA | Couderkerque-Branche. | |
| 422371 | NVC | Ladoix-Serrigny. [Akiem] | 622399# | LB | Mormant. | |
| 422372 | BF(w) | Mauriac. | 522400 | RA | Montigny-En-Ostrevent. | |
| 422373 | NVC | Aulnay-Sous-Bois. [Akiem] | 422401# | LB | Moulins. | |
| 422374 | NVC | Noyon. [Akiem] | 522402 | MB | Saint-Dié-Des-Vosges. | |
| 422375 | NVC | Méricourt. [Akiem] | 622403# | LB | Neuves-Maisons. | |
| 422376 | NVC | Douai. [Akiem] | 522404 | MB | Les Pavillons-Sous-Bois. | |
| 422377 | SO(s) | Roubaix. | 422405# | LB | Villiers-Sur-Marne. | |

# Class BB25150 — Bo-Bo — 1500V DC / 25 kV AC 50Hz

| | |
|---|---|
| Built by:- | MTE 1967-69/ 74 # / 76-77* |
| Length:- | 16.20 m, 16.68 #, 16.73* |
| Weight:- | 85 / 89(#*)t |
| Max Speed:- | 130km/h |
| Rheostatic Brakes | |

| | | | | | | | |
|---|---|---|---|---|---|---|---|
| 525176* | CB(w) | 525182* | VE(w) | 525188* | RA | 525193* | VE(w) |
| 525179* | VE(w) | 525186* | VE(w) | 525192* | VE(w) | | |

# Class BB25200 — Bo-Bo — 1500V DC / 25 kV AC 50Hz

| | |
|---|---|
| Built by:- | MTE 1967 - 1969 / 1974 (25247 - 251) / 1976 - 1977 (25254 - 256) |
| Length:- | 16.20 m, 16.68 m (25247 - 251), 16.73 m (25254 - 256) |
| Weight:- | 130 km/h / 160 km/h (25247 - 251) |
| Max Speed:- | 85t / 89t (25247 - 251) |
| Rheostatic Brakes. | |

| | | | | | |
|---|---|---|---|---|---|
| 525213 | VE(w) | | 525250# | RA | Vitré |
| 525236 | RA | | 525251# | SO(s) | |
| 525237 | SO(s) | | 525252 | RA | [25201] Versailles |
| 525238 | VE | | 525254* | VE(w) | [25184] |
| 525239 | VE(w) | | 525255* | VE(w) | [25194] |
| 525240 | VE(w) | | 525256* | SO(s) | [25195] |
| 525241 | VE(w) | | 425257 | VE(w) | [25225] |
| 525244 | VE(w) | | 525258* | VE(w) | [25180] |
| 525246 | VE(w) | | 525259* | VE(w) | [25183] |
| 525249# | RA | | | | |

| Class BB25500 | | | B-B | | 1500V DC / 25 kV AC 50Hz | | |
|---|---|---|---|---|---|---|---|
| **Built by:-** | Alsthom 1964-76 | | | | | | |
| **Length:-** | 14.70 m (25501-44), 14.94 (25545-87), 15.57 m (25588-694) | | | | | | |
| **Weight:-** | 79t (25501-544), 80t (25545-55) | | | | | | |
| | 77t (25556-587), 81t (25588-694) | | | | | | |
| **Max Speed:-** | 100 / 140#km/h | | | **Push-pull fitted.** | | | |
| 425543 | SO(s) | 825610 | AC(w) | 525638 | BO | 525665 | PC(w) |
| 425546 | VE(w) | 825611# | MR(w) | 525639# | BO | 525666 | NP |
| 425547# | VE(w) | 525612 | PA | 525640 | BO | 525667 | MB |
| 425549# | VE(w) | 525613# | PA | 525641 | BO | 525668 | MB |
| 425550# | VE(w) | 525614 | MB | 525642 | PC(w) | 525669 | MB |
| 425553# | VE(w) | 525615 | LO | 525643 | BR | 425670 | PA |
| 425554# | RS(w) | 525616# | SB(w) | 525644 | MB | 525671# | BR(w) |
| 825585# | VE(w) | 525617 | MB | 525645 | MB | 625673 | BO |
| 525588# | PA | 525618# | MB | 525646 | MB | 525674# | PC |
| 425589# | AC | 525619 | MB | 525647 | NP | 525675 | NP |
| 525590 | BR | 525620 | NP | 525648 | PC(w) | 525677 | SO(s) |
| 525591# | PA | 525621 | MB | 525649 | NP | 525678# | MB |
| 525592 | PC(w) | 525622 | BO | 525650# | BR | 425679# | PA |
| 525594 | BR | 525623 | BO | 525651 | MB | 525680# | NP(w) |
| 525595# | BR | 525624 | NP | 525652 | PC(w) | 525681 | BR |
| 525596 | SB(w) | 525625 | BR | 525653 | PA | 525682 | BO |
| 525597 | BR | 525626 | VE(w) | 525654 | DP | 425683# | BO |
| 525598 | SB(w) | 525627 | NP(w) | 525655# | BR | 525684# | BO |
| 525599 | BR | 525628 | NP | 425656 | VE(w) | 525685# | BO |
| 525600 | BR | 525629 | NP | 525657 | LO | 525686# | BO |
| 525601 | BR | 525630 | NP | 525658 | SO(s) | 525688# | BO |
| 525602 | LO | 525631 | NP | 425659 | SO(s) | 525689# | BR |
| 525603 | LO | 525633 | PC(w) | 425660# | NP | 525690# | BR |
| 525605 | LO | 525634 | BO | 525661# | MB | 525691# | BR |
| 525606# | PA | 525635 | MB | 425662 | NP | 525692# | BR |
| 525607 | PA | 425636 | NP | 425663 | LO | 525693# | PC(w) |
| 825608 | NU | 525637 | BR | 525664 | LO | 525694 | BR(w) |
| 825609 | NU | | | | | | |

**Notes**

| Class BB26000 | | | | B-B | | 1500V DC / 25 kV AC 50Hz | |
|---|---|---|---|---|---|---|---|
| **Built by:-** | Alsthom 1988-98 | | | **Weight:-** | 91t | | |
| **Length:-** | 17.48m | | | **Max Speed:-** | 200km/h | | |

# Equipped with memor for use in Luxembourg.

| | | | | | | | |
|---|---|---|---|---|---|---|---|
| 126001 | VI | 226053 | VI | 426106 | FE | 126158 | DP |
| 126002 | VI | 126054 | VI | 226107 | VG | 126159 | DP |
| 126003 | VI | 126055 | VI | 426108 | FE | 126160# | DP |
| 126004 | VI | 226056 | VI | 226109 | VG | 126161 | DP |
| 126005 | VI | 226057 | VI | 426110 | VG | 126162 | DP |
| 226006 | VI | 426058 | VI | 426111 | FE | 126163 | DP |
| 226007 | VI | 126059 | FE | 426112 | FE | 126164 | DP |
| 226008 | VI | 126060 | VI | 426113 | FE | 126165 | DP |
| 226009 | VI | 426061 | VI | 426114 | FE | 126166 | DP |
| 226010 | VI | 426062 | VI | 426115 | FE | 126167 | DP |
| 226011 | VI | 126063 | VI | 426116 | FE | 126168 | DP |
| 226012 | VI | 426064 | FE | 126117 | VI | 426169 | FE |
| 226013 | VI | 426065 | FE | 426118 | FE | 426170 | FE |
| 226014 | VI | 426066 | FE | 426119 | FE | 426171 | FE |
| 226015 | VI | 426067 | FE | 426120 | FE | 426172 | FE |
| 226016 | VI | 426068 | FE | 426121 | FE | 426173 | FE |
| 226017 | VI | 426069 | FE | 426122 | FE | 426174 | FE |
| 226018 | VI | 226070 | VI | 426123 | FE | 426175 | FE |
| 126019 | VI | 226071 | VI | 426124 | FE | 426176 | FE |
| 226020 | VI | 126072 | DP | 426125 | FE | 426177 | FE |
| 226021 | VI | 126073 | DP | 426126 | FE | 426178 | FE |
| 126022 | VI | 126074 | VI | 426127 | FE | 426179 | FE |
| 226023 | VI | 126075 | VI | 426128 | FE | 426180 | FE |
| 226024 | VI | 426076 | FE | 426129 | FE | 426181 | FE |
| 226025 | VI | 426077 | FE | 426130 | FE | 426182 | FE |
| 126026 | VG | 426078 | FE | 426131 | FE | 426183 | FE |
| 226027 | VI | 426079 | FE | 426132 | FE | 426184 | FE |
| 226028 | VI | 426080 | FE | 426133 | FE | 426185 | FE |
| 226029 | VI | 426081 | FE | 426134 | FE | 426186 | FE |
| 226030 | VI | 426082 | FE | 426135 | FE | 426187 | FE |
| 226031 | VI | 426083 | VG(w) | 426136 | FE | 426188 | FE |
| 226032 | VI | 426085 | FE | 426137 | FE | 426189 | FE |
| 226033 | VI | 426086 | FE | 126138 | DP | 426190 | FE |
| 226034 | VI | 426087 | FE | 126139 | DP | 426191 | LE |
| 226035 | VI | 426088 | FE | 426140 | AL | 426192 | FE |
| 226036 | VI | 426089 | FE | 426141 | AL | 426193 | FE |
| 226037 | VI | 426090 | FE | 426142 | AL | 426194 | FE |
| 226038 | VI | 126091 | VI | 426143 | AL | 426195 | FE |
| 226039 | VI | 426092 | FE | 426144 | AL | 426196 | FE |
| 126040 | VI | 426093 | FE | 426145 | AL | 426197 | FE |
| 126041 | VI | 426094 | FE | 426146 | AL | 426198 | FE |
| 226042 | VI | 426095 | FE | 426147 | AL | 426199 | FE |
| 226043 | VI | 426096 | FE | 426148 | AL | 426200 | LE |
| 226044 | VI | 426097 | FE | 426149 | AL | 426201 | FE |
| 226045 | VI | 426098 | FE | 526150 | AL | 426202 | FE |
| 226046 | VI | 426099 | FE | 526151 | AL | 426203 | LE |
| 226047 | VI | 426100 | VG | 526152 | AL | 426204 | FE |
| 226048 | VI | 426101 | FE | 526153 | AL | 426205 | FE |
| 226049 | VI | 426102 | FE | 126154 | DP | 426206 | FE |
| 226050 | VI | 426103 | FE | 126155 | VI | 426207 | FE |
| 226051 | VI | 426104 | FE | 126156 | DP | 426208 | FE |
| 226052 | VI | 426105 | FE | 126157 | DP | 426209 | FE |

# Class BB26000     B-B     1500V DC / 25 kV AC 50Hz

| | | | | | | | |
|---|---|---|---|---|---|---|---|
| 426210 | FE | 426217 | FE | 426223 | FE | 426229 | VI |
| 426211 | FE | 426218 | FE | 426224 | FE | 426230 | VI |
| 426212 | FE | 426219 | FE | 426225 | FE | 426231 | VI |
| 426213 | FE | 426220 | FE | 426226 | FE | 426232 | VI |
| 426214 | FE | 426221 | FE | 426227 | FE | 426233 | VI |
| 426215 | FE | 426222 | FE | 426228 | FE | 426234 | VI |
| 426216 | FE | | | | | | |

## Named Locomotives

| | | | |
|---|---|---|---|
| 126001 | Gien. | 426100 | Pompey. |
| 126002 | Souffelweyersheim. | 426108 | Iver-Sur Seine. |
| 126003 | Fontvieille. | 426113 | Beautiran. |
| 126004 | Cernay. | 426116 | Ruffec. |
| 126005 | Nemours & Saint Pierre-les-Nemours. | 426121 | Compiègne / Margny-Lès- Compiègne. |
| 226006 | Museé Français Du Chemin De Fer. | 426125 | Choisy-Le-Roi |
| 226007 | Béning-Lès-Saint-Avold. | 426128 | Amboise |
| 226009 | Longvic-En-Bourgogne. | 426132 | Carcassonne |
| 226010 | Vallorbe. | 426136 | Oullins. |
| 226011 | Le Piennois. | 426141 | Libourne |
| 226012 | Hagondange. | 426149 | Orleans |
| 226013 | Miramas. | 426182 | Jeumont. |
| 226014 | Dole. | 426184 | Bourgogne. |
| 226015 | Florange. | 426190 | Saint-Chamond. |
| 226016 | Caussade Tarn Et Garonne. | 426191 | Gagny. |
| 126020 | Menton. | 426192 | Portes-Lès-Valence |
| 126028 | Narbonne | 426196 | Brest |
| 226033 | Laval | 426197 | Chateauroux |
| 126039 | Limoges | 426198 | Saintes |
| 126041 | Mezidon Canon. | 426199 | Saint-Pierre-Des-Corps |
| 126043 | Emerainville. | 426201 | Riorges |
| 126044 | Pontault-Combault. | 426203 | Angouleme |
| 126046 | Selestat. | 426206 | Castelnaudary |
| 126047 | Jarville. | 426207 | Salon-De-Provence |
| 126052 | Saint Dizier. | 426208 | Pamiers |
| 126054 | Jarny. | 426209 | Sainte-Foy-La-Grande |
| 126072 | Issoudun. | 426210 | Vitry-Sur-Seine |
| 426087 | Arcachon | 426221 | Montauban. |
| 426088 | Remiremont. | 426222 | Chatelleraut |
| 426090 | Aix-Les-Bain | 426230 | Agen |
| 426098 | Vierzon | 426232 | Nantes. |

## Notes

## Class BB27000 — Bo-Bo — 1500V DC / 25 kV AC 50Hz

**Built by:-** Alsthom 2001- 05  **Weight:-** 90t
**Length:-** 19.52m  **Max Speed:-** 140km/h

| No. | Code | Op. | No. | Code | Op. | No. | Code | Op. |
|---|---|---|---|---|---|---|---|---|
| 427001 | FE | | 427055 | FE | | 427109 | FE | |
| 427002 | FE | | 427056 | FE | | 427110 | FE | |
| 427003 | FE | | 427057 | FE | | 427111 | FM | Akiem |
| 427004 | FE | | 427058 | FE | | 427112 | FM | Akiem |
| 427005 | FE | | 427059 | FE | | 427113 | FM | Akiem |
| 427006 | FE | | 427060 | FE | | 427114 | FM | Akiem |
| 427007 | FE | | 427061 | FE | | 427115 | FM | ECR |
| 427008 | FE | | 427062 | FE | | 427116 | FM | VFLI |
| 427009 | FE | | 427063 | FE | | 427117 | FM | VFLI |
| 427010 | FE | | 427064 | FE | | 427118 | FM | VFLI |
| 427011 | FE | | 427065 | FE | | 427119 | FE | Akiem |
| 427012 | FE | | 427066 | FE | | 427120 | FE | Akiem |
| 427013 | FE | | 427067 | FE | | 427121 | FE | Akiem |
| 427014 | FE | | 427068 | FE | | 427122 | FE | Akiem |
| 427015 | FE | | 427069 | FE | | 427123 | FE | Akiem |
| 427016 | FE | | 427070 | FE | | 427124 | FE | Akiem |
| 427017 | FE | | 427071 | FE | | 427125 | FE | Akiem |
| 427018 | FE | | 427072 | FE | | 427126 | FE | Akiem |
| 427019 | FE | | 427073 | FE | | 427127 | FE | Akiem |
| 427020 | FE | | 427074 | FE | | 427128 | FE | Akiem |
| 427021 | FE | | 427075 | FE | | 427129 | FE | Akiem |
| 427022 | FE | | 427076 | FE | | 427130 | FE | Akiem |
| 427023 | FE | | 427077 | FE | | 427131 | FE | Akiem |
| 427024 | FE | | 427078 | FE | | 427132 | FE | Akiem |
| 427025 | FE | | 427079 | FE | | 427133 | FE | Akiem |
| 427026 | FE | | 427080 | FE | | 427134 | FE | Akiem |
| 427027 | FE | | 427081 | FE | | 427135 | FE | Akiem |
| 427028 | FE | | 427082 | FE | | 427136 | FE | Akiem |
| 427029 | FE | | 427083 | FE | | 427137 | FE | Akiem |
| 427030 | FE | | 427084 | FE | | 427138 | FM | Akiem |
| 427031 | FE | | 427085 | FE | | 427139 | LE | Akiem |
| 427032 | FE | | 427086 | FE | | 427140 | LE | Akiem |
| 427033 | FE | | 427087 | FE | | 427141 | FM | ECR |
| 427034 | FE | | 427088 | FE | | 427142 | FE | Akiem |
| 427035 | FE | | 427089 | FE | | 427143 | FE | Akiem |
| 427036 | FE | | 427090 | FE | | 427144 | FE | Akiem |
| 427037 | FE | | 427091 | FE | | 427145 | FE | Akiem |
| 427038 | FE | | 427092 | FE | | 427146 | FE | Akiem |
| 427039 | FE | | 427093 | FE | | 427147 | FE | Akiem |
| 427040 | FE | | 427094 | FE | | 427148 | FE | Akiem |
| 427041 | FE | | 427095 | FE | | 427149 | FE | Akiem |
| 427042 | TV | | 427096 | FE | | 427150 | FE | Akiem |
| 427043 | FE | | 427097 | FE | | 427151 | FE | Akiem |
| 427044 | FE | | 427098 | FE | | 427152 | FE | Akiem |
| 427045 | FE | | 427099 | FE | | 427153 | FE | Akiem |
| 427046 | FE | | 427100 | FE | | 427154 | FE | Akiem |
| 427047 | FE | | 427101 | FE | | 427155 | FE | Akiem |
| 427048 | FE | | 427102 | FE | | 427156 | FM | ECR |
| 427049 | FE | | 427103 | FE | | 427157 | FM | ECR |
| 427050 | FE | | 427104 | FE | | 427158 | FM | ECR |
| 427051 | FE | | 427105 | FE | | 427159 | FM | ECR |
| 427052 | FE | | 427106 | FE | | 427160 | FM | NVC |
| 427053 | FE | | 427107 | FE | | 427161 | FM | ECR |
| 427054 | FE | | 427108 | FE | | 427162 | FM | ECR |

## Class BB27000    Bo-Bo    1500V DC / 25 kV AC 50Hz

| | | | | | | | | |
|---|---|---|---|---|---|---|---|---|
| 427163 | FM | NVC | 427169 | FM | ECR | 427175 | LE | |
| 427164 | FM | NVC | 427170 | FM | | 427176 | LE | |
| 427165 | FM | Akiem | 427171 | FT | | 427177 | LE | |
| 427166 | FT | NVC | 427172 | FT | | 427178 | LE | |
| 427167 | FM | NVC | 427173 | FM | | 427179 | LE | |
| 427168 | FM | | 427174 | LE | | 427180 | LE | VFLI |

### Named Locomotives

| | | | | |
|---|---|---|---|---|
| 427001 | "Port Autonome De Marseille" | | 427062 | "Mericourt" |

## Class BB27300    Bo-Bo    1500V DC / 25 kV AC 50Hz

| Built by:- | Alstom 2006-08 | Weight:- | 90 tonnes |
|---|---|---|---|
| Length:- | 19.52m | Max Speed:- | 140km/h |

| | | | | | | | |
|---|---|---|---|---|---|---|---|
| 827301 | NU | 827318 | NU | 827335 | AC | 827352 | AC |
| 827302 | NU | 827319 | NU | 827336 | AC | 827353 | AC |
| 827303 | NU | 827320 | NU | 827337 | AC | 827354 | AC |
| 827304 | NU | 827321 | NU | 827338 | AC | 827355 | AC |
| 827305 | NU | 827322 | NU | 827339 | AC | 827356 | AC |
| 827306 | NU | 827323 | NU | 827340 | AC | 827357 | AC |
| 827307 | NU | 827324 | NU | 827341 | AC | 827358 | AC |
| 827308 | NU | 827325 | AC | 827342 | AC | 827359 | AC |
| 827309 | NU | 827326 | AC | 827343 | AC | 827360 | AC |
| 827310 | NU | 827327 | AC | 827344 | AC | 827361 | AC |
| 827311 | NU | 827328 | AC | 827345 | AC | 827362 | AC |
| 827312 | NU | 827329 | AC | 827346 | AC | 827363 | AC |
| 827313 | NU | 827330 | AC | 827347 | AC | 827364 | AC |
| 827314 | NU | 827331 | AC | 827348 | AC | 827365 | AC |
| 827315 | NU | 827332 | AC | 827349 | AC | 827366 | AC |
| 827316 | NU | 827333 | AC | 827350 | AC | 827367 | AC |
| 827317 | NU | 827334 | AC | 827351 | AC | | |

## Class BB36000    Bo-Bo    1500/3000V DC/25 kV AC 50Hz

| Built by:- | GEC Alsthom 1996-2005 | Max Speed:- | 140km/h |
|---|---|---|---|
| Length:- | 19.30m | Regenerative and Rheostatic Braking | |
| Weight:- | 89 tonnes | | |

Note: Hired to new company Thello *

| | | | | | | | |
|---|---|---|---|---|---|---|---|
| 436001 | SLE | 436009 | SLE | 436017 | SLE | 436025 | SLE |
| 436002 | SLE | 436010 | SLE | 436018 | SLE | 436026 | SLE |
| 436003 | FE | 436011* | FM | 436019 | FE | 436027 | FE |
| 436004 | FE | 436012 | SLE | 436020 | SLE | 436028 | SLE |
| 436005 | FM | 436013 | SLE | 436021 | SLE | 436029 | SLE |
| 436006 | FE | 436014 | SLE | 436022 | SLE | 436030 | FE |
| 436007* | FM | 436015* | FM | 436023 | SLE | | |
| 436008 | SLE | 436016 | FE | 436024 | FE | | |

### Named Locomotives

| | | | | |
|---|---|---|---|---|
| 436003 | Maubeuge-Ratingen. | | 436009 | Traction Kinkempois/Grande Synthe |
| 436005 | Hirson / Charleroi. | | 436012 | Yutz |
| 436006 | Champigneulles Ville. | | 436013 | Bonnencontre |
| 436008 | Blainville. | | 436029 | Longwy. |

## Class BB36300  Bo-Bo  1500/3000V D/25 kV AC 50Hz

| Built by:- | GEC Alsthom 1996-2005 | Weight:- | 89t |
|---|---|---|---|
| Length:- | 19.30m | Max Speed:- | 140km/h |

Regenerative and Rheostatic Braking, Multiple working,
Fire detection / Extinguishing equipment.
Class 36200 Locomotives adapted in 2002-2005 to operate (AFA) Modalohr piggyback trains on Aiton-Orbassano.

These locomotives are operated by SNCF Fret Italia (SFI) and 36339-36348 are owned by Trenitalia.

| 436331 | FE | [36031] | 436341 | FE | [36041] | 436351 | FE |
| 436332 | FE | [36032] | 436342 | FE | [36042,36242] | 436352 | FE |
| 436333 | FE | [36033] | 436343 | FE | [36043,36243] | 436353 | FE |
| 436334 | FE | [36034] | 436344 | FE | [36044,36244] | 436354 | FE |
| 436335 | FE | [36035] | 436345 | FE | [36045,36245] | 436355 | FE |
| 436336 | FE | [36036] | 436346 | FE | [36046,36246] | 436356 | FE |
| 436337 | FE | [36037] | 436347 | FE | [36047,36247] | 436357 | FE |
| 436338 | FE | [36038] | 436348 | FE | [36048,36248] | 436358 | FE |
| 436339 | FE | [36039] | 436349 | FE | [36049,36249] | 436359 | FE |
| 436340 | FE | [36040] | 436350 | FE | [36050,36250] | 436360 | FE |

### Named Locomotives

| 436331 | Bons En-Chablais / Castione Della Presolana. |
| 436342 | 1ere ligne de chemin de fer d'Europe continentale saint-Étienne 1827 / 2002 Andrézieux. |

## Class BB37000  Bo-Bo 1500V DC/25 kV AC 50Hz, 15 kV AC 16.7Hz

| Built by:- | Alsthom 2002-05 | Weight:- | 90t |
|---|---|---|---|
| Length:- | 19.52m | Max Speed:- | 140km/h |

| 437001 | FE | Akiem | 437021 | FE | Akiem | 437041 | FT | Akiem |
| 437002 | FE | Akiem | 437022 | FT | Akiem | 437042 | FT | Akiem |
| 437003 | FE | Akiem | 437023 | FM | Akiem | 437043 | FE | Akiem |
| 437004 | FE | Akiem | 437024 | FM | Akiem | 437044 | FE | Akiem |
| 437005 | FE | Akiem | 437025 | FM | Akiem | 437045 | FE | Akiem |
| 437006 | FE | Akiem | 437026 | FM | Akiem | 437046 | FE | Akiem |
| 437007 | TV(s) | | 437027 | FM | Akiem | 437047 | FE | Akiem |
| 437008 | FE | Akiem | 437028 | FM | Akiem | 437048 | FE | Akiem |
| 437009 | FE | Akiem | 437029 | FM | Akiem | 437049 | FE | Akiem |
| 437010 | FE | Akiem | 437030 | FM | Akiem | 437050 | FE | Akiem |
| 437011 | FE | Akiem | 437031 | FM | Akiem | 437051 | FE | Akiem |
| 437012 | FT | HSL | 437032 | FM | Akiem | 437052 | FE | Akiem |
| 437013 | FT | Akiem | 437033 | FM | Akiem | 437053 | FE | HSL |
| 437014 | FE | Akiem | 437034 | FE | Akiem | 437054 | FE | Akiem |
| 437015 | FE | Akiem | 437035 | FE | Akiem | 437055 | FE | Akiem |
| 437016 | FE | Akiem | 437036 | FE | Akiem | 437056 | FE | Akiem |
| 437017 | FT | Akiem | 437037 | FE | Akiem | 437057 | FE | Akiem |
| 437018 | FE | Akiem | 437038 | FE | Akiem | 437058 | FE | Akiem |
| 437019 | FE | Akiem | 437039 | FE | Akiem | 437059 | FE | Akiem |
| 437020 | FE | Akiem | 437040 | FE | Akiem | 437060 | FE | Akiem |

### Named Locomotives

| 437019 | Denis Douté | 437039 | "Custines/Böbingen" |
| 437027 | Berlin | | |

| Class BB47000 | | Bo-Bo | | 1500 V DC |
|---|---|---|---|---|
| Built by:- | Alsthom 2003 | Weight:- | | |
| Power:- | 6000kW | Max Speed:- | | |
| Length:- | | | | |

This was an experimental Alsthom Prima 6000 locomotive.
47001

| Class BB88500 | | B-B | | 1500 V DC |
|---|---|---|---|---|
| Built by:- | Alsthom 1964-1974 | Weight:- | 78t | |
| Length:- | 14.70m | Max Speed:- | 100km/h. | |

Note: Downgraded to 100km/h for e.c.s. working.

| | | | | | | | | |
|---|---|---|---|---|---|---|---|---|
| 288501 | VI | [8501] | 188509 | VG(w) | [8509] | 288523 | VI(w) | [8523] |
| 188504 | SO(s) | [8504] | 188511 | VI(w) | [8511] | 288526 | VI(w) | [8526] |
| 188505 | VG | [8505] | 188514 | VG(w) | [8514] | 288527 | VI(w) | [8527] |
| 288506 | VI | [8506] | 288517 | VI(w) | [8517] | 288529 | VI(w) | [8529] |
| 188507 | VG | [8507] | 288519 | VG(w) | [8519] | 188534 | VG | [8534] |
| 188508 | MP | [8508] | | | | | | |

**Notes**

## SNCF - Diesel Locomotives

**Class BB60000** — Bo-Bo
**Built by:-** Alstom / Vossloh 2006-09    **Weight:-** 76t
**Length:-** 15.05m                         **Max Speed:-** 100km/h

| | | | | | | | |
|---|---|---|---|---|---|---|---|
| 460001 | FN | 460045 | FN | 460089 | FN | 460133 | FN |
| 460002 | FN | 460046 | FN | 460090 | FN | 460134 | FN |
| 460003 | FN | 460047 | FN | 460091 | FN | 460135 | FN |
| 460004 | FN | 460048 | FN | 460092 | FN | 460136 | FN |
| 460005 | FN | 460049 | FN | 460093 | FN | 460137 | FN |
| 460006 | FN | 460050 | FN | 460094 | FN | 460138 | FN |
| 460007 | FN | 460051 | FN | 460095 | FN | 460139 | FN |
| 460008 | FN | 460052 | FN | 460096 | FN | 460140 | FN |
| 460009 | FN | 460053 | FN | 460097 | FN | 460141 | FN |
| 460010 | FN | 460054 | FN | 460098 | FN | 460142 | FN |
| 460011 | FN | 460055 | FN | 460099 | FN | 460143 | FN |
| 460012 | FN | 460056 | FN | 460100 | FN | 460144 | FN |
| 460013 | FN | 460057 | FN | 460101 | FN | 460145 | FN |
| 460014 | FN | 460058 | FN | 460102 | FN | 460146 | FN |
| 460015 | FN | 460059 | FN | 460103 | FN | 460147 | FN |
| 460016 | FN | 460060 | FN | 460104 | FN | 460148 | FN |
| 460017 | FN | 460061 | FN | 460105 | FN | 460149 | FN |
| 460018 | FN | 460062 | FN | 460106 | FN | 460150 | FN |
| 460019 | FN | 460063 | FN | 460107 | FN | 460151 | FN |
| 460020 | FN | 460064 | FN | 460108 | FN | 460152 | FN |
| 460021 | FN | 460065 | FN | 460109 | FN | 460153 | FN |
| 460022 | FN | 460066 | FN | 460110 | FN | 460154 | FN |
| 460023 | FN | 460067 | FN | 460111 | FN | 460155 | FN |
| 460024 | FN | 460068 | FN | 460112 | FN | 460156 | FN |
| 460025 | FN | 460069 | FN | 460113 | FN | 460157 | FN |
| 460026 | FN | 460070 | FN | 460114 | FN | 460158 | FN |
| 460027 | FN | 460071 | FN | 460115 | FN | 460159 | FN |
| 460028 | FN | 460072 | FN | 460116 | FN | 460160 | FN |
| 460029 | FN | 460073 | FN | 460117 | FN | 660161 | FN |
| 460030 | FN | 460074 | FN | 460118 | FN | 660162 | FN |
| 460031 | FN | 460075 | FN | 460119 | FN | 660163 | FN |
| 460032 | FN | 460076 | FN | 460120 | FN | 660164 | FN |
| 460033 | FN | 460077 | FN | 460121 | FN | 660165 | FN |
| 460034 | FN | 460078 | FN | 460122 | FN | 660166 | FN |
| 460035 | FN | 460079 | FN | 460123 | FN | 660167 | FN |
| 460036 | FN | 460080 | FN | 460124 | FN | 660168 | FN |
| 460037 | FN | 460081 | FN | 460125 | FN | 660169 | FN |
| 460038 | FN | 460082 | FN | 460126 | FN | 660170 | FN |
| 460039 | FN | 460083 | FN | 460127 | FN | 660171 | FN |
| 460040 | FN | 460084 | FN | 460128 | FN | 660172 | FN |
| 460041 | FN | 460085 | FN | 460129 | FN | 660173 | FN |
| 460042 | FN | 460086 | FN | 460130 | FN | 660174 | FN |
| 460043 | FN | 460087 | FN | 460131 | FN | 660175 | FN |
| 460044 | FN | 460088 | FN | 460132 | FN | | |

## Class BB61000 — Bo-Bo — DH

| Built by:- | Vossloh 2003-04 | Weight:- | 87.3t |
|---|---|---|---|
| Length:- | 14.70m | Max Speed:- | 100km/h |

| | | | | | | | |
|---|---|---|---|---|---|---|---|
| 461001 | SB | (AT) | 461009 | FM | (TPCF) | 461018 | FM |
| 461002 | SB | (AT) | 461011 | FM | (RR) | 461019 | FM |
| 461003 | SB | (AT) | 461012 | FM | (CFR) | 461020 | FM |
| 461004 | SB | (AT) | 461013 | FM | (AT) | 461021 | FM |
| 461005 | SB | (ETF) | 461014 | FM | | 461022 | FM |
| 461006 | SB | (AT) | 461015 | FM | | 461023 | FM |
| 461007 | SB | (AT) | 461016 | FM | | | |
| 461008 | SB | (AT) | 461017 | FM | | | |

### Named Locomotives

| 461011 | "Audrey" | | 461013 | "Maryline" |
|---|---|---|---|---|

## Class BB63000/500 — Bo-Bo

| Built by:- | Brissonneau and Lotz 1953-71 | Weight:- | 64-68t |
|---|---|---|---|
| Length:- | 14.68m | Max Speed:- | 90km/h |

| | | | | | | | |
|---|---|---|---|---|---|---|---|
| 663005 | TP | 663505 | SO(s) | 663587 | IC | 663667 | SO(s) |
| 663006 | CB | 463510 | LB | 463590 | RS(w) | 663668 | SO(s) |
| 163017 | MB | 463515 | VG | 463591 | TP(w) | 663669 | SO(s) |
| 663037 | PO | 663517 | CY(w) | 663592 | IC(w) | 663670 | SO(s) |
| 663039 | AV | 663518 | SO(s) | 663593 | IC | 663673 | SO(s) |
| 663062 | NV | 663519 | SO(s) | 663594 | BD(w) | 663674 | TP |
| 663082 | SO(s) | 463521 | LE(w) | 663596 | IC(w) | 663675 | VE(w) |
| 163095 | NC(w) | 463522 | LB | 663597 | LF(w) | 663679 | SO(s) |
| 663108 | SO(s) | 463523 | IC(w) | 663598 | SO(s) | 663680 | BD(w) |
| 663144 | SO(s) | 463525 | SO(s) | 463605 | BD(w) | 463682 | VE(w) |
| 463151 | SO(s) | 663526 | SO(w) | 663606 | BD(w) | 463683 | BD(w) |
| 663158 | SO(s) | 663528 | SO(s) | 663607 | SO(s) | 463684 | LE(w) |
| 463165 | DP | 463530 | SO(s) | 463608 | BD(w) | 663686 | CY(w) |
| 463177 | SO(s) | 163532 | SO(s) | 663609 | LB(w) | 663687 | LA |
| 163181 | NC(w) | 663537 | SO(s) | 463613 | BZ | 463692 | LA |
| 263189 | VG | 663542 | CY(w) | 663618 | MZ | 463693 | SO(s) |
| 663192 | SO(s) | 163544 | NC(w) | 663619 | SO(s) | 663696 | LF |
| 663211 | PO | 663548 | VE | 663620 | VE(w) | 463697 | VE(w) |
| 463226 | DP | 663552 | BD(w) | 663623 | SO(s) | 463703 | SB |
| 463227 | DP | 463553 | SO(w) | 763624 | TL | 663707 | LN(w) |
| 463240 | DP | 663554 | LA | 463625 | TL | 663708 | VE(w) |
| 663241 | PO | 663558 | TP(w) | 463629 | VE(w) | 463709 | VG(w) |
| 463244 | DP | 663561 | LA | 463630 | BD(w) | 463710 | SO(s) |
| 163248 | NC(w) | 663562 | BD(w) | 663631 | LA | 663713 | VE |
| 663401 | LN(w) | 663563 | SO(w) | 663632 | LA(w) | 663715 | SO(s) |
| 463404 | CY(w) | 663564 | CY(w) | 663634 | VE(w) | 663717 | DP(w) |
| 163405 | NB | 663565 | LI(w) | 463635 | CY | 663718 | LB(w) |
| 163406 | PL | 663567 | AC(w) | 663636 | AC(w) | 663719 | SO(s) |
| 663407 | LN(w) | 663568 | SO(s) | 663640 | VE | 663721 | TP(w) |
| 463408 | VE(w) | 663569 | VI | 663641 | IC(w) | 663727 | SO |
| 663409 | LA | 663572 | LA | 663643 | CY(w) | 463728 | SO(s) |
| 663411 | SO(s) | 463573 | RS | 663645 | SO(s) | 463730 | LE(w) |
| 463413 | MO(p) | 663574 | TP(w) | 663647 | BD | 763731 | TP |
| 463414 | SO(s) | 463576 | SO(s) | 663650 | SO(w) | 463732 | SO(w) |
| 463415 | SO(s) | 463577 | LE(w) | 663652 | AC(w) | 463735 | SO(s) |
| 663416 | VG(w) | 263579 | AQ | 663655 | LF | 663737 | BD |
| 663418 | BD(w) | 463580 | TL | 163660 | VI | 663738 | BD(w) |
| 663423 | CY(w) | 663582 | SO(s) | 663663 | LA | 463740 | SB(w) |
| 463501 | VE(w) | 463586 | BD(w) | 463665 | MZ(w) | 463741 | LE(w) |

European Rail Datafile France 2014

# Class BB63000/63500　　　　　　　　Bo-Bo

| | | | | | | | |
|---|---|---|---|---|---|---|---|
| 463744 | VE(w) | 463832 | TP(w) | 263928 | VI | 464006 | RS(w) |
| 663746 | LA | 463833 | MZ(w) | 463929 | RS(w) | 464007 | DP(w) |
| 663748 | LB | 663835 | IC | 663930 | LA | 464009 | IC |
| 663750 | IC | 463836 | DP(w) | 463932 | SO(s) | 464011 | BD(w) |
| 663755 | SO(s) | 463837 | SO(w) | 463933 | SO(w) | 664016 | LA |
| 463756 | SB | 663839 | LB | 463935 | RS(w) | 464018 | MZ(w) |
| 663757 | TP(w) | 663840 | IC | 663936 | SO(s) | 464019 | AC(w) |
| 463758 | AV(w) | 663843 | IC | 463938 | LF | 464020 | MZ(w) |
| 663760 | SO(s) | 663844 | LA | 463939 | LA | 664021 | LB |
| 663762 | TP(w) | 663845 | IC | 163940 | NC(w) | 264023 | AQ |
| 663765 | SO(s) | 663846 | IC | 463942 | DP(w) | 664024 | VE(w) |
| 663767 | AC(w) | 763851 | LI | 663947 | LB | 264025 | AC |
| 663770 | SO(s) | 463855 | SO(s) | 163948 | SO(s) | 464027 | SO |
| 663773 | TP(w) | 463856 | LA | 163950 | SO(s) | 664029 | LF |
| 463775 | BD | 463857 | LA | 463951 | DP(w) | 464030 | IC |
| 663776 | SO(s) | 663861 | IC | 463952 | SO(s) | 664032 | LF(w) |
| 663777 | IC | 463862 | SO(s) | 463953 | SO(s) | 464033 | SO(s) |
| 663779 | IC | 463866 | AC(w) | 663954 | AC(w) | 664035 | VE |
| 163780 | VI | 463867 | MZ | 663955 | SO(s) | 664037 | LA(w) |
| 163781 | MZ(w) | 663869 | TP(w) | 663957 | BD(w) | 664038 | LA |
| 663784 | LF | 463871 | LE(w) | 663960 | LA | 464040 | IC |
| 163785 | AC | 463873 | SO(s) | 163962 | VG(w) | 664041 | LB |
| 663786 | BD(w) | 463874 | LA | 663964 | LB | 264043 | AQ |
| 663787 | IC | 463875 | LE(w) | 663965 | LB | 264044 | VI |
| 663788 | AV(w) | 463876 | LA | 663966 | LB | 464045 | TP(w) |
| 263790 | AQ | 663877 | LA | 666967 | SO(s) | 164046 | TA |
| 663792 | AC(w) | 463878 | LE(w) | 663968 | IC | 664048 | TP(w) |
| 663794 | SO(s) | 463879 | BD(w) | 663970 | LI(w) | 464049 | LB |
| 663797 | VG | 463880 | LF | 463971 | VE(w) | 664050 | IC |
| 163798 | AC | 463881 | MZ(w) | 163972 | SO(s) | 264055 | VI |
| 663799 | AC(w) | 663884 | LB(w) | 663973 | AC(w) | 664056 | LA |
| 663800 | SO(s) | 463887 | SO(s) | 463975 | SO(s) | 464057 | DP(w) |
| 663801 | SO(s) | 663893 | TP(w) | 663977 | IC | 164060 | AC(w) |
| 663802 | LA | 663894 | SO(s) | 663978 | SO(s) | 164061 | AC(w) |
| 663803 | SO(s) | 463897 | RS(w) | 663979 | LF | 264062 | VI |
| 663804 | LA | 463898 | BD(w) | 663985 | LF | 164063 | VG(w) |
| 663806 | SO(s) | 463899 | LE(w) | 463986 | SO(s) | 664064 | SO(s) |
| 463808 | SO | 663900 | CY(w) | 463987 | DP(w) | 464066 | TP |
| 663809 | LA | 663901 | LI(w) | 663988 | IC | 264068 | VI |
| 463810 | AC | 663902 | LI(w) | 663989 | LB | 464069 | LA(w) |
| 463813 | BD(w) | 163905 | SB(w) | 463993 | BD(w) | 664070 | LB |
| 463815 | LA(w) | 163907 | SO(s) | 663994 | LB | 664071 | LF |
| 463816 | DP(w) | 163912 | SO(s) | 463995 | MZ | 664072 | LF |
| 663817 | SO(s) | 163913 | AC(w) | 463996 | SO | 664075 | LA |
| 663820 | SO(s) | 463919 | LA | 463997 | SO(s) | 264076 | VI |
| 663821 | LF | 463923 | RS(w) | 463998 | LE(w) | 264077 | VI |
| 463823 | LB | 263925 | VI | 464001 | BD(w) | 264079 | VI |
| 463828 | MZ(w) | 163926 | AC | 464005 | BD(w) | 264080 | VI |
| 463830 | VE(w) | 463927 | SO(s) | | | | |

## Class BB64600 (ex BB63500)    Bo-Bo

| Built by:- | Brissonneau and Lotz 1956-71 | Weight:- | 64-68t |
|---|---|---|---|
| Length:- | 14.68m | Max Speed:- | 90km/h |

| | | | | | | | | |
|---|---|---|---|---|---|---|---|---|
| 664601 | IC | [63617] | 664614 | IC | [63574] | 664627 | IC | [63724] |
| 664602 | IC | [63588] | 664615 | IC | [63587] | 664628 | IC | [63502] |
| 664603 | IC | [63503] | 664616 | IC | [63865] | 664629 | IC | [63915] |
| 664604 | IC | [63766] | 664617 | IC | [63733] | 664630 | IC | [63736] |
| 664605 | IC | [63759] | 664618 | IC | [63538] | 664631 | IC | [63402] |
| 664606 | IC | [63882] | 664619 | IC | [63676] | 664632 | IC | [63853] |
| 664607 | IC | [63849] | 664620 | IC | [63410] | 664633 | IC | [63550] |
| 664608 | IC | [63992] | 664621 | IC | [63841] | 664634 | IC | [63831] |
| 664609 | IC | [63720] | 664622 | IC | [63982] | 664635 | IC | [63789] |
| 664610 | IC | [63698] | 664623 | IC | [63642] | 664636 | IC | [64003] |
| 664611 | IC | [63850] | 664624 | IC | [63838] | 664637 | IC | [63695] |
| 664612 | IC | [64015] | 664625 | IC | [63829] | 664638 | LI | [63604] |
| 664613 | IC | [63847] | 664626 | IC | [63981] | 664639 | LI | [63768] |

## Class BB64700 + TBB64800 (Master & Slave Units)    Bo-Bo + Bo-Bo

| Built by:- | Brissonneau and Lotz 1956-71 | | |
|---|---|---|---|
| Rebuilt:- | Socofer(Tours) 2007-08 | Weight:- | 63 + 63t |
| Length:- | 14.68m + 11.39m | Max Speed:- | 80km/h. |

TBB64800 slave units (or trucks) have no cab.

| | | | | | | | | |
|---|---|---|---|---|---|---|---|---|
| 464701 | TH | [63920] | 464708 | FT | [63887] | 464715 | VE | [63918] |
| 464702 | FT | [63976] | 464709 | FT | [63946] | 464716 | FT | [63963] |
| 464703 | TH | [63889] | 464710 | TH | [63910] | 464717 | FT | [63937] |
| 464704 | TH | [63959] | 464711 | TH | [63974] | 464718 | FT | [63908] |
| 464705 | FT | [63909] | 464712 | TH | [63886] | 464719 | AV | [63892] |
| 464706 | FT | [63644] | 464713 | FT | [63945] | 464722 | SO(s) | [63916] |
| 464707 | FT | [63980] | 464714 | FT | [63904] | 464723 | AC | [63943] |
| 464801 | TH | [63024] | 464808 | FT | [63070] | 464814 | FT | [63030] |
| 464802 | FT | [63057] | 464809 | FT | [63051] | 464815 | VE | [63063] |
| 464803 | SO(s) | [63043] | 464810 | TH | [63089] | 464816 | AC | [63025] |
| 464804 | TH | [63080] | 464811 | TH | [63022] | 464817 | FT | [63047] |
| 464805 | FT | [63001] | 464812 | TH | [63075] | 464818 | FT | [63034] |
| 464806 | FT | [63014] | 464813 | FT | [63086] | 464819 | AV | [63093] |
| 464807 | FT | [63059] | | | | | | |

## Notes

## Class BB66000 — Bo-Bo

**Built by:-** CAFI / CEM / Asthom / Fives-Lille 1959-68
**Length:-** 14.90m
**Weight:-** 66-67t
**Max Speed:-** 120km/h
**Multiple Working fitted**

| | | | | | | | |
|---|---|---|---|---|---|---|---|
| 666001 | LF(w) | 666054 | SO(s) | 466117 | TP | 466205 | LF |
| 666002 | BD(w) | 666055 | SO(s) | 466118 | SO(s) | 466207 | LA |
| 666003 | SO(s) | 666057 | LF(w) | 466120 | LN | 466214 | SO(s) |
| 666004 | LF | 666059 | LF | 466121 | LF | 466218 | SO(s) |
| 666006 | LN | 666060 | LF | 666125 | SO(s) | 466220 | LA |
| 666014 | LF | 466061 | LA | 466126 | IC | 466223 | SO(s) |
| 666016 | BD(w) | 466062 | LF | 466127 | SLI(w) | 466226 | SO(w) |
| 666018 | NV(w) | 666067 | AV(w) | 666129 | SO(s) | 466227 | SO(s) |
| 666019 | SO(s) | 466070 | TL | 466131 | BD(w) | 466229 | SO(s) |
| 666020 | SO(s) | 666073 | LF | 666140 | SO(s) | 466231 | SO(s) |
| 666021 | AV | 466075 | LF | 666151 | IC | 466232 | IC |
| 666022 | AV(w) | 666078 | SO(s) | 466160 | SO(s) | 466234 | VG |
| 666023 | AV(w) | 666079 | LF | 466164 | TP(w) | 466242 | SO |
| 666024 | IC(w) | 466082 | LF(w) | 466165 | LF | 466248 | SO |
| 666025 | SO(s) | 666083 | SO(s) | 466169 | TP(w) | 466249 | LA |
| 666026 | BD(w) | 666084 | SO(s) | 666170 | LF | 466253 | SO(s) |
| 666027 | NV(w) | 466085 | SO(s) | 466171 | SO(s) | 466255 | SO(s) |
| 666028 | IC(w) | 466086 | LA | 466175 | LA | 466258 | SO |
| 666029 | LF | 466088 | TP | 466182 | LN | 466269 | LA |
| 666031 | AV | 466090 | LF | 666183 | SO(s) | 466270 | SO(s) |
| 666032 | SO(s) | 466091 | LF | 666184 | SO(s) | 466273 | SO(s) |
| 666033 | SO(s) | 466095 | LN(w) | 466186 | LN | 466282 | SO(s) |
| 666036 | SO(s) | 466097 | LN | 666187 | SO(s) | 466284 | SO(s) |
| 666037 | SO(s) | 466100 | LN | 666188 | SO(s) | 466289 | IC |
| 666038 | BD(w) | 466103 | LF | 466189 | SO(s) | 466294 | SO(s) |
| 666041 | LF | 466107 | LF | 466190 | SO(s) | 466298 | SO(s) |
| 666042 | LA | 666109 | SO(s) | 466192 | LA | 466299 | SO(s) |
| 666043 | SLF(w) | 466110 | SO(s) | 466194 | SO(s) | 466300 | SO(s) |
| 666047 | SO(s) | 666111 | SO(s) | 466196 | SO(s) | 466303 | IC |
| 666049 | SO(s) | 466113 | LN(w) | 666197 | LA | 466304 | TL(pres) |
| 666051 | SO(s) | 466114 | LA | 466200 | LA | 466308 | SO(s) |
| 666052 | SO(s) | 466115 | BD | 466202 | NV(w) | 466313 | SO(s) |
| 666053 | BD | 466116 | SO(s) | | | | |

### Named Locomotive

666207   Le Grand Pressigny.

## Class BB66400 — Bo-Bo

**Built by:-** CAFI/CEM/Alsthom/Fives-Lille 1968-71
**Length:-** 14.97m
**Weight:-** 64t
**Max Speed:-** 120km/h
**Multiple Working fitted**

| | | | | | | | |
|---|---|---|---|---|---|---|---|
| 666401 | LF | 566429 | SO(s) | 466457 | DP(w) | 566490 | CY |
| 666404 | LF | 666435 | IC(w) | 466459 | IC(w) | 466497 | IC(w) |
| 466405 | DP(w) | 666442 | IC | 666460 | LF | 666500 | LF |
| 666406 | LF | 666445 | SO(s) | 466462 | IC(w) | 466501 | CY |
| 666407 | LF | 666450 | LF | 466463 | IC(w) | 666502 | LF |
| 666408 | LF | 466454 | CY | 466467 | LN(w) | 466503 | SO(s) |
| 666411 | LF | 666455 | LF | 466471 | DP(w) | 666504 | LF |
| 666417 | LF | 466456 | DP(w) | 666479 | LF | | |

26  European Rail Datafile France 2014

## Class BB66700 — Bo-Bo

**Built by:-** CAFI/CEM/Alsthom/Fives-Lille 1985-91  
**Length:-** 14.89m  
**Weight:-** 71 tonnes  
**Max Speed:-** 90km/h

| | | | | | | | | |
|---|---|---|---|---|---|---|---|---|
| 466701 | TH | [66146] | 466713 | SB(w) | [66139] | 466724 | TH | [66087] |
| 466702 | FT | [66080] | 466714 | FT | [66143] | 466725 | LE | [66179] |
| 466703 | VE | [66166] | 466715 | SO(s) | [66081] | 466726 | LE(w) | [66141] |
| 466704 | TH(w) | [66174] | 466716 | SO(s) | [66177] | 466727 | NV | [66154] |
| 466705 | VE | [66152] | 466717 | SO(s) | [66149] | 466728 | VE(w) | [66123] |
| 466706 | TH(w) | [66172] | 466718 | SO(s) | [66173] | 466729 | FT | [66119] |
| 646707 | SO(s) | [66176] | 466719 | SO(s) | [66076] | 466730 | SO(s) | [66155] |
| 466708 | SO(s) | [66178] | 466720 | SO(s) | [66074] | 466731 | SO(s) | [66181] |
| 466710 | TH | [66134] | 466721 | TH(w) | [66136] | 466732 | LN | [66159] |
| 466711 | SO(s) | [66158] | 466722 | SO(s) | [66138] | 466733 | FT | [66133] |
| 466712 | FT | [66144] | 466723 | FT | [66137] | 466734 | LE(w) | [66180] |

## Class BB67000 — B-B

**Built by:-** Brissonneau and Lotz / MTE 1963-68  
**Length:-** 17.09m  
**Weight:-** 80t  
**Max Speed:-** 90km/h

| | | | | | | | | |
|---|---|---|---|---|---|---|---|---|
| 467005 | AV | | 467014 | LN | | 467017 | AV | |
| 467064 | AV | | 467083 | AV | | | | |

## Class BB67200 — B-B

**Built by:-** Brissonneau and Lotz / MTE 1963-68  
**Length:-** 17.09m  
**Weight:-** 80t  
**Max Speed:-** 90km/h  
**TVM300 (TVM430 #) Cab signalling**

\* - Fitted with Scharfenberg couplers for TGV rescue

| | | | | | | | | |
|---|---|---|---|---|---|---|---|---|
| 167201* | LF | [67006] | 667228 | LI | [67039] | 667254 | LA | [67088] |
| 167202* | LI | [67011] | 667229 | LI | [67004] | 667255 | LA | [67077] |
| 167203* | LI | [67040] | 667230 | LI | [67018] | 667256 | NV | [67085] |
| 167204* | LI | [67034] | 667231 | LI | [67048] | 667257 | LB | [67001] |
| 167205 | LI | [67037] | 667232 | LI | [67043] | 667258 | LI | [67016] |
| 167206 | LI | [67030] | 667233 | LF | [67046] | 667259 | LB | [67032] |
| 167207# | LB | [67021] | 667234 | LI | [67051] | 667260 | LI | [67065] |
| 167208# | LF | [67008] | 667235 | LI | [67041] | 667261 | LI | [67073] |
| 167209# | LB | [67118] | 667236 | LF | [67042] | 667262 | LI | [67023] |
| 167210# | LI | [67120] | 667237 | LF | [67054] | 667263* | LI | [67090] |
| 167211# | LB | [67108] | 667238 | LF | [67057] | 667264 | LI | [67087] |
| 167212# | LB | [67122] | 167239 | LF | [67052] | 667265 | LB | [67089] |
| 167213# | LA | [67115] | 167240 | LF | [67056] | 667266 | LI | [67070] |
| 167214# | LB | [67123] | 667241 | LF | [67059] | 467267* | LI | [67019] |
| 167215# | LB | [67102] | 667242 | LF | [67045] | 667268 | LB | [67084] |
| 667216# | LI | [67121] | 167243 | LF | [67047] | 667269* | LI | [67003] |
| 667217# | LB | [67117] | 667244 | LF | [67061] | 667270* | LI | [67055] |
| 667218 | LI | [67112] | 667245 | LF | [67058] | 667271 | LA | [67097] |
| 167219 | NV(w) | [67091] | 667246 | LI | [67050] | 667272 | LA | [67012] |
| 167220 | LI | [67114] | 167247 | LA | [67074] | 467273 | LA | [67035] |
| 167221 | LF | [67081] | 167248 | LA | [67071] | 667274 | LA | [67062] |
| 167222 | LF | [67078] | 167249 | NV | [67069] | 467275 | LA | [67013] |
| 167223 | LI | [67082] | 667250 | LI | [67080] | 467276 | LA | [67009] |
| 167224 | LB | [67103] | 667251 | LI | [67086] | 467277 | LA | [67060] |
| 167225 | LB | [67029] | 667252 | LA | [67076] | 467279 | LA | [67017] |
| 167226 | LB | [67028] | 667253 | LA | [67079] | 467280 | LA | [67068] |
| 667227 | LI | [67007] | | | | | | |

## Class BB67300/400                B-B

**Built by:-** Brissonneau and Lotz / MTE 1967-75  **Weight:-** 80-83t
**Length:-** 17.09m                                **Max Speed:-** 140km/h
**Electric Train Heating fitted**

| | | | | | | | |
|---|---|---|---|---|---|---|---|
| 567301 | NV | 567363 | RA | 267429 | AQ | 167482 | CB |
| 567302 | RA | 567364 | RA | 267430 | AQ | 467483 | PI(w) |
| 567303 | RA | 167365 | AU | 167431 | BD | 567484 | FP |
| 567304 | RA(w) | 167367 | RA | 567432 | BD | 467485 | SO(s) |
| 567305 | RA | 467368 | SO(s) | 667433 | IC | 467486 | SO(s) |
| 567306 | RA | 167370 | RA | 567434 | AL | 567488 | PA |
| 467307 | CB(w) | 567371 | RA | 167435 | BD | 467490 | NV(w) |
| 467308 | CB(w) | 567372 | RA | 267436 | AQ | 467491 | SO(s) |
| 467309 | SO(s) | 567373 | CB(w) | 267437 | AQ | 467492 | NV(w) |
| 467312 | CB(w) | 567374 | CB(w) | 167438 | FP | 567493 | PA |
| 467313 | CB(w) | 567375 | RA | 467439 | NV(w) | 467494 | FP |
| 467315 | CB(w) | 567376 | NV | 467440 | NV(w) | 667495 | IC |
| 467316 | RA | 267377 | RA | 267441 | AQ | 267496 | AQ |
| 467317 | LN(w) | 567378 | CY(w) | 267442 | AQ | 667497 | IC(w) |
| 567318 | LN(w) | 567379 | CB(w) | 267443 | TP | 467498 | SO(s) |
| 467319 | CB(w) | 567380 | RA | 467444 | SO(s) | 667499 | IC |
| 567320 | RA | 567381 | RA | 267445 | AQ | 467500 | NV(w) |
| 467321 | SO(s) | 567382 | RA | 867446 | PI | 467501 | NV(w) |
| 567322 | SO(s) | 567383 | CB(w) | 267447 | SO(s) | 467502 | PI |
| 467324 | SO(s) | 567384 | CB(w) | 467448 | SO(s) | 467503 | FP |
| 567326 | SO(s) | 567385 | CB(w) | 467449 | SO(s) | 467504 | SO(s) |
| 467329 | CB(w) | 567386 | RA | 567450 | FP | 467505 | FP |
| 467330 | RA | 567387 | CB(w) | 567451 | FP | 467506 | SO(s) |
| 467331 | SO(s) | 567388 | RA | 467453 | FP | 467507 | NV(w) |
| 467332 | SO(s) | 167389 | CB | 467454 | SO(s) | 467508 | NV(w) |
| 467333 | SO(s) | 167390 | RA | 267455 | PI | 467509 | SO(s) |
| 167334 | CB(w) | 567401 | SO(s) | 467456 | FP | 567510 | SB |
| 467335 | SO(s) | 467402 | SO(s) | 667457 | IC | 567511 | PI |
| 467336 | SO(s) | 667404 | IC | 467458 | NV(w) | 567512 | AL |
| 467337 | CB(w) | 167405 | CB(w) | 467459 | PI(w) | 567513 | AL |
| 567338 | NV | 467406 | PI | 467460 | PI | 567514 | AL |
| 467339 | CB(w) | 667407 | IC | 467461 | NV(w) | 867515 | PI |
| 567341 | CB(w) | 167408 | CB | 467462 | SO(s) | 567516 | IC |
| 567343 | CB(w) | 667409 | IC | 467463 | NV(w) | 867517 | AL |
| 567344 | CB(w) | 667410 | IC | 567464 | AL | 567518 | SO(s) |
| 267345 | RA | 667411 | IC | 467465 | NV(w) | 567519 | AL |
| 567346 | RA | 667412 | IC | 467466 | NV(w) | 867520 | LN(w) |
| 567347 | CB(w) | 267413 | PI | 467467 | SO(s) | 567521 | AL |
| 567348 | NV | 467414 | PI | 467468 | SO(s) | 867522 | PI |
| 567349 | RA | 467415 | LN(w) | 467469 | SO(s) | 267523 | PI |
| 467350 | SO(s) | 667416 | AU | 867470 | PI | 867524 | SO(s) |
| 567351 | RA | 467417 | NV(w) | 467471 | PI | 467525 | SO(s) |
| 567352 | RA | 567418 | MB | 467472 | FP | 667526 | NV |
| 267354 | CB(w) | 267419 | AQ | 667473 | IC | 467527 | FP |
| 567355 | RA | 267420 | LN | 667474 | IC | 467528 | IC |
| 567356 | SO(s) | 667421 | IC | 567475 | NV | 467529 | FP |
| 567357 | NV | 467422 | SB | 467476 | SO(s) | 467530 | FP |
| 167358 | CB(w) | 667423 | IC | 167477 | CB | 467531 | SO(s) |
| 567359 | SO(s) | 267424 | AQ | 867478 | PI | 467532 | SO(s) |
| 167360 | RA | 467425 | NV(w) | 467479 | SO(s) | 267533 | PI |
| 567361 | CB(w) | 467426 | FP | 467480 | PI(w) | 467534 | SO(s) |
| 467362 | SO(s) | 567427 | MB | 167481 | CB | 467535 | SO(s) |

28                European Rail Datafile France 2014

## Class BB67300/400    B-B

| | | | | | | | |
|---|---|---|---|---|---|---|---|
| 467536 | SO(s) | 567560 | PA | 467584 | SO(s) | 667608 | IC |
| 667537 | IC | 267561 | PC | 267585 | AQ | 167609 | CB |
| 467538 | SO(s) | 667562 | IC | 267586 | PI | 567610 | AU |
| 867539 | PI | 467563 | LN | 567587 | FP | 667611 | NV |
| 867540 | SO(s) | 667564 | IC | 467588 | SO(s) | 667612 | IC |
| 567541 | PA | 567565 | PA | 267589 | PI | 567613 | AU |
| 267542 | AQ | 567566 | AU | 567590 | FP | 867614 | BD |
| 667543 | LI | 667567 | IC | 567591 | AL | 567615 | AU |
| 467544 | FP | 567568 | PA | 467592 | SO(s) | 667616 | IC |
| 267545 | SO(s) | 567569 | AL | 567593 | AU | 667617 | LN |
| 167546 | CB | 567570 | FP | 467594 | FT(w) | 667618 | IC(w) |
| 267547 | AQ | 567571 | AL | 467595 | SO(s) | 567619 | SO(s) |
| 667548 | IC | 567572 | AL | 567596 | FP | 567620 | SO(s) |
| 267549 | AQ | 567573 | PC | 467597 | FP | 267621 | AQ |
| 467550 | NV(w) | 567574 | AU | 467598 | SO(s) | 667622 | IC |
| 467551 | NV(w) | 567575 | IC(w) | 567599 | FP | 667623 | IC |
| 467552 | FP | 267576 | AQ | 267600 | PI | 667624 | IC |
| 467553 | SO(s) | 567577 | SO(s) | 567601 | AU | 667625 | IC |
| 267554 | AQ | 267578 | AQ | 567602 | SO(s) | 567626 | PI |
| 567555 | AU | 467579 | FP | 567603 | SB | 667627 | IC |
| 567556 | AU | 567580 | PC | 567604 | FP | 567628 | AU |
| 567557 | AU | 667581 | IC | 567605 | LN(w) | 467629 | PI |
| 167558 | CB | 467582 | LN | 267606 | PI | 467631 | SO(s) |
| 467559 | FP | 467583 | SO(s) | 267607 | AQ | 567632 | SO(s) |

### Named Locomotives

| | | | | |
|---|---|---|---|---|
| 567344 | La Bernerie En Retz | | 567580 | Montpellier |
| 467530 | Romilly-Sur-Seine | | 667581 | Nevers |
| 567575 | Draguignan | | 567620 | Abbeville |

## Class A1A A1A 68000    A1A-A1A

| **Built by:-** | CAFL/CEM/Fives-Lilles 1963-68 | **Weight:-** | 102-104 tonnes |
|---|---|---|---|
| **Length:-** | 17.92m | **Max Speed:-** | 130km/h |

| | | | | | | | | |
|---|---|---|---|---|---|---|---|---|
| 468026 | CY | D | 668504 | SO(s) | | 668527 | SO(s) | |
| 468036 | CY | D | 668506 | CY | | 668531 | SO(s) | [68009] |
| 468051 | CY | D | 668507 | CY(w) | | 668533 | SO(s) | [68017] |
| 468068 | CY | D | 668512 | CY(w) | | 668535 | CY(w) | [68019] |
| 668081 | CY | D | 668520 | SO(s) | | 468536 | SO(s) | [68004] |
| 468026 | CY | | 668521 | SO(s) | | 668537 | CY(w) | [68023] |
| 468036 | CY | | 468522 | SO(s) | | 468538 | SO(s) | [68005] |
| 468051 | CY | | 468523 | CY(w) | | 468539 | CY(w) | [68084] |
| 468068 | CY | | 668524 | SO(s) | | 468540 | CY(w) | [68039] |
| 668081 | CY | | | | | | | |

### Notes

| Class BB69000/400 | | | | Bo-Bo | | | | |
|---|---|---|---|---|---|---|---|---|
| Built by:- | CAFI / CEM / Asthom / Fives-Lille 1968-71 | | | | | | | |
| Length:- | 14.97m | | | Max Speed:- 120km/h | | | | |
| Weight:- | 64-69t | | | Multiple Working fitted | | | | |

| | | | | | | | | |
|---|---|---|---|---|---|---|---|---|
| 669191 | IC | [66191] | 469267 | FA | [66267] | 669421 | FT | [66421] |
| 469193 | FA | [66193] | 669268 | IC | [66268] | 669422 | IC | [66422] |
| 469195 | FA | [66195] | 469271 | FA | [66271] | 469423 | FT | [66423] |
| 469198 | FA | [66198] | 469272 | FA | [66272] | 669424 | IC | [66424] |
| 469199 | FA | [66199] | 669274 | IC | [66274] | 469425 | FT | [66425] |
| 669201 | IC | [66201] | 669275 | LI | [66275] | 669426 | LF | [66426] |
| 469203 | FA | [66203] | 669276 | IC | [66276] | 669427 | IC | [66427] |
| 669204 | IC | [66204] | 469277 | FA | [66277] | 669428 | IC | [66428] |
| 669206 | LI | [66206] | 669278 | IC | [66278] | 669430 | IC | [66430] |
| 469208 | FA | [66208] | 469279 | FA | [66279] | 669431 | IC | [66431] |
| 469209 | FA | [66209] | 469280 | FA | [66280] | 569432 | FT | [66432] |
| 669211 | IC | [66211] | 469281 | FA | [66281] | 469433 | FT | [66433] |
| 669212 | LI | [66212] | 669283 | IC | [66283] | 369434 | FT | [66434] |
| 669213 | LI | [66213] | 669285 | LI | [66285] | 469436 | FT | [66436] |
| 669215 | FA | [66215] | 669286 | IC | [66286] | 669437 | IC | [66437] |
| 669216 | LI | [66216] | 469287 | FA | [66287] | 669438 | LF | [66438] |
| 469217 | FA | [66217] | 469288 | IC | [66288] | 669439 | IC | [66439] |
| 469219 | AV | [66219] | 669290 | IC | [66290] | 669440 | LF | [66440] |
| 469221 | SO(s) | [66221] | 669291 | CY | [66291] | 669441 | IC | [66441] |
| 469222 | AV | [66222] | 669292 | IC | [66292] | 669443 | LF | [66443] |
| 469224 | AV | [66224] | 469293 | FA | [66293] | 469444 | LF | [66444] |
| 469225 | FA | [66225] | 469295 | IC | [66295] | 669446 | LF | [66446] |
| 469228 | AV | [66228] | 669296 | IC | [66296] | 669447 | IC | [66447] |
| 469230 | FA | [66230] | 469297 | IC | [66297] | 669448 | LF | [66448] |
| 469233 | AV | [66233] | 669288 | TP | [66288] | 669449 | FT | [66449] |
| 669234 | LI | [66234] | 469291 | CY | [66291] | 669451 | LF | [66451] |
| 669235 | LI | [66235] | 669292 | CY | [66292] | 669452 | LF | [66452] |
| 469236 | AV | [66236] | 469301 | FA | [66301] | 469453 | FT | [66453] |
| 469237 | FA | [66237] | 469302 | SO | [66302] | 669454 | LF | [66454] |
| 669238 | IC | [66238] | 669305 | IC | [66305] | 669458 | LF | [66458] |
| 469239 | FA | [66239] | 469306 | AV | [66306] | 669461 | LF | [66461] |
| 469240 | FA | [66240] | 469307 | FA | [66307] | 469464 | FT | [66464] |
| 469241 | FA | [66241] | 469309 | IC | [66309] | 469465 | FT | [66465] |
| 469242 | FA | [66242] | 469310 | FA | [66310] | 669466 | LF | [66466] |
| 469243 | FA | [66243] | 469311 | FA | [66311] | 469470 | FT | [66470] |
| 469244 | FA | [66244] | 669312 | LI | [66312] | 469472 | FT | [66472] |
| 469245 | FA | [66245] | 469314 | FA | [66314] | 469473 | FT | [66473] |
| 469246 | FA | [66246] | 669315 | IC | [66315] | 469474 | FT | [66474] |
| 469248 | FA | [66248] | 669316 | LI | [66316] | 469475 | FT | [66475] |
| 469250 | FA | [66250] | 469317 | FA | [66317] | 469476 | FT | [66476] |
| 469251 | FA | [66251] | 669318 | LI | [66318] | 669477 | IC | [66477] |
| 669254 | IC | [66254] | 469402 | FT | [66402] | 669478 | IC | [66478] |
| 469256 | FA | [66256] | 669403 | IC | [66403] | 569480 | FT | [66480] |
| 469257 | FA | [66257] | 669409 | IC | [66409] | 669481 | IC | [66481] |
| 469258 | FA | [66258] | 669410 | LI | [66410] | 669482 | IC | [66482] |
| 669259 | LI | [66259] | 569412 | FT | [66412] | 669483 | LF | [66483] |
| 469260 | IC | [66260] | 669413 | LI | [66413] | 669484 | IC | [66484] |
| 669261 | IC | [66261] | 669414 | IC | [66414] | 669485 | IC | [66485] |
| 469262 | FA | [66262] | 669415 | IC | [66415] | 669486 | IC | [66486] |
| 469263 | IC | [66263] | 669416 | IC | [66416] | 669487 | IC | [66487] |
| 469264 | IC | [66264] | 669418 | IC | [66418] | 669488 | IC | [66488] |
| 469265 | FA | [66265] | 469419 | FT | [66419] | 569489 | FT | [66489] |
| 469266 | FA | [66266] | 569420 | FT | [66420] | 669490 | LF | [66490] |

## Class BB69000/400    Bo-Bo

| | | | | | | | | |
|---|---|---|---|---|---|---|---|---|
| 669491 | IC | [66491] | 469495 | FT | [66495] | 469499 | FT | [66499] |
| 669492 | IC | [66492] | 469496 | FT | [66496] | 669505 | IC | [66505] |
| 669493 | IC | [66493] | 469498 | FT | [66498] | 669506 | IC | [66506] |
| 669494 | IC | [66494] | | | | | | |

## Class CC72000/100    C-C

| Built by:- | Alsthom 1967-74 | | | Weight:- | 114-118t | | |
|---|---|---|---|---|---|---|---|
| Length:- | 20.19m | | | Max Speed:- | 160km/h/140 km/h* | | |

| | | | | | | | |
|---|---|---|---|---|---|---|---|
| 472002* | NV(w) | 472033 | NV(w) | 772084 | CA | 272157 | CA |
| 472005* | NV(w) | 472034 | SO(s) | 472087 | SO(s) | 272158 | CA |
| 472006* | NV | 472035 | SO(s) | 472091 | SO(s) | 272160 | CA |
| 472007* | NV | 472036 | SO(s) | 472092 | NV | 272163 | CA |
| 472008 | SO(s) | 472037 | SO(s) | 172121 | CA | 272166 | CA |
| 472013* | NV(w) | 472042 | SO(s) | 272130 | CA | 272168 | CA(w) |
| 472014 | SO(s) | 472044 | SO(s) | 272137 | CA(w) | 272172 | CA |
| 472016* | SO(s) | 772049 | CA | 272138 | CA | 272175 | SO(s) |
| 472019 | SO(s) | 272061 | SO(s) | 572139 | CY(w) | 572176 | CA |
| 572023 | NV | 472062 | SO(s) | 272140 | CA | 572177 | CA |
| 472024 | SO(s) | 272065 | SO(s) | 272141 | CA | 272178 | CY(w) |
| 472025 | SO(s) | 472067 | NV(w) | 272143 | CY(w) | 272179 | CA |
| 472026 | NV(w) | 472069 | SO(s) | 272145 | CA | 272180 | CA |
| 472029 | SO(s) | 472070 | NV(w) | 272147 | CA | 272186 | CA |
| 472031 | SO(s) | 772074 | CA | 272148 | CA | 272189 | CA |
| 472032 | SO(s) | 472081 | NV(w) | 272151 | CA | 572190 | CA |

### Named Locomotives

| | | | | |
|---|---|---|---|---|
| 472024 | Pont Audemer | | 272143 | Langres. |
| 472026 | Luxeuil-Les-Bains. | | 272148 | Haute Saône. |
| 472031 | Fougerolles. | | 272157 | Annonay. |
| 472036 | Thann. | | 272160 | Gray. |
| 272061 | Amplepuis. | | 272163 | La Roche-Sur-Yon. |
| 772074 | Toulon. | | 272172 | Saint-Malo. |
| 272130 | Chalindrey. | | 572177 | Noisy-Le-Sec. |
| 272138 | Nangis. | | 272180 | Mulhouse. |
| 272141 | Chaumont. | | 572190 | Belfort. |

### Notes

| Class BB75000 | | | B-B | | | |
|---|---|---|---|---|---|---|
| Built by:- | Alsthom / Siemens 2006-07 | | **Weight:-** | 84 tonnes | | |
| Length:- | 20.28m | | **Max Speed:-** | 120km/h | | |

Note: Infra is SNCF's infrastructure department.    475007 Named "Longueau"

| | | | | | | | | |
|---|---|---|---|---|---|---|---|---|
| 475001 | FP | | 475046 | FT | | 675090 | IC | Infra |
| 475002 | FP | | 475047 | FT | | 675091 | IC | Infra |
| 475003 | FP | | 475048 | FT | | 675092 | IC | Infra |
| 475004 | FP | | 475049 | FT | | 675093 | IC | Infra |
| 475005 | FP | | 475050 | FT | | 675094 | IC | Infra |
| 475006 | FP | Akiem | 475051 | FT | | 675095 | IC | Infra |
| 475007 | FT | OSR | 475052 | FT | | 675096 | IC | Infra |
| 475008 | FT | Akiem | 475053 | FT | | 675097 | IC | Infra |
| 475009 | FP | Akiem | 475054 | FM | | 675098 | IC | Infra |
| 475010 | FT | OSR | 475055 | FM | | 675099 | IC | Infra |
| 475011 | FT | OSR | 475056 | FM | | 475100 | | |
| 475012 | FT | OSR | 475057 | FT | | 475101 | SFT | HSL |
| 475013 | FT | OSR | 475058 | LN | | 475102 | SFT | Captrain |
| 475014 | FT | OSR | 475059 | FP | | 475103 | SFT | Akiem |
| 475015 | FT | OSR | 475060 | FM | | 475104 | SFT | |
| 475016 | FP | Akiem | 475061 | FP | | 475105 | SFT | |
| 675017 | LI | Akiem | 475062 | FP | | 475106 | SFT | |
| 475018 | FP | Akiem | 475063 | FP | | 475107 | SFT | |
| 475019 | FP | Akiem | 475064 | FP | | 475108 | SFT | |
| 475020 | FP | Akiem | 475065 | FP | | 475109 | SFT | |
| 475021 | LN | Akiem | 475066 | FP | | 475110 | SFT | |
| 475022 | FT | EFT | 475067 | FP | | 475111 | FP | |
| 475023 | FP | Akiem | 475068 | FP | | 475112 | FP | |
| 475024 | FT | EFT | 475069 | AV | | 475113 | FP | |
| 475025 | FT | Akiem | 475070 | FM | | 475114 | FP | |
| 475026 | FP | Akiem | 475071 | FM | | 475115 | FP | |
| 475027 | FP | Akiem | 475072 | FP | | 475116 | FP | |
| 475028 | FP | Akiem | 475073 | FP | | 475117 | FP | |
| 475029 | FT | Akiem | 475074 | FP | | 475118 | FP | |
| 475030 | FP | Akiem | 475075 | FP | | 475119 | FP | |
| 475031 | FP | Akiem | 675076 | LI | | 475120 | FP | |
| 475032 | FP | Akiem | 675077 | LI | | 475121 | FP | |
| 475033 | FT | Akiem | 675078 | LI | | 475122 | FP | |
| 475034 | FP | Akiem | 675079 | IC | Infra | 475123 | FP | |
| 475035 | FP | Akiem | 675080 | IC | Infra | 475124 | FP | |
| 475036 | FT | Akiem | 675081 | IC | Infra | 475125 | FP | |
| 475037 | FT | Akiem | 675082 | IC | Infra | 475126 | FP | |
| 475038 | SFT | Akiem | 675083 | IC | Infra | 475127 | FP | |
| 475039 | LN | EFT | 675084 | IC | Infra | 475128 | FP | |
| 475040 | SFT | Akiem | 675085 | IC | Infra | 475129 | FP | |
| 475041 | SFT | Akiem | 675086 | IC | Infra | 475130 | FP | |
| 475042 | SFT | Akiem | 675087 | IC | Infra | 475131 | FP | |
| 475043 | SB | Akiem | 675088 | IC | Infra | 475132 | FP | |
| 475044 | SB | Akiem | 675089 | IC | Infra | 475133 | FP | |
| 475045 | SB | Akiem | | | | | | |

## Class BB75400    B-B

| Built by:- | Alsthom / Siemens 2006-12 | Weight:- | 84t |
|---|---|---|---|
| Length:- | 20.28m | Max Speed:- | 120km/h |

| 475401 | FP | 475418 | FP | 475435 | FP | 475452 | FP |
|---|---|---|---|---|---|---|---|
| 475402 | FP | 475419 | FP | 475436 | FP | 475453 | FP |
| 475403 | FP | 475420 | FP | 475437 | FP | 475454 | FP |
| 475404 | FP | 475421 | FP | 475438 | FP | 475455 | FP |
| 475405 | FP | 475422 | FP | 475439 | FP | 475456 | FP |
| 475406 | FP | 475423 | FP | 475440 | FP | 475457 | FP |
| 475407 | FP | 475424 | FP | 475441 | FP | 475458 | FP |
| 475408 | FP | 475425 | FP | 475442 | FP | 475459 | FP |
| 475409 | FP | 475426 | FP | 475443 | FP | 475460 | FP |
| 475410 | FP | 475427 | FP | 475444 | FP | 475461 | FP |
| 475411 | FP | 475428 | FP | 475445 | FP | 475462 | FP |
| 475412 | FP | 475429 | FP | 475446 | FP | 475463 | FP |
| 475413 | FP | 475430 | FP | 475447 | FP | 475464 | FP |
| 475414 | FP | 475431 | FP | 475448 | FP | 475465 | FP |
| 475415 | FP | 475432 | FP | 475449 | FP | 475466 | FP |
| 475416 | FP | 475433 | FP | 475450 | FP | 475467 | FP |
| 475417 | FP | 475434 | FP | 475451 | FP | 475468 | FP |

## Class 271    Class G1000    B-B                                DH

| Built by:- | Vossloh 2006 | Weight:- | |
|---|---|---|---|
| Length:- | | Max Speed:- | |

5001602  F

## Class 272    Class G2000    B-B                                DH

| Built by:- | Vossloh 2006 | Weight:- | 87.3t |
|---|---|---|---|
| Length:- | 17.40m | Max Speed:- | 120km/h |

| 5001603 | F | 5001615 | F | 5001616 | F | 5001848 | F |
|---|---|---|---|---|---|---|---|

## Class BB76000/76100    B-B

| Built by:- | Bombardier/Kassel 2010-2016 | Max Speed:- | 140km/h |
|---|---|---|---|
| Length:- | 18.90m | UIC Code:- | 92.87.0076.10x-x |
| Weight:- | 84t | | |

Note:- Fret SNCF has now renegotiated for four BB 76000 and 11 BB 76100 locomotives.
Note:- These locomotives are equipped for France, Belgium and the Netherlands.

| 76001 | 76004 | 76103 | 76106 | 76109 |
|---|---|---|---|---|
| 76002 | 76101 | 76104 | 76107 | 76110 |
| 76003 | 76102 | 76105 | 76108 | 76111 |

## Notes

# SNCF - Locotracteurs

## Class Y7100  B

Built by:- Billard (7101-7230), Decauville (7231-7310) 1958-62
Length:- 8.94m  Max Speed:-54km/h
Weight:- 32t

| | | | | | | | | | |
|---|---|---|---|---|---|---|---|---|---|
| Y7001(Y7192) | LE | Y7148 | SB | Y7183 | LG | Y7229 | AV | Y7270 | CB |
| Y7107 | LE | Y7149 | SO | Y7184 | LE | Y7230 | DP | Y7271 | AC |
| Y7113 | MZ | Y7150 | AC(s) | Y7185 | AC | Y7234 | DP | Y7275 | MB |
| Y7114 | EP | Y7151 | NV | Y7187 | LG | Y7235 | LV | Y7286 | AC(s) |
| Y7115 | SO(s) | Y7152 | AC | Y7188 | LE | Y7236 | LE | Y7287 | AV |
| Y7116 | SO(s) | Y7158 | MZ | Y7190 | SO(s) | Y7237 | LE | Y7288 | AV |
| Y7121 | BZ | Y7159 | NV | Y7194 | EP | Y7238 | LE | Y7289 | LV |
| Y7122 | LE | Y7160 | TP | Y7196 | EP | Y7240 | LG(w) | Y7290 | AC |
| Y7123 | AC(s) | Y7161 | SO(s) | Y7204 | SO(s) | Y7242 | BZ | Y7291 | AC |
| Y7129 | AC(s) | Y7162 | AC | Y7205 | EP | Y7244 | AV | Y7296 | LE |
| Y7130 | SO | Y7163 | TP | Y7206 | AC | Y7250 | DP | Y7297 | LE |
| Y7132 | MZ | Y7165 | AC | Y7208 | BZ | Y7251 | LN | Y7298 | LN |
| Y7134 | SO(s) | Y7167 | LV | Y7209 | BZ | Y7254 | SO(s) | Y7299 | LN |
| Y7138 | AV | Y7168 | TP | Y7216 | SO(s) | Y7257 | TP | Y7303 | AV |
| Y7139 | BZ | Y7170 | SO | Y7219 | TP | Y7258 | BZ | Y7304 | AV |
| Y7141 | CB | Y7175 | BZ | Y7221 | SO(s) | Y7259 | AV | Y7305 | BZ |
| Y7145 | DP | Y7176 | BZ | Y7222 | NV | Y7263 | SO(s) | Y7306 | BZ |
| Y7146 | SO | Y7177 | AV | Y7224 | MZ | Y7268 | BZ | Y7308 | AC |
| Y7147 | LN | Y7181 | AV(s) | Y7227 | AC | Y7269 | AC | | |

## Class Y7400  B

Built by:- Decauville (7401-7520), De Dietrich (7521-7625), Moyse (7626-7888) 1958-62
Length:- 8.94m  Max Speed:-60km/h
Weight:- 32t

| | | | | | | | | | |
|---|---|---|---|---|---|---|---|---|---|
| Y7403 | TP | Y7459 | LV | Y7503 | CB | Y7543 | LV | Y7575 | CB |
| Y7404 | PV | Y7460 | MB | Y7504 | CB | Y7544 | AV | Y7577 | EP |
| Y7406 | LN | Y7462 | AV | Y7507 | LE | Y7545 | CB | Y7578 | SB |
| Y7408 | TP | Y7463 | LV | Y7508 | BZ | Y7546 | DP | Y7580 | SB |
| Y7411 | AC | Y7464 | PV | Y7509 | SO | Y7547 | PV | Y7582 | SO(w) |
| Y7412 | TP | Y7465 | LV | Y7511 | LN | Y7548 | SO(s) | Y7583 | AC |
| Y7413 | HE | Y7466 | AV | Y7512 | LV | Y7549 | PV | Y7585 | LN |
| Y7416 | LV | Y7467 | PV | Y7513 | AC | Y7550 | DP | Y7587 | LE |
| Y7419 | CB | Y7469 | AC | Y7514 | AC | Y7552 | TP | Y7588 | LV |
| Y7420 | NV | Y7470 | AC | Y7516 | AC | Y7553 | CB(w) | Y7590 | BZ |
| Y7425 | AV | Y7471 | PV | Y7517 | AC | Y7554 | AV | Y7591 | CB |
| Y7427 | BZ | Y7472 | AC | Y7520 | LE | Y7555 | AV | Y7592 | BD |
| Y7428 | AV | Y7475 | LE | Y7522 | EP | Y7556 | CB | Y7595 | AC |
| Y7429 | BZ | Y7479 | BZ | Y7523 | EP | Y7557 | CB(w) | Y7598 | CB |
| Y7430 | NV | Y7480 | AV | Y7526 | CB | Y7558 | LE | Y7599 | EP |
| Y7431 | AV | Y7483 | LN | Y7527 | TP | Y7560 | AC | Y7600 | SO(s) |
| Y7441 | TP | Y7485 | BD | Y7529 | CB | Y7562 | AC | Y7602 | PV |
| Y7443 | HE | Y7486 | BD | Y7530 | AC | Y7563 | AC | Y7603 | SO(s) |
| Y7444 | TP | Y7487 | NV | Y7531 | NV | Y7564 | SB | Y7604 | AC |
| Y7445 | AC | Y7489 | AV | Y7534 | CY | Y7565 | SB | Y7606 | LE |
| Y7452 | LV | Y7490 | BZ | Y7535 | LE | Y7567 | CY | Y7609 | LV |
| Y7453 | LV | Y7498 | CB | Y7537 | PV | Y7568 | TP | Y7611 | DP |
| Y7455 | AC | Y7499 | AV | Y7539 | AC | Y7570 | TL | Y7615 | BD |
| Y7457 | AC | Y7500 | LE | Y7540 | DP | Y7571 | PV | Y7616 | AC |
| Y7458 | PV | Y7501 | LN | Y7541 | TP | Y7574 | BD | Y7618 | AC |

# Class Y7400 B

| | | | | | | | |
|---|---|---|---|---|---|---|---|
| Y7619 | NV | Y7676 | AC | Y7730 | CY(w) | Y7781 | NV | Y7840 | TL |
| Y7620 | SO(s) | Y7677 | AC | Y7731 | AC | Y7784 | EP | Y7842 | TL |
| Y7622 | AC | Y7678 | AC | Y7733 | SO(s) | Y7785 | LV | Y7843 | VG |
| Y7623 | PV | Y7679 | AC | Y7735 | RS | Y7786 | AV(w) | Y7844 | AC |
| Y7624 | SB | Y7680 | RS | Y7736 | TL | Y7787 | LG(w) | Y7845 | LG |
| Y7625 | BD | Y7682 | AC | Y7737 | TL | Y7788 | AC | Y7846 | SO(s) |
| Y7626 | LG | Y7683 | AC | Y7738 | TL | Y7792 | TL | Y7849 | VG |
| Y7629 | SO(s) | Y7685 | TL | Y7740 | EP | Y7793 | CY | Y7850 | SO(s) |
| Y7630 | SO(s) | Y7686 | TP | Y7741 | NV | Y7794 | CY | Y7851 | LV |
| Y7633 | CY | Y7687 | AC | Y7742 | LE | Y7796 | SB | Y7852 | CY |
| Y7634 | SB | Y7688 | SO(s) | Y7743 | AV | Y7797 | SB | Y7853 | EP |
| Y7636 | LE | Y7689 | LV | Y7745 | TP | Y7799 | PV | Y7854 | AC |
| Y7637 | SO(s) | Y7690 | SO(s) | Y7746 | SO(s) | Y7800 | LE | Y7855 | SO |
| Y7638 | SO(s) | Y7691 | CB | Y7747 | BD | Y7801 | NB | Y7857 | BD(w) |
| Y7639 | AC | Y7694 | BZ | Y7749 | SO(s) | Y7802 | TL | Y7858 | SB |
| Y7640 | NV | Y7695 | LV | Y7750 | SO | Y7803 | NB | Y7859 | SO |
| Y7641 | SO(s) | Y7697 | TL | Y7751 | LV | Y7807 | AC | Y7860 | VG |
| Y7642 | LV | Y7698 | LG | Y7752 | LN(w) | Y7808 | AC | Y7861 | CB |
| Y7643 | NV | Y7699 | LG | Y7753 | AC | Y7809 | NB(w) | Y7862 | LV |
| Y7644 | LV | Y7700 | SO(s) | Y7754 | RS | Y7810 | HE | Y7863 | BD(w) |
| Y7646 | SO(s) | Y7701 | RS | Y7755 | NB | Y7811 | SB | Y7864 | SO |
| Y7648 | TP | Y7703 | CY | Y7756 | NB | Y7812 | NB | Y7865 | SO |
| Y7651 | TP | Y7704 | NV(w) | Y7757 | BD | Y7813 | NB | Y7866 | NB |
| Y7652 | CY | Y7705 | AV | Y7758 | AC | Y7814 | SO(s) | Y7867 | NB |
| Y7653 | SO(s) | Y7706 | AC | Y7759 | AC | Y7815 | CY | Y7868 | AC |
| Y7654 | LV | Y7707 | SB | Y7761 | VG | Y7816 | SB | Y7869 | TP |
| Y7655 | SO(s) | Y7708 | CB | Y7762 | LV | Y7818 | LE | Y7870 | SO |
| Y7656 | LE | Y7709 | CY(w) | Y7763 | MB | Y7819 | LN | Y7871 | RS |
| Y7657 | PV | Y7712 | AC | Y7764 | BZ | Y7820 | BZ | Y7872 | RS |
| Y7658 | LE | Y7713 | SO(s) | Y7765 | LV | Y7821 | SO(s) | Y7873 | RS |
| Y7659 | SO(s) | Y7714 | LE | Y7767 | LG | Y7822 | RS | Y7874 | SB |
| Y7660 | AC | Y7715 | NB | Y7768 | BD | Y7823 | RS | Y7875 | SO(s) |
| Y7661 | AV | Y7716 | TP | Y7769 | AC | Y7824 | SO | Y7876 | SB |
| Y7664 | NV | Y7717 | TP | Y7770 | CY | Y7826 | SO(s) | Y7877 | VG |
| Y7665 | TL | Y7718 | TL | Y7771 | NB | Y7827 | BD | Y7878 | PV |
| Y7666 | BZ | Y7719 | CB(w) | Y7772 | LE | Y7828 | AC | Y7879 | BZ |
| Y7667 | AV | Y7720 | AC | Y7773 | DP(w) | Y7829 | TL | Y7880 | RS |
| Y7668 | BZ | Y7721 | SO(s) | Y7774 | LE | Y7830 | VG | Y7881 | AC |
| Y7669 | EP | Y7722 | LV | Y7775 | NB(w) | Y7831 | NV | Y7882 | AC |
| Y7670 | AC | Y7723 | BZ | Y7776 | AC | Y7835 | CY | Y7885 | LV |
| Y7671 | LV(w) | Y7726 | LE | Y7777 | NB | Y7836 | LE | Y7886 | NV |
| Y7673 | SO(s) | Y7727 | TL | Y7778 | LG(w) | Y7838 | RS | Y7887 | CB |
| Y7674 | SO(s) | Y7728 | SO(s) | Y7779 | LG(w) | Y7839 | SO | Y7888 | LV |
| Y7675 | CY | Y7729 | SO(s) | | | | | | |

**Notes**

| Class Y8000 | | | B | | | | | |
|---|---|---|---|---|---|---|---|---|
| Built by:- | Moyse (8001-8090), Fauvet Girel (8091-8375) 1977-90 | | | | | | | |
| Length:- | 10.14m | | | | | | | |
| Weight:- | 36t | | | | | | | |
| Max Speed:- | 30 / 60km/h | | | | | | | |

Y8120 is owned by SNCF Fret Italia (SFI) and is based in Italy and also carries D800-120SFI.

| | | | | | | | | |
|---|---|---|---|---|---|---|---|---|
| Y8001 | TP | Y8051 | SO | Y8101 | NB | Y8152 | MZ | Y8202 | AC |
| Y8002 | MZ | Y8052 | CY | Y8102 | SO | Y8153 | AC | Y8203 | AC |
| Y8003 | MZ | Y8053 | LV | Y8103 | AV | Y8154 | BD | Y8204 | NB |
| Y8004 | MZ | Y8054 | LV | Y8104 | AV | Y8155 | CY | Y8205 | SO |
| Y8005 | AC | Y8055 | LV | Y8105 | BZ | Y8156 | LG | Y8206 | LV |
| Y8006 | MZ | Y8056 | AC | Y8106 | DP | Y8157 | LG | Y8207 | AC |
| Y8007 | AC | Y8057 | SO | Y8107 | RS | Y8158 | TP | Y8208 | NV |
| Y8008 | SB | Y8058 | SB | Y8108 | AC | Y8159 | TP | Y8209 | CB |
| Y8009 | CY | Y8059 | SO | Y8109 | CY | Y8160 | RS | Y8210 | AV |
| Y8010 | MZ | Y8060 | SO | Y8110 | MZ | Y8161 | AC | Y8211 | LG |
| Y8011 | SB | Y8061 | AV | Y8111 | AV | Y8162 | SO | Y8212 | SB |
| Y8012 | SO | Y8062 | AC | Y8112 | SB | Y8163 | BZ | Y8213 | SB |
| Y8013 | MZ | Y8063 | AV | Y8113 | AC | Y8164 | AC | Y8214 | SO |
| Y8014 | SB | Y8064 | DP | Y8114 | CB | Y8165 | SO | Y8215 | LG |
| Y8015 | EP | Y8065 | TL | Y8115 | MZ | Y8166 | AC | Y8216 | SB |
| Y8016 | BZ | Y8066 | AC | Y8116 | SB | Y8167 | TP | Y8217 | TP |
| Y8017 | BZ | Y8067 | BD | Y8117 | AC | Y8168 | TL | Y8218 | BD |
| Y8018 | AV | Y8068 | AV | Y8118 | SB | Y8169 | LE | Y8219 | TP |
| Y8019 | AV | Y8069 | AC | Y8119 | DP | Y8170 | AC | Y8220 | TL |
| Y8020 | TP | Y8070 | LE | Y8120 | CB | Y8171 | AC | Y8221 | AC |
| Y8021 | BD | Y8071 | SO | Y8121 | RS | Y8172 | BZ | Y8222 | LE |
| Y8022 | LN | Y8072 | BD | Y8122 | AC | Y8173 | AC | Y8223 | LN |
| Y8023 | RS | Y8073 | BD | Y8123 | MZ | Y8174 | AV | Y8224 | DP |
| Y8024 | SO | Y8074 | SB | Y8124 | MZ | Y8175 | SB | Y8225 | BD |
| Y8025 | SO | Y8075 | LE | Y8125 | BZ | Y8176 | SB | Y8226 | NB |
| Y8026 | AV(w) | Y8076 | TP | Y8126 | AC | Y8177 | NV | Y8227 | RS |
| Y8027 | LV(w) | Y8077 | AC | Y8127 | AC | Y8178 | AV | Y8228 | AC |
| Y8028 | LV | Y8078 | AC | Y8128 | AC | Y8179 | AV | Y8229 | RS |
| Y8029 | LV | Y8079 | AC | Y8129 | PV | Y8180 | DP | Y8230 | AC |
| Y8030 | RS | Y8080 | TL | Y8130 | LG | Y8181 | AC | Y8231 | BZ |
| Y8031 | RS | Y8081 | TP | Y8131 | RS | Y8182 | AC | Y8232 | CB |
| Y8032 | NB | Y8082 | LN | Y8132 | TP | Y8183 | AC | Y8233 | AC |
| Y8033 | RS | Y8083 | SB | Y8133 | SO(s) | Y8184 | SB | Y8234 | AC |
| Y8034 | AC | Y8084 | AC | Y8134 | SO(s) | Y8185 | AC | Y8235 | MZ |
| Y8035 | BZ | Y8085 | TL | Y8135 | AC | Y8186 | AC | Y8236 | BZ |
| Y8036 | AC | Y8086 | LN | Y8136 | LG | Y8187 | AC | Y8237 | AV |
| Y8037 | AC | Y8087 | CB | Y8137 | TL | Y8188 | SO | Y8238 | AC |
| Y8038 | CB | Y8088 | LE | Y8138 | NV | Y8189 | BD | Y8239 | AV |
| Y8039 | SO | Y8089 | BD | Y8140 | LV | Y8190 | TP | Y8240 | CB |
| Y8040 | BZ | Y8090 | LG | Y8141 | LV | Y8191 | TP | Y8241 | AC |
| Y8041 | AC | Y8091 | LE | Y8142 | LV | Y8192 | AV | Y8242 | SO |
| Y8042 | AV | Y8092 | CY | Y8143 | RS | Y8193 | LG | Y8243 | AC |
| Y8043 | AV | Y8093 | SO | Y8144 | SO | Y8194 | TP | Y8244 | AC |
| Y8044 | BZ | Y8094 | AC | Y8145 | SB | Y8195 | BD | Y8245 | RS |
| Y8045 | AV | Y8095 | AC | Y8146 | AC | Y8196 | TP | Y8246 | NB |
| Y8046 | AC | Y8096 | AV | Y8147 | AV | Y8197 | TL | Y8247 | SO |
| Y8047 | DP | Y8097 | NB | Y8148 | AV | Y8198 | LG | Y8248 | RS |
| Y8048 | NB | Y8098 | BD | Y8149 | AC | Y8199 | TP | Y8249 | RS |
| Y8049 | TL | Y8099 | TL | Y8150 | AC | Y8200 | AC | Y8250 | SO |
| Y8050 | BZ | Y8100 | NB | Y8151 | SB | Y8201 | AC(w) | Y8251 | RS |

# Class Y8000  B

| | | | | | | | | | |
|---|---|---|---|---|---|---|---|---|---|
| Y8252 | BZ | 408277 | CY | Y8302 | LV | Y8327 | MZ | Y8352 | NV(w) |
| Y8253 | SO | 408278 | LE | Y8303 | MB | Y8328 | SO(s) | Y8353 | NV |
| Y8254 | SO(s) | 408279 | LV | Y8304 | AC | Y8329 | SO(s) | Y8354 | NV |
| Y8255 | SO | 408280 | LE | 408305 | AC | Y8330 | CY | Y8355 | NV |
| Y8256 | CB | 408281 | SO | Y8306 AV | ECR | Y8331 | LE | Y8356 | NV(w) |
| Y8257 | DP | 408282 | CB | Y8307 | AC | Y8332 | CY | Y8357 | NV(w) |
| 408258 | CB | 408283 | AV | Y8308 | AC | Y8333 | TP | Y8358 | TL |
| 408259 | BD | 408284 | AC | Y8309 | AC | Y8334 | AC | Y8359 | TP |
| 408260 | NV | 408285 | NB | Y8310 | AC | Y8335 | AC | Y8360 | AC |
| 408261 | LE | 508286 | DP | Y8311 | LG | Y8336 | SO | Y8361 | TP |
| 408262 | LE | 408287 | AV | Y8312 | TL | Y8337 | FM | Y8362 | BD |
| 408263 | TP | 408288 | AC | Y8313 | TP | Y8338 | BZ | Y8363 | AC |
| 408264 | AC | 408289 | LG | Y8314 | AC | Y8339 | LV | Y8364 | LV |
| 408265 | TP | 408290 | LE | Y8315 | BD | Y8340 | EP | Y8365 | LV |
| 408266 | NV | 508291 | NV | Y8316 | TP | Y8341 | CB | Y8366 | AC |
| 408267 | LE | 408292 | TP | Y8317 | AC | Y8342 | AC | Y8367 | AC |
| 408268 | PV | 408293 | CB | Y8318 | AC | Y8343 | SO(s) | Y8368 | BD |
| 408269 | TP | 408294 | LV | Y8319 | AC | Y8344 | LV | Y8369 | LE |
| 408270 | LG | 408295 | AV | Y8320 | TP | Y8345 | LE | Y8370 | AC |
| 408271 | TL | 408296 | TP | Y8321 | SO | Y8346 | SO(s) | Y8371 | AC |
| 408272 | LG | 408297 | AC | Y8322 | LE | Y8347 | CB | Y8372 | AC |
| 408273 | AC | 408298 | AC | Y8323 | LE | Y8348 | NV | Y8373 | AC |
| 408274 | BZ | Y8299 AV | ECR | Y8324 | CB | Y8349 | NV | Y8374 | LE |
| 408275 | AC | 408300 | LN | Y8325 | AC | Y8350 | NV(w) | Y8375 | BZ |
| 408276 | NB | Y8301 | AV | Y8326 | AC | Y8351 | NV(w) | | |

# Class Y8400  B

**Built by:-** Arbel Fauvet Rail 1990-95  **Weight:-** 36t
**Length:-** 10.14m  **Max Speed:-** 30 / 60km/h

| | | | | | | | | | |
|---|---|---|---|---|---|---|---|---|---|
| Y8401 | SO | Y8428 | LE | Y8456 | LE | Y8484 | NB(w) | Y8511 | AV |
| Y8402 | PV | Y8429 | AV(w) | Y8457 | DP(w) | Y8485 | TL | Y8512 | NB |
| Y8403 | SO | Y8430 | BZ | Y8458 | DP | Y8486 | TL(w) | Y8513 | MZ |
| Y8404 | PV | Y8431 | AV | Y8459 | NV(w) | Y8487 | SB | Y8514 | CB |
| Y8405 | TP | Y8432 | AC | Y8460 | DP | Y8488 | TP(w) | Y8515 | NB |
| Y8406 | MZ | Y8433 | AV | Y8461 | SO | Y8489 | CB | Y8516 | NV |
| Y8407 | MZ | Y8434 | AV(w) | Y8462 | NB | Y8490 | PV | Y8517 | AV |
| Y8408 | CY | Y8435 | BZ(w) | Y8463 | PV | Y8491 | AC | Y8518 | NV |
| Y8409 | SO | Y8436 | NV | Y8464 | TP | Y8492 | AC | Y8519 | AV |
| Y8410 | MZ | Y8437 | DP | Y8465 | NB(w) | Y8493 | PV | Y8520 | DP(w) |
| Y8411 | AC | Y8438 | AC | Y8466 | AV(w) | Y8494 | BD | Y8521 | PV |
| Y8412 | PV | Y8439 | AC | Y8467 | NB | Y8495 | SO(s) | Y8522 | BD |
| Y8413 | AC | Y8440 | BZ(w) | Y8468 | TP | Y8496 | SB | Y8523 | DP(w) |
| Y8414 | SO(s) | Y8441 | NV | Y8469 | NV | Y8497 | LE | Y8524 | LN |
| Y8415 | PV | Y8442 | AV | Y8470 | LE(w) | Y8498 | MZ | Y8525 | LN |
| Y8416 | AC | Y8443 | AV(w) | Y8471 | NB(w) | Y8499 | BZ(w) | Y8526 | EP |
| Y8417 | MZ | Y8444 | BZ | Y8472 | CY(w) | Y8500 | MZ | Y8527 | AC |
| Y8418 | AV(w) | Y8445 | SO(s) | Y8473 | BZ(w) | Y8501 | BD | Y8528 | TP |
| Y8419 | TL(w) | Y8446 | AV | Y8474 | CB(w) | Y8502 | CB | Y8529 | MZ |
| Y8420 | LE(w) | Y8447 | PV | Y8476 | AC | Y8503 | BD | Y8530 | AC |
| Y8421 | LE | Y8448 | DP | Y8477 | LE | Y8504 | LN | Y8531 | SB |
| Y8422 | LE | Y8449 | CB(w) | Y8478 | TP(w) | Y8505 | CB | Y8532 | AV |
| Y8423 | PV | Y8450 | BZ | Y8479 | CB(w) | Y8506 | TP(w) | Y8533 | SB |
| Y8424 | PV | Y8451 | NV | Y8480 | NB | Y8507 | CB | Y8534 | AC(w) |
| Y8425 | CB | Y8452 | SB(w) | Y8481 | LE | Y8508 | AC | Y8535 | SB |
| Y8426 | LE | Y8454 | DP | Y8482 | DP(w) | Y8509 | TP | Y8536 | SO(s) |
| Y8427 | LE | Y8455 | SB | Y8483 | MZ | Y8510 | LN | Y8537 | SB |

| Class Y8400 | | | | B | | | | | |
|---|---|---|---|---|---|---|---|---|---|
| Y8538 | SB(w) | Y8541 | AC(w) | Y8544 | TL(w) | Y8547 | TP | Y8549 | NV(w) |
| Y8539 | SO(s) | Y8542 | SB(w) | Y8545 | TL(w) | Y8548 | SO(s) | Y8550 | CY(w) |
| Y8540 | SO(s) | Y8543 | SB(w) | Y8546 | LV(w) | | | | |

## Class Y9000 (ExY7400)    B

**Built by:-**  Decauville (7401-7520), De Dietrich (7521-7625), Moyse (7626-7888) 1958-62
**Re-built by:-** SNCF & Socofer 2010       **Weight:-**  32t
**Length:-**   8.94m                        **Max Speed:-** 60km/h

| | | | | | | |
|---|---|---|---|---|---|---|
| Y9001 | [Y7180] | TH | Y9034 | [Y7136] | TH | Y9067 |
| Y9002 | [Y7584] | TH | Y9035 | [Y7110] | TH | Y9068 |
| Y9003 | [Y7421] | TH | Y9036 | [Y7201] | TH | Y9069 |
| Y9004 | [Y7447] | TH | Y9037 | [Y7102] | TH | Y9070 |
| Y9005 | [Y7473] | TH | Y9038 | [Y7104] | TH | Y9071 |
| Y9006 | [Y7109] | TH | Y9039 | [Y7112] | TH | Y9072 |
| Y9007 | [Y7432] | TH | Y9040 | [Y7274] | TH | Y9073 |
| Y9008 | [Y7436] | TH | Y9041 | [Y7233] | TH | Y9074 |
| Y9009 | [Y7178] | TH | Y9042 | [Y7135] | TH | Y9075 |
| Y9010 | [Y7438] | TH | Y9043 | [Y7415] | TH | Y9076 |
| Y9011 | [Y7481] | TH | Y9044 | [Y7189] | TH | Y9077 |
| Y9012 | | | Y9045 | [Y7488] | TH | Y9078 |
| Y9013 | | | Y9046 | [Y7169] | TH | Y9079 |
| Y9014 | | | Y9047 | [Y7225] | TH | Y9080 |
| Y9015 | | | Y9048 | [Y7468] | TH | Y9081 |
| Y9016 | | | Y9049 | [Y7196] | TH | Y9082 |
| Y9017 | | | Y9050 | [Y7476] | TH | Y9083 |
| Y9018 | | | Y9051 | | | Y9084 |
| Y9019 | | | Y9052 | | | Y9085 |
| Y9020 | | | Y9053 | | | Y9086 |
| Y9021 | | | Y9054 | | | Y9087 |
| Y9022 | | | Y9055 | | | Y9088 |
| Y9023 | [Y7310] | TH | Y9056 | [Y7157] | TH | Y9089 |
| Y9024 | [Y7510] | TH | Y9057 | | | Y9090 |
| Y9025 | [Y7262] | TH | Y9058 | | | Y9091 |
| Y9026 | [Y7133] | TH | Y9059 | | | Y9092 |
| Y9027 | [Y7144] | TH | Y9060 | | | Y9093 |
| Y9028 | [Y7195] | TH | Y9061 | | | Y9094 |
| Y9029 | [Y7264] | TH | Y9062 | | | Y9095 |
| Y9030 | [Y7127] | TH | Y9063 | | | Y9096 |
| Y9031 | [Y7220] | TH | Y9064 | | | Y9097 |
| Y9032 | [Y7492] | TH | Y9065 | | | Y9098 |
| Y9033 | [Y7293] | TH | Y9066 | | | Y9099 |

**Notes**

# SNCF - Locma Departmental Locomotives

## Class Y2200                                         B

| Built by:- | Moyse (2201-2249), Decauville (2250-2340) 1956-60 | | |
|---|---|---|---|
| Length:- | 5.79m | Max Speed:- | 14 / 50km/h |
| Weight:- | 16t | | |

| Y2205 | | Lafarge quarry, La Patte. | 0013 | [Y2282] | TP |
| 0033 | [Y2208] | Chalons Sur Marne E.M.M. | 0030 | [Y2285] | TV |
| 0001 | [Y2215] | CY | 0034 | [Y2298] | CB |
| 0006 | [Y2237] | NV | 0004 | [Y2310] | VE |
| 0035 | [Y2243] | TV | 0005 | [Y2317] | VE |
| 0025 | [Y2255] | Beziers Works | Y2321 | | Romilly C&W |
| 0009 | [Y2260] | CB | 0003 | [Y2322] | Metz Sablon |
| 0007 | [Y2266] | NV | Y2329 | | CIOL, ZI Chef de la Baie. |

## Class Y2400                                         B

| Built by:- | Decauville 1962-69 | Weight:- | 17t |
|---|---|---|---|
| Length:- | 7.18m | Max Speed:- | 15 / 58km/h |

| Y2401 | [AT1 RO 272] | Granville | 0109 | [Y2464] | MB |
| Y2409 | | EP | Y2465 | | Les Laumes-Alesia depot |
| Y2416 | | Brive Works | 0027 | [Y2471] | Oullins Works, Lyon |
| Y2417 | | AV | 0031 | [Y2479] | DP |
| Y2418 | | Brive Infrastucture Works | 0065 | [Y2480] | CF |
| Y2421 | | Toulouse St Jory Yard | Y2481 | | PS |
| Y2426 | | TL | Y2482 | | Toulouse Depot |
| Y2427 | | Gerzat Wagon Works | 0122 | [Y2483] | Laroche-Migennes depot |
| 22 | [Y2428] | Saulon P.W.Depot (s) | 0028 | [Y2484] | AV |
| 0018 | [Y2433] | PO | Y2488 | | Gannat Station. |
| 0022 | [Y2436] | TP | 0064 | [Y2490] | Quimper |
| Y2440 | | St.André-le-Gaz | Y2492 | | PS |
| 0048 | [Y2441] | DP | 0115 | [Y2493] | BD |
| 0026 | [Y2443] | Sotteville Wagon Works | 0105 | [Y2495] | Gerzat Wagon Works |
| 0113 | [Y2444] | AV | Y2499 | | Saint Priest Yard |
| 5711 | [Y2447] | MB | 0118 | [Y2500] | Avignon Champfleury |
| 0016 | [Y2448] | AV | 0038 | [Y2502] | TP |
| Y2450 | | VE | 0057 | [Y2506] | VG |
| 0108 | [Y2451] | MB | Y2510 | | Perigueux C & W |
| 0126 | [Y2453] | Miramas Depot | Y2514 | | Vichy P.W. |
| 0059 | [Y2460] | Charolais Depot | Y2518 | | Gerzat Wagon Works |

## Class Y5100                                         B

| Built by:- | De Dietrich 1960-63 | Weight:- | 20t |
|---|---|---|---|
| Length:- | 7.18m | Max Speed:- | 18km/h |

| 0101 | [Y5103] | LM Works | 0069 | [Y5123] | BD |
| 0052 | [Y5104] | Nantes Carriage works | 0047 | [Y5124] | LG |
| 0091 | [Y5105] | MR | 0087 | [Y5126] | TL |
| 0097 | [Y5106] | PO | 0037 | [Y5127] | PO |
| 0086 | [Y5108] | TL | 0066 | [Y5129] | TV |
| 0096 | [Y5109] | PO | 0041 | [Y5131] | SB |
| Y5110 | | LG | 0032 | [Y5132] | TV |
| Y5111 | | PO | 0085 | [Y5133] | CY |
| 0076 | [Y5116] | NV | 0044 | [Y5136] | TRANSVAP, Connerre-Beille. |
| 0112 | [Y5117] | LN | Y5137 | | Bretenoux Biars |
| 0098 | [Y5119] | LN | 0102 | [Y5138] | LM Works |
| 0068 | [Y5121] | SO(s) | 0079 | [Y5140] | VG (Wheel Shop) |

## Class Y5100 B

| 0077 | [Y5142] | CF | | 0073 | [Y5155] | PL |
| 0078 | [Y5143] | PV | | 0094 | [Y5159] | TV |
| 0089 | [Y5144] | SO | | Y5205 | | Bretenoux Biars |
| Y5146 | | Les Laumes Alésia (w) | | Y5208 | | Masséna carriage sidings |
| 0055 | [Y5147] | LN | | 0070 | [Y5210] | CY |
| 0093 | [Y5148] | CY | | Y5212 | | Moulin Neuf P.W. |
| 0104 | [Y5150] | LM Works | | 0067 | [Y5213] | TP |
| 0056 | [Y5151] | VG | | 0039 | [Y5214] | CY |

## Class Y6200 B

**Built by:-** BDR (6201-6230), St Lillose (6231-6259), Moyse (6260-6297) 1949-55
**Length:-** 8.90m     **Max Speed:-** 20 / 60km/h
**Weight:-** 32t

| Y6217 | | Les Aubrais Wagon Works | 0106 | [Y6266] | MB |
| Y6230 | | Calais carriage depot | 0074 | [Y6281] | TP |

## Class Y6400 B

**Built by:-** De Dietrich (6401-6430, 6501-6625), Decauville (6431-6500) 1954-58
**Length:-** 8.90m     **Max Speed:-** 20 / 60km/h
**Weight:-** 32t

| 0019 | [Y6410] | Somain Wagon Works | 0053 | [Y6531] | SO Wagon Works |
| Y6422 | | Oullins works | 0116 | [Y6539] | TL |
| 0049 | [Y6423] | VG | Y6550 | | SO(s) |
| 0080 | [Y6429] | VE | 0123 | [Y6565] | VG |
| 0043 | [Y6432] | Lumes Wagon Works E.M.M. | 0124 | [Y6569] | Chalons Sur Marne E.M.M. |
| Y6475 | | Oullins works | Y6571 | | Romilly C & W |
| 19 | [Y6489] | Nevers Works | Y6585 | | Sotteville Wagon Works |
| 61 | [Y6490] | Saulon pw depot | Y6588 | | SO(s) |
| Y6510 | | TV | 0121 | [Y6612] | Bordeaux Wagon shop |
| 0051 | [Y6513] | VG | 0083 | [Y6617] | Les Aubrais depot |
| 0107 | [Y6520] | MB | Y6623 | | Somain Yard |
| 0117 | [Y6522] | Le Havre Soquence | | | |

## Class Y7100 B

**Built by:-** Billard (7101-7230), Decauville (7231-7310) 1958-62
**Length:-** 8.94m
**Weight:-** 32t     **Max Speed:-** 54km/h

| Y7101 | | NV | Y7173 | | Nîmes Courbessac Wagon |
| Y7103 | | Woippy Wagon Works | Works | | |
| Y7105 | | Brive Departmental Works | No. 3 | [Y7186] | Hourcade |
| Y7117 | | Épernay Depot | 105532 | [Y7197] | VE(w) |
| Y7119 | | MB | Y7198 | | RS |
| 71324 | Y7120 | Perpignan wagon works | Y7202 | | VG |
| Y7124 | | Saulon PW Depot | 160042 | [Y7203] | RS |
| Y7125 | | Montigny-les-Metz works | Y7207 | [203138] | RS |
| Y7126 | | LN | Y7210 | | Béziers Works |
| Y7140 | | AV | 163871 | [Y7211] | TP |
| Y7143 | | Périgueux Works | 35619 | [Y7212] | BD |
| Y7145 | | Saulon PW Depot | No. 5 | [Y7213] | BD |
| Y7147 | | LN | No. 5 | [Y7215] | VE |
| Y7153 | | Las Aubrais | Y7218 | | Mohon depot |
| No. 1 | Y7154 | BD(s) | 99 | [Y7223] | NV |
| Y7155 | | Moulin Neuf Track Works | Y7226 | | SO |
| Y7156 | | Oullins works | Y7228 | | AV |
| 35612 | [Y7164] | Hourcade | Y7231 | | Charleville-Mézières |
| Y7171 | | HE | Y7232 | | Thionville wagon works |

## Class Y7100　　　　　　　　B

| | | | | | |
|---|---|---|---|---|---|
| Y7234 | | DP | Y7276 | | LV |
| 35621 | [Y7239] | BD | Y7279 | | Oullins works |
| Y7240 | | Brive p.w. Depot | Y7280 | | LN |
| Y7247 | | Blainville | Y7281 | | LN |
| Y7248 | | Charleville-Mézières | Y7282 | | SO |
| Y7249 | | VG(w) | Y7283 | | Saulon sleeper works |
| Y7252 | | Lens Depot | Y7284 | | TP |
| Y7255 | | Périgueux Carriage Works | Y7285 | | LE(w) |
| Y7256 | | Chamiers track works | Y7292 | | Sotteville Quatre Mares Works |
| Y7261 | | Avignon Champfleury works | Y7295 | | LN |
| 37146 | [Y7265] | SA | 24947 | [Y7301] | MB |
| Y7266 | | HE | Y7307 | | AV - Saulon pw depot |
| Y7273 | | VG (for spares) | Y7309 | | Oullins works |

## Class Y7400　　　　　　　　B

| Built by:- | Moyse 1958-62 | | Weight:- | 32t |
|---|---|---|---|---|
| Length:- | 8.94m | | Max Speed:- | 60km/h |

| | | | | | |
|---|---|---|---|---|---|
| Y7405 | | Charlons Wagon Works | Y7612 | | Béziers Nîmes wagon works |
| Y7422 | | VG | Y7627 | | MB |
| Y7434 | | SB | Y7632 | | Chamiers Track Works |
| No. 40 | [Y7440] | NV | Y7647 | | TL |
| No. 42 | [Y7442] | NV | Y7681 | | Chamiers Track Works |
| 113072 | [Y7449] | Nantes Carriage Depot | Y7702 | | Périgueux Works |
| 105531 | [Y7451] | VE(w) | Y7725 | | Bretenoux Biars p.w. depot |
| Y7461 | | Lyon Mouche | 33113 | [Y7734] | Rennes Works |
| Y7478 | | MB | Y7739 | | PE |
| Y7494 | | Ambérieu Wagon Works (w) | Y7760 | | VE Depot |
| 35622 | [Y7495] | BD | Y7768 | | Périgueux Works |
| Y7525 | | Châlons en Champ Wagon Works | Y7782 | | DP |
| | | | Y7790 | | TP |
| Y7538 | | Somain Wagon Works | 06051 | [Y7798] | SB |
| Y7542 | | Ambérieu Wagon Works (w) | Y7804 | | Béziers Works |
| Y7569 | | DP | Y7825 | | Périgueux |
| Y7581 | | PE | 213553 | [Y7832] | CF |
| Y7594 | | TP | Y7833 | | Les Laumes Depart Depot |
| Y7605 | | Villeneuve SG Wagon Works | Y7847 | | Ambérieu Wagon Works |
| Y7610 | | TL | Y7848 | | DP |

## Class Y8400　　　　　　　　B

| Built by:- | Arbel Fauvet Rail 1990-95 | Weight:- | 36t |
|---|---|---|---|
| Length:- | 10.14m | Max Speed:- | 30 / 60km/h |

| | | |
|---|---|---|
| LOCMA 001 | [Y8453] | Sotteville Quatre Mares Works |
| LOCMA 002 | [Y8475] | Sotteville Quatre Mares Works |

## Class BB63100/63400/63500　　　Bo-Bo

| Built by:- | Brissonneau and Lotz 1956-71 | Weight:- | 64-68t |
|---|---|---|---|
| Length:- | 14.68m | Max Speed:- | 90km/h |

| | | | | | |
|---|---|---|---|---|---|
| 63136 | [196624] | NC | BB63826 | | MZ |
| BB63412 | | LV | 61378 | [BB63903] | NB |
| BB63599 | | LT | BB63922 | | LT |
| 105531 | [BB63627] | VE | BB64002 | | MZ(w) |
| BB63711 | | Nevers works | | | |

| Class BB71000 | | B-B | | |
|---|---|---|---|---|
| Built by:- 1965 | | Weight:- | | |
| Length:- | | Max Speed:- 80km/h | | |

BB71014 Lafarge quarry, La Patte.

## Locma Y Shunters in Locma Number order

| | | | | | | | | | |
|---|---|---|---|---|---|---|---|---|---|
| 0001 | [Y2215] | 0033 | [Y2208] | 0066 | [Y5129] | 0098 | [Y5119] | 06051 | [Y7798] |
| 0003 | [Y2322] | 0034 | [Y2298] | 0067 | [Y5213] | 99 | [Y7223] | 24947 | [Y7301] |
| 0004 | [Y2310] | 0035 | [Y2243] | 0068 | [Y5121] | 0101 | [Y5103] | 33113 | [Y7734] |
| 0005 | [Y2317] | 0037 | [Y5127] | 0069 | [Y5123] | 0102 | [Y5138] | 35612 | [Y7164] |
| 0006 | [Y2237] | 0038 | [Y2502] | 0070 | [Y5210] | 0104 | [Y5150] | 35619 | [Y7212] |
| 0007 | [Y2266] | 0039 | [Y5214] | 0073 | [Y5155] | 0105 | [Y2495] | 35621 | [Y7239] |
| 0009 | [Y2260] | 0041 | [Y5131] | 0074 | [Y6281] | 0106 | [Y6266] | 35622 | [Y7495] |
| 0013 | [Y2282] | 0043 | [Y6432] | 0076 | [Y5116] | 0107 | [Y6520] | 37146 | [Y7265] |
| 0016 | [Y2248] | 0044 | [Y5136] | 0077 | [Y5142] | 0108 | [Y2451] | 71324 | Y7120 |
| 0016 | [Y2448] | 0047 | [Y5124] | 0078 | [Y5143] | 0109 | [Y2464] | 105531 | [Y7451] |
| 0018 | [Y2433] | 0048 | [Y2441] | 0079 | [Y5140] | 0112 | [Y5117] | 105532 | [Y7197] |
| 0019 | [Y6410] | 0049 | [Y6423] | 0080 | [Y6429] | 0113 | [Y2444] | 113072 | [Y7449] |
| 19 | [Y6489] | 0051 | [Y6513] | 0083 | [Y6617] | 0115 | [Y2493] | 160042 | [Y7203] |
| 22 | [Y2428] | 0052 | [Y5104] | 0085 | [Y5133] | 0116 | [Y6539] | 163871 | [Y7211] |
| 0022 | [Y2436] | 0053 | [Y6531] | 0086 | [Y5108] | 0117 | [Y6522] | 213553 | [Y7832] |
| 0025 | [Y2255] | 0055 | [Y5147] | 0087 | [Y5126] | 0118 | [Y2500] | No. 1 | Y7154 |
| 0026 | [Y2443] | 0056 | [Y5151] | 0089 | [Y5144] | 0121 | [Y6612] | No. 3 | [Y7186] |
| 0027 | [Y2471] | 0057 | [Y2506] | 0091 | [Y5105] | 0122 | [Y2483] | No. 40 | [Y7440] |
| 0028 | [Y2484] | 0059 | [Y2460] | 0093 | [Y5148] | 0123 | [Y6565] | No. 42 | [Y7442] |
| 0030 | [Y2285] | 61 | [Y6490] | 0094 | [Y5159] | 0124 | [Y6569] | No. 5 | [Y7213] |
| 0031 | [Y2479] | 0064 | [Y2490] | 0096 | [Y5109] | 0126 | [Y2453] | No. 5 | [Y7215] |
| 0032 | [Y5132] | 0065 | [Y2480] | 0097 | [Y5106] | 5711 | [Y2447] | | |

**Notes**

# SNCF - Infrastructure

## MGV (Mesures a Grande Vitesse)

### TGV Reseau — 8 Car Three Voltage Sets

| | |
|---|---|
| Built by:- | GEC-Alsthom / Francorail-MTE / De Dietrich 1994-96 |
| Length:- | 22.15 + 21.845( + 6x 18.70) + 21.845 +22.15m |
| Weight:- | 65 + 43 (+ 6x 28) + 43 + 65 t     Max Speed:-     300km/h |
| Cab Signalling:- | TVM 430. |

IRIS 320 [4530]   TGV380059   TGV380060

**Set Trailers**

| | | | |
|---|---|---|---|
| R1 | Catenary observation turret. | R4 | Workshop. |
| R2 | Signalling and catenary parameter measurements. | R5 | Living room. |
| | | R6 | Kitchen and dining room. |
| | | R7 | Bedrooms. |
| R3 | Localisation computer systems. | R8 | Bedrooms plus catenary observation turret. |

### Class X1500 — 2-Car Departmental Unit

Note: This unit is used to test the ERTMS European signalling system.
X1501 [T1512]   X1502 [T1511]   N   NO

### Class X2400 — Departmental Unit

| | | | |
|---|---|---|---|
| Built by:- | Decauville 1953 | Weight:- | 43t |
| Length:- | 27.73m | Max Speed:- | 120km/h |

X2464   NV(w)   PO

### Class X2700 — RGP 2 Car Departmental Unit

| | | | |
|---|---|---|---|
| Built by:- | Decauville 1954-55 | Weight:- | |
| Length:- | 26.63 m + 26.63m | Max Speed:- | 120km/h |

X2700   X7700   NV(w)   PO

### Class X2720 — RGP 2 Car Unit

| | | | |
|---|---|---|---|
| Built by:- | De Dietrich / SACM 1955-56 | Weight:- | 53 + 32t |
| Length:- | 26.63 m + 26.05m | Max Speed:- | 140km/h |

X2723   X7723  LV(W)Y   |   X2731   X7731  LV(W)Y   |   X2737   X7737  LV(W)Y

# SNCF - Departmental Snowploughs

### Class BB8500 — B-B — 1500 V DC

| | | | |
|---|---|---|---|
| Built by:- | Alsthom 1964-74 | Weight:- | 79t |
| Length:- | 14.94m | Max Speed:- | 140km/h |

CN1   [8553]   CB   |   CN2   [8556]   CB   |   CN3   DV

### Class CN (Narrow Gauge) — D

| | | | |
|---|---|---|---|
| Built by:- | Beilhack 1983-84 | Weight:- | 27t |
| Length:- | 9.73m | Max Speed:- | |

CN4   SG

### Class BB4100 — Bo-Bo

| | | | |
|---|---|---|---|
| Built by:- | Carel & Fouché  1928-1932 | Weight:- | 78t |
| Length:- | 12870mm | Max Speed:- | 75 km/h |

CN5   [4119]   TL   |   CN6   [4123]   TL

### Class BB60000 — Co-Co

| | | | |
|---|---|---|---|
| Built by:- | Alstom  1960-1968 | Weight:- | 66t |
| Length:- | 14898mm | Max Speed:- | Must be pushed by a loco |

CNS   [60021]

# SNCF - Diesel Multiple Units

## Class X2100 — Single Car

| Built by:- | ANF / Schneider 1980-83 | Weight:- | 44t |
| --- | --- | --- | --- |
| Length:- | 22.40m | Max Speed:- | 140km/h |

| | | | | | | | |
| --- | --- | --- | --- | --- | --- | --- | --- |
| X2101 | MP | X2114 | BR | X2127 | MP | X2141 | BR |
| X2102 | MP | X2115 | BR | X2128 | MP | X2142 | BR |
| X2103 | MP | X2116 | BR | X2129 | MP | X2143 | TL(w) |
| X2104 | MP | X2117 | BR | X2130 | MP | X2144 | BR |
| X2105 | TL | X2118 | MP | X2131 | MP | X2145 | BR |
| X2106 | MP(w) | X2119 | MP | X2132 | MP | X2146 | BR |
| X2107 | BD(w) | X2120 | MP | X2134 | BR | X2147 | BR |
| X2108 | RS(w) | X2121 | MP | X2135 | BR | X2148 | BR |
| X2109 | TL(w) | X2122 | MP | X2136 | BR | X2150 | MP |
| X2110 | TL(w) | X2123 | BR | X2137 | BR | 92101 | BD(w) |
| X2111 | BR | X2124 | BR | X2138 | MP | 92102 | BD(w) |
| X2112 | RS(w) | X2125 | MP | X2139 | BR | 92103 | BD(w) |
| X2113 | BR | X2126 | MP | X2140 | BR | 92104 | MP |

### Named Units

| | | | |
| --- | --- | --- | --- |
| X2134 | Dunières. | 92103 | Les Pays De La Loire. |
| 92101 | Les Pays De La Loire. | 92104 | Conseil Régional Midi-Pyrénées. |
| 92102 | Les Pays De La Loire. | | |

## Class X2200 — Single Car

| Built by:- | ANF / Schneider 1985-88 | Weight:- | 43t |
| --- | --- | --- | --- |
| Length:- | 22.40m | Max Speed:- | 140km/h |

| | | | | | | | |
| --- | --- | --- | --- | --- | --- | --- | --- |
| X2201 | MB(s) | X2219 | AQ | X2233 | AQ | X2247 | LI |
| X2202 | BD | X2220 | AQ | X2234 | AQ | X2248 | LI |
| X2203 | NC(w) | X2221 | AQ | X2235 | AQ | X2249 | LI |
| X2205 | LI | X2222 | BD | X2236 | BD | X2250 | BD(w) |
| X2206 | LI | X2223 | AQ | X2237 | AQ | X2251 | LI |
| X2207 | LI | X2224 | AQ | X2238 | BD | X2252 | LG |
| X2208 | LI | X2225 | AQ | X2239 | AQ | X2253 | LI |
| X2209 | LI | X2226 | AQ | X2240 | AQ | X2254 | LI |
| X2210 | AQ | X2227 | BD | X2241 | AQ | X2255 | LI |
| X2211 | LI | X2228 | BD | X2242 | AQ | X2256 | LI |
| X2212 | AQ | X2229 | AQ | X2243 | BD | X2257 | LI |
| X2213 | NC(w) | X2230 | AQ | X2244 | BD | 92201 | AQ |
| X2216 | NC | X2231 | AQ | X2245 | AQ | 92202 | TL(w) |
| X2217 | NC(w) | X2232 | AQ | X2246 | BD(s) | 92203 | AQ |
| X2218 | AQ | | | | | | |

### Named Units

| | | | |
| --- | --- | --- | --- |
| X2201 | Mercantour | X2217 | Verdon |
| X2202 | Paillon | 92201 | Normandie. |
| X2203 | Roya | 92202 | Conseil Régional Midi-Pyrénées. |
| X2205 | Cloyes-Sur-Le-Loir. | 92203 | Languedoc Roussillon. |
| X2216 | Vallée des Merveilles | | |

## Class X2800 — Single Car

| Built by:- | Decauville / Renault 1957-62 | Weight:- | 53t |
| --- | --- | --- | --- |
| Length:- | 27.73m | Max Speed:- | 120km/h |

| | | | | | | | |
| --- | --- | --- | --- | --- | --- | --- | --- |
| X2818 | LV | X2826 | LV | X2827 | DP(w) | X2885 | LV |

## Class X3800 — Departmental Railcar

| Built by:- | ANF/De Dietrich/Renault/Saurer 1951-62 | Weight:- | 53t |
|---|---|---|---|
| Length:- | 27.73m | Max Speed:- | 120km/h |

| X3896 | PV | | X3997 | PV |
|---|---|---|---|---|

## Class X4300 — 2 Car Units

| Built by:- | ANF 1963-70 | Weight:- | 35 + 23t |
|---|---|---|---|
| Length:- | 21.24 m + 21.24m | Max Speed:- | 120km/h |

| X4319 | X8520 | MZ | X4409 | X8628 | MZ | X4421 | X8526 | MZ |
|---|---|---|---|---|---|---|---|---|
| X4352 | X8339 | MZ | X4411 | X8532 | MZ | X4445 | X8425 | MZ |
| X4359 | X8568 | MZ | X4414 | X8558 | MZ | X4450 | X8430 | MZ |
| X4391 | X8610 | NV (Infra) | X4416 | X8381 | MZ | | | |

## Class X4500 — 2 Car Units

| Built by:- | ANF 1963-70 | Weight:- | 36 + 23t |
|---|---|---|---|
| Length:- | 21.24 m + 21.24m | Max Speed:- | 120km/h |

| X4501 | X8503 | NV | X4551 | X8553 | NV(w) | X4578 | X8417 | NV |
|---|---|---|---|---|---|---|---|---|
| X4505 | X8511 | NV | X4552 | X8334 | NV(w) | X4579 | X8338 | LN |
| X4514 | X8414 | NV(w) | X4559 | X8372 | RS | X4586 | X8377 | LN |
| X4524 | X8534 | SO | X4560 | X8622 | NV(w) | X4593 | X8641 | NV(w) |
| X4539 | X8510 | SO | X4563 | X8341 | LN | X4601 | X8505 | NV(w) |
| X4540 | X8550 | RS | X4569 | X8413 | NV(w) | X4618 | X8358 | LN |
| X4544 | X8335 | SO | X4574 | X8412 | NV | X4620 | X8410 | RS |
| X4546 | X8385 | RS | X4576 | X8308 | NV(w) | X4623 | X8413 | NV(w) |
| X4549 | X8353 | SO | | | | | | |

## Class X4630 — 2 Car Units

| Built by:- | ANF 1974-78 | Weight:- | 39 + 24t |
|---|---|---|---|
| Length:- | 21.24 m + 21.24m | Max Speed:- | 120km/h |

| X4630 | X8642 | NO | X4661 | X8658 | NV(w) | X4706 | X8719 | LV(w) |
|---|---|---|---|---|---|---|---|---|
| X4631 | X8643 | NB(w) | X4663 | X8660 | NV(w) | X4708 | X8705 | LV(w) |
| X4634 | X8646 | NV(w) | X4665 | X8662 | LV(w) | X4710 | X8707 | LV(w) |
| X4635 | X8647 | LV(w) | X4667 | X8664 | LV(w) | X4718 | X8715 | LV(w) |
| X4645 | X8434 | NV(w) | X4672 | X8595 | NB(w) | X4721 | X8718 | NV |
| X4647 | X8436 | NV(w) | X4673 | X8596 | NV(Infra) | X4723 | X8720 | LV(w) |
| X4648 | X8437 | NV(Infra) | X4676 | X8673 | NV(Infra) | X4729 | X8726 | LV(w) |
| X4650 | X8439 | NV | X4679 | X8676 | NB(w) | X4730 | X8727 | LV(w) |
| X4651 | X8440 | LV(w) | X4682 | X8679 | NB | X4731 | X8728 | NV |
| X4652 | X8441 | NV | X4692 | X8689 | LV(w) | X4732 | X8729 | LV(w) |
| X4653 | X8442 | NV | X4695 | X8692 | LV(w) | X4734 | X8731 | NV |
| X4655 | X8445 | NV(w) | X4697 | X8694 | LV | X4735 | X8732 | NV |
| X4657 | X8446 | NB(w) | X4699 | X8696 | LV(w) | X4736 | X8733 | LV(w) |
| X4658 | X8447 | NV(w) | X4703 | X8700 | LV(w) | X4738 | X8735 | LV |
| X4659 | X8448 | NV(Infra) | X4704 | X8701 | LV(w) | X4740 | X8737 | LV(w) |
| X4660 | X8657 | NV(w) | X4705 | X8702 | LV(w) | X4742 | X8739 | NV |

## Class X4750 — 2 Car Units

**Built by:-** ANF 1977-78  
**Length:-** 21.24 m + 21.24m  
**Weight:-** 39 + 25t  
**Max Speed:-** 140km/h

| | | | | | | | | |
|---|---|---|---|---|---|---|---|---|
| X4750 | X8750 | SO(w) | X4763 | X8763 | SO(w) | X4776 | X8776 | MN |
| X4751 | X8751 | NO(w) | X4764 | X8764 | LO | X4777 | X8777 | SO(w) |
| X4752 | X8752 | NO | X4765 | X8765 | NV(w) | X4778 | X8778 | NV(w) |
| X4753 | X8753 | NO | X4766 | X8766 | LO | X4779 | X8779 | NV(w) |
| X4754 | X8754 | NO | X4767 | X8767 | NO | X4780 | X8780 | NV(w) |
| X4755 | X8755 | MN | X4768 | X8768 | LO | X4782 | X8782 | NV(w) |
| X4756 | X8756 | NV | X4769 | X8769 | LO | X4783 | X8783 | NO |
| X4757 | X8757 | SO(w) | X4770 | X8770 | LO | X4784 | X8784 | MN |
| X4759 | X8759 | LO | X4771 | X8771 | NO | X4785 | X8785 | MZ(w) |
| X4760 | X8760 | NV(w) | X4772 | X8772 | LO | X4786 | X8786 | NV |
| X4761 | X8761 | LO | X4773 | X8773 | MN(w) | X4787 | X8787 | NV |
| X4762 | X8762 | LO | X4775 | X8775 | NV(w) | | | |

## Class X4790 — 2 Car Units

**Built by:-** ANF 1980-81  
**Length:-** 21.74 m + 21.74 m  
**Weight:-** 40 + 25t  
**Max Speed:-** 140km/h

| | | | | | | | | |
|---|---|---|---|---|---|---|---|---|
| X4790 | X8790 | NO | Bagnoles-De-L'orne. | | X4794 | X8794 | NO | L'aigle. |
| X4791 | X8791 | NO | Granville. | | X4795 | X8795 | NO | Fleurs. |
| X4792 | X8792 | NO | Villedieu-Les-Poêles. | | X4796 | X8796 | NO | Abentan. |
| X4793 | X8793 | NO | Vire. | | | | | |

| | | | | | | | | |
|---|---|---|---|---|---|---|---|---|
| X4797 | [X4338] | X8536 | | MZ(w) | X4801 | [X4379] | X8801 | [X8613] | MZ(w) |
| X4798 | [X4306] | X8797 | [X8538] | MN(w) | X4802 | [X4315] | X8802 | [X8311] | MZ(w) |
| X4799 | [X4339] | X8798 | [X8504] | LO(w) | X4803 | [X4318] | X8803 | [X8349] | LO |
| X4800 | [X4321] | X8799 | [X8324] | LO | | | | | |

## Class X4900 — 3 Car Units

**Built by:-** ANF 1975-77  
**Length:-** 21.24m + 20.75m + 21.24m  
**Weight:-** 39 + 25 + 39t  
**Max Speed:-** 140km/

| | | | | | | | | |
|---|---|---|---|---|---|---|---|---|
| X4901 | X8901 | X4902 | NO | Veynes. | X4915 | X8908 | X4916 | NO |
| X4903 | X8902 | X4904 | NO | Manosque. | X4917 | X8909 | X4918 | NO |
| X4905 | X8903 | X4906 | NO | | X4919 | X8910 | X4920 | NO |
| X4907 | X8904 | X4908 | NO | | X4921 | X8911 | X4922 | NO |
| X4909 | X8905 | X4910 | NO | | X4923 | X8912 | X4924 | NO |
| X4911 | X8906 | X4912 | NO | | X4925 | X8913 | X4926 | NO |
| X4913 | X8907 | X4914 | NO | | | | | |

## Class XR6000 — Trailer Car

**Built by:-** ANF 1978-87  
**Length:-** 24.04m  
**Weight:-** 24t  
**Max Speed:-** 140km/h

| | | | | | | | |
|---|---|---|---|---|---|---|---|
| XR6002 | LG | XR6028 | TL(w) | XR6052 | LV | XR6074 | LG |
| XR6004 | LG(w) | XR6029 | LG | XR6053 | LV | XR6075 | LG |
| XR6008 | TL | XR6031 | CF | XR6054 | LG(w) | XR6076 | LG |
| XR6008 | PL | XR6032 | CF | XR6055 | LG | XR6077 | LG |
| XR6009 | CF | XR6035 | CF | XR6056 | LG(w) | XR6078 | LG |
| XR6010 | LG(w) | XR6036 | CF | XR6058 | SA(w) | XR6085 | LG |
| XR6011 | LG | XR6038 | BD(w) | XR6059 | CF | XR6086 | LG |
| XR6013 | LV | XR6040 | LG | XR6061 | BD | XR6088 | LV |
| XR6014 | NC(w) | XR6043 | CF | XR6063 | BD | XR6091 | LV |
| XR6016 | CF | XR6044 | CF | XR6064 | BD | XR6098 | LV |
| XR6018 | CF | XR6046 | NC(w) | XR6066 | LG | XR6107 | RS |
| XR6019 | CF | XR6047 | LV | XR6067 | LG(w) | XR6108 | RS |
| XR6020 | CF | XR6049 | LV | XR6070 | LG | XR6136 | NC(w) |
| XR6027 | SA(w) | XR6051 | LV | XR6072 | LG | XR6141 | MB |

## Class XR6000 — Trailer Car

| | | | | | | | |
|---|---|---|---|---|---|---|---|
| XR6142 | MB | XR6151 | BD | XR6159 | BD | XR6168 | RS |
| XR6144 | NC(w) | XR6152 | BD | XR6162 | BD | XR6169 | RS |
| XR6145 | LV | XR6153 | BD | XR6164 | RS | XR6170 | RS |
| XR6146 | MB | XR6154 | BD | XR6165 | RS | 96001 | NB |
| XR6147 | BD | XR6155 | LG | XR6166 | RS | 96002 | NB |
| XR6148 | BD | XR6156 | LG | XR6167 | RS | 96003 | NB |
| XR6149 | BD | | | | | | |

## Class XR6200 — Trailer Car

**Built by:-** ANF 1988-90  
**Length:-** 24.04m  
**Weight:-** 24t  
**Max Speed:-** 140km/h

| | | | | | | | |
|---|---|---|---|---|---|---|---|
| XR6201 | RS(w) | XR6230 | BD | XR6252 | BD | XR96212 | TL |
| XR6202 | RS(w) | XR6231 | BD | XR6254 | SA(w) | XR96213 | TL |
| XR6204 | DV | XR6232 | BD | XR6255 | BD | XR96214 | TL |
| XR6205 | BD | XR6233 | BD | XR96201 | TL | XR96215 | TL |
| XR6206 | BD | XR6234 | BD | XR96202 | TL | XR96216 | TL |
| XR6209 | LV | XR6236 | BD | XR96203 | TL | XR96217 | TL |
| XR6211 | TL(w) | XR6237 | BD | XR96204 | TL | XR96218 | TL |
| XR6213 | DV | XR6238 | BD | XR96205 | TL | XR96219 | TL |
| XR6214 | DV | XR6239 | LG | XR96206 | TL | XR96220 | TL |
| XR6219 | TP | XR6240 | LG | XR96207 | TL | XR96221 | TL |
| XR6221 | TP | XR6241 | DV | XR96208 | TL | XR96222 | TL |
| XR6222 | LV(w) | XR6245 | LV | XR96209 | TL(w) | XR96223 | TL |
| XR6226 | BD | XR6247 | NC(w) | XR96210 | TL | XR96224 | TL |
| XR6227 | BD | XR6250 | BD | XR96211 | TL | XR96225 | TL |
| XR6228 | BD | | | | | | |

## Class X72500 — 2 / 3 Car Units

**Built by:-** GEC / Alsthom 1997- 2004  
**Length:-** 26.45m (+ 25.60m) + 26.45m  
**Weight:-** 58 (+ 45) + 58t  
**Max Speed:-** 160km/h

| | | | | | | | |
|---|---|---|---|---|---|---|---|
| X72501 | | X72502 | AQ | X72553 | | X72554 | PC |
| X72503 | | X72504 | TP | X72555 | | X72556 | TP |
| X72505 | | X72506 | TP | X72557 | | X72558 | TP |
| X72507 | | X72508 | TP | X72559 | | X72560 | AQ |
| X72509 | | X72510 | TP | X72561 | | X72562 | TP |
| X72511 | | X72512 | TP | X72563 | | X72564 | TP |
| X72513 | | X72514 | LI | X72565 | XR721565 | X72566 | RA |
| X72515 | | X72516 | LI | X72567 | | X72568 | PC |
| X72517 | | X72518 | MP | X72569 | | X72570 | LI |
| X72519 | | X72520 | TP | X72571 | | X72572 | PC |
| X72521 | | X72522 | AQ | X72573 | | X72574 | LI |
| X72523 | | X72524 | AQ | X72575 | | X72576 | MP |
| X72525 | | X72526 | PC | X72577 | | X72578 | PC |
| X72527 | | X72528 | TP | X72579 | XR721579 | X72580 | RA |
| X72529 | | X72530 | TP | X72581 | XR721581 | X72582 | TP |
| X72531 | XR721531 | X72532 | RA | X72583 | | X72584 | MP |
| X72533 | | X72534 | PC | X72585 | | X72586 | AQ |
| X72535 | | X72536 | TP | X72587 | | X72588 | MP |
| X72537 | | X72538 | MP | X72589 | XR721589 | X72590 | CA |
| X72539 | | X72540 | MP | X72591 | | X72592 | TP |
| X72541 | | X72542 | MP | X72593 | | X72594 | AQ |
| X72543 | | X72544 | TP | X72595 | | X72596 | AQ |
| X72545 | | X72546 | AQ | X72597 | | X72598 | AQ |
| X72547 | | X72548 | TP | X72599 | | X72600 | NB |
| X72549 | | X72550 | TP | X72601 | | X72602 | AQ |
| X72551 | | X72552 | AQ | X72603 | XR721603 | X72604 | RA |

# Class X72500    2 / 3 Car Units

| | | | | | | | |
|---|---|---|---|---|---|---|---|
| X72605 | | X72606 | AQ | X72671 | XR721671 | X72672 | NO |
| X72607 | XR721607 | X72608 | RA | X72673 | XR721673 | X72674 | RA |
| X72609 | | X72610 | PC | X72675 | | X72676 | NB |
| X72611 | | X72612 | AQ | X72677 | | X72678 | AQ |
| X72613 | | X72614 | LI | X72679 | XR721679 | X72680 | RA |
| X72615 | XR721615 | X72616 | TP | X72681 | XR721681 | X72682 | RA |
| X72617 | | X72618 | AQ | X72683 | | X72684 | PC |
| X72619 | XR721619 | X72620 | NO | X72685 | | X72686 | MP |
| X72621 | | X72622 | PC | X72687 | | X72688 | PC |
| X72623 | XR721623 | X72624 | NO | X72689 | XR721689 | X72690 | RA |
| X72625 | | X72626 | PC | X72691 | | X72692 | PC |
| X72627 | XR721627 | X72628 | NO | X72693 | XR721693 | X72694 | RA |
| X72629 | XR721629 | X72630 | LI | X72695 | XR721695 | X72696 | RA |
| X72631 | XR721631 | X72632 | NO | X72697 | | X72698 | PC |
| X72633 | | X72634 | MP | X72699 | XR721699 | X72700 | RA |
| X72635 | XR721635 | X72636 | NO | X72701 | | X72702 | AQ |
| X72637 | | X72638 | PC | X72703 | | X72704 | PC |
| X72639 | XR721639 | X72640 | NO | X72705 | | X72706 | PC |
| X72641 | XR721641 | X72642 | RA | X72707 | XR721707 | X72708 | RA |
| X72643 | XR721643 | X72644 | NO | X72709 | XR721709 | X72710 | RA |
| X72645 | | X72646 | TP | X72711 | XR721711 | X72712 | TP |
| X72647 | XR721647 | X72648 | NO | X72713 | XR721713 | X72714 | NO |
| X72649 | | X72650 | TP | X72715 | XR721715 | X72716 | PI |
| X72651 | XR721651 | X72652 | NO | X72717 | XR721717 | X72718 | TP |
| X72653 | | X72654 | MP | X72719 | XR721719 | X72720 | NO |
| X72655 | XR721655 | X72656 | NO | X72721 | XR721721 | X72722 | PI |
| X72657 | | X72658 | MP | X72723 | XR721723 | X72724 | NO |
| X72659 | XR721659 | X72660 | NO | X72725 | XR721725 | X72726 | PI |
| X72661 | | X72662 | AQ | X72727 | XR721727 | X72728 | NO |
| X72663 | XR721663 | X72664 | NO | X72729 | XR721729 | X72730 | PI |
| X72665 | | X72666 | PC | X72731 | XR721731 | X72732 | PI |
| X72667 | XR721667 | X72668 | NO | X72733 | XR721733 | X72734 | PI |
| X72669 | | X72670 | TP | | | | |

## Named Units

| | | | | | | |
|---|---|---|---|---|---|---|
| X72533 | Écrins. | X72683 | Mont-Dauphin. | X72715 | Le Plateau Picard. |
| X72571 | Dévouly. | X72687 | Aurélien. | X72721 | Le Trait vert. |
| X72577 | Pelvoux. | X72691 | Vallouise. | X72725 | La Baie de Somme. |
| X72581 | Beaune. | X72697 | Ubaye. | X72729 | Les Trois Rivières. |
| X72609 | Queyras. | X72703 | Buëch. | X72731 | Le Vermandois. |
| X72621 | Serrw Ponçon | X72705 | Valgaudemar | X72733 | Le Pays d'Ancre. |
| X72625 | Sainte-Victoire. | | | | |

## Notes

# Class X73500/900 — Single Car

| Built by:- | De Dietrich / LHB 1999-2008 | Weight:- | 49t |
|---|---|---|---|
| Length:- | 28.90m | Max Speed:- | 140km/h |

| | | | | | | | |
|---|---|---|---|---|---|---|---|
| X73501 | AL | X73555 | AL | X73609 | PI | X73663 | RA | X73717 | AQ |
| X73502 | PL | X73556 | AL | X73610 | PI | X73664 | RA | X73718 | TL |
| X73503 | BO | X73557 | CE | X73611 | PI | X73665 | RA | X73719 | PI |
| X73504 | AL | X73558 | AL | X73612 | BO | X73666 | RA | X73720 | PI |
| X73505 | RA | X73559 | AL | X73613 | BO | X73667 | RA | X73721 | PI |
| X73506 | LR | X73560 | CE | X73614 | TL | X73668 | RA | X73722 | PI |
| X73507 | CE | X73561 | RA | X73615 | TL | X73669 | RA | X73723 | PI |
| X73508 | CE | X73562 | LR | X73616 | RA | X73670 | RA | X73724 | TL |
| X73509 | CE | X73563 | PL | X73617 | RA | X73671 | RA | X73725 | TL |
| X73510 | CE | X73564 | NO | X73618 | RA | X73672 | RA | X73726 | TL |
| X73511 | CE | X73565 | CE | X73619 | RA | X73673 | RA | X73727 | TL |
| X73512 | AL | X73566 | CE | X73620 | RA | X73674 | AU | X73728 | AQ |
| X73513 | PL | X73567 | BO | X73621 | RA | X73675 | AU | X73729 | AQ |
| X73514 | PL | X73568 | AQ | X73622 | RA | X73676 | AU | X73730 | AQ |
| X73515 | AQ | X73569 | AQ | X73623 | RA | X73677 | AU | X73731 | AQ |
| X73516 | AL | X73570 | LR | X73624 | RA | X73678 | AU | X73732 | AQ |
| X73517 | AQ | X73571 | RA | X73625 | RA | X73679 | AU | X73733 | AQ |
| X73518 | AL | X73572 | AQ | X73626 | TL | X73680 | AU | X73734 | TL |
| X73519 | AL | X73573 | AQ | X73627 | TL | X73681 | AU | X73735 | TL |
| X73520 | AL | X73574 | RE | X73628 | AU | X73682 | AU | X73736 | TL |
| X73521 | AL | X73575 | RE | X73629 | AU | X73683 | AU | X73737 | TL |
| X73522 | BR | X73576 | TL | X73630 | NO | X73684 | AU | X73738 | TL |
| X73523 | TL | X73577 | LR | X73631 | TL | X73685 | AU | X73739 | TL |
| X73524 | RA | X73578 | CE | X73632 | TL | X73686 | AU | X73740 | TL |
| X73525 | PL | X73579 | NO | X73633 | TL | X73687 | AU | X73741 | TL |
| X73526 | BO | X73580 | BO | X73634 | RA | X73688 | AU | X73742 | TL |
| X73527 | AL | X73581 | AU | X73635 | RA | X73689 | AU | X73743 | TL |
| X73528 | CE | X73582 | LR | X73636 | RA | X73690 | AU | X73744 | BO |
| X73529 | CE | X73583 | RS | X73637 | RA | X73691 | AU | X73745 | BO |
| X73530 | RA | X73584 | PL | X73638 | RA | X73692 | AU | X73746 | BO |
| X73531 | PL | X73585 | PL | X73639 | RA | X73693 | AU | X73747 | BO |
| X73532 | PL | X73586 | NO | X73640 | RA | X73694 | AU | X73748 | PI |
| X73533 | NO | X73587 | LR | X73641 | RA | X73695 | AU | X73749 | AU |
| X73534 | NO | X73588 | RS | X73642 | RA | X73696 | AU | X73750 | BO |
| X73535 | TL(w) | X73589 | RA | X73643 | RA | X73697 | AU | X73751 | BO |
| X73536 | CE | X73590 | RS | X73644 | NO | X73698 | AU | X73752 | BO |
| X73537 | AU | X73591 | TL | X73645 | NO | X73699 | AU | X73753 | BO |
| X73538 | BR | X73592 | RA | X73646 | NO | X73700 | AU | X73754 | BO |
| X73539 | CE | X73593 | BO | X73647 | NO | X73701 | AU | X73755 | BO |
| X73540 | RA | X73594 | TL | X73648 | NO | X73702 | AU | X73756 | BO |
| X73541 | PL | X73595 | PI | X73649 | NO | X73703 | AU | X73757 | BO |
| X73542 | PL | X73596 | RS | X73650 | PL | X73704 | AU | X73758 | BO |
| X73543 | LR | X73597 | RS | X73651 | NO | X73705 | BO | X73759 | PI |
| X73544 | LR | X73598 | RS | X73652 | NO | X73706 | BO | X73760 | BO |
| X73545 | CE | X73599 | RS | X73653 | NO | X73707 | BO | X73761 | BO |
| X73546 | AL | X73600 | RA | X73654 | NO | X73708 | RA | X73762 | TL |
| X73547 | AL | X73601 | RS | X73655 | PL | X73709 | RA | X73763 | AU |
| X73548 | NO | X73602 | NO | X73656 | PL | X73710 | RA | X73764 | AU |
| X73549 | BO | X73603 | RS | X73657 | PL | X73711 | RA | X73765 | BO |
| X73550 | LR | X73604 | RS | X73658 | CA | X73712 | RA | X73766 | AU |
| X73551 | BO | X73605 | RS | X73659 | CA | X73713 | RA | X73767 | BO |
| X73552 | NO | X73606 | PI | X73660 | CA | X73714 | RA | X73768 | AU |
| X73553 | AL | X73607 | RA | X73661 | CA | X73715 | BO | X73769 | AU |
| X73554 | BO | X73608 | BO | X73662 | CA | X73716 | AQ | X73770 | AU |

European Rail Datafile France 2014

## Class X73500 — Single Car

| | | | | | | | | | |
|---|---|---|---|---|---|---|---|---|---|
| X73771 | AQ | X73785 | LI | X73799 | BO | X73812 | AQ | X73907 | AL |
| X73772 | AQ | X73786 | LI | X73800 | BO | X73813 | LO | X73908 | AL |
| X73773 | AQ | X73787 | LI | X73801 | RA | X73814 | LO | X73909 | AL |
| X73774 | AQ | X73788 | LI | X73802 | RA | X73815 | LO | X73910 | AL |
| X73775 | NO | X73789 | LI | X73803 | LR | X73816 | LO | X73911 | LO |
| X73776 | LI | X73790 | LI | X73804 | CA | X73817 | LO | X73912 | LO |
| X73777 | LI | X73791 | NO | X73805 | LR | X73818 | LO | X73913 | LO |
| X73778 | LI | X73792 | NO | X73806 | AQ | X73901 | AL | X73914 | SB |
| X73779 | LI | X73793 | CA | X73807 | AQ | X73902 | AL | X73915 | SB |
| X73780 | LI | X73794 | CA | X73808 | AQ | X73903 | AL | X73916 | AL |
| X73781 | LI | X73795 | CA | X73809 | AQ | X73904 | AL | X73917 | AL |
| X73782 | LI | X73796 | AQ | X73810 | AQ | X73905 | AL | X73918 | LO |
| X73783 | LI | X73797 | BO | X73811 | PL | X73906 | AL | X73919 | LO |
| X73784 | LI | X73798 | BO | | | | | | |

### Named Units

| | | | | |
|---|---|---|---|---|
| X73512 | Erstein. | | X73598 | Laïta / Laeta. |
| X73515 | Thann | | X73599 | Cornouaille / Kerne. |
| X73520 | Herrlisheim. | | X73601 | Haute Bretagne / Breizh Uhel. |
| X73522 | Argoat / Argoad. | | X73603 | Brocéliande / Breselien. |
| X73526 | Ville De Paray-Le-Monial En Charolais Brionnais. | | X73604 | emeraude / emrodez. |
| | | | X73606 | Le Compiègnois. |
| X73538 | Armor / Arvor. | | X73609 | Le St Quentinois. |
| X73546 | Obernai. | | X73610 | L'Amiénois. |
| X73549 | Metzeral | | X73611 | Le Santerre |
| X73551 | Saverne. | | X73719 | Le Laonnois. |
| X73553 | Hochfelden | | X73720 | Le Cottérezien. |
| X73554 | Urmatt | | X73721 | Les Vallons d'Anizy. |
| X73558 | Guebwiller. | | X73722 | Le Vervinois. |
| X73559 | Le Wantzenau. | | X73723 | Le Crépynois. |
| X73567 | Reichshoffen. | | X73728 | Monsempron-Libos |
| X73568 | Saint-Amarin. | | X73748 | Le Soissonnais. |
| X73572 | Bollwiller. | | X73759 | Le Valois. |
| X73574 | Hermine / Erminig. | | X73773 | canfranc |
| X73575 | Aven / Aven. | | X73774 | Agen. |
| X73583 | Basse-Bretagne / Breizh-Izel. | | X73901 | Alsace / Rhenanie Palatinat. |
| X73588 | Lancelot / Lanselod. | | X73902 | Alsace / Saarland |
| X73595 | Le Thiérachien. | | X73904 | Obermodern-Zutzendorf. |
| X73596 | Huelgoat / An Uhelgoad. | | X73906 | Saarland. |
| X73597 | Armorique / Arvorig. | | X73917 | Drusenheim |

### Notes

| Class X76500 | | | 3 or 4 Car Units | | |
|---|---|---|---|---|---|
| Built by:- | Bombardier 2004-08 | | Total Weight:- | 133.3t | |
| Length:- | 57.40m | | Max Speed:- | 160km/h | |
| X76501 | XR761501 | | X76502 | PI | Le Beauvaisis |
| X76503 | XR761503 | | X76504 | NO | |
| X76505 | XR761505 | | X76506 | NP | |
| X76507 | XR761507 | | X76508 | AU | |
| X76509 | XR761509 | | X76510 | AL | |
| X76511 | XR761511 | | X76512 | AU | |
| X76513 | XR761513 | | X76514 | PI | L'Abbevillois |
| X76515 | XR761515 | | X76516 | NP | Hagenau |
| X76517 | XR761517 | | X76518 | NO | Le Marquenterre |
| X76519 | XR761519 | XR762519 | X76520 | AL | |
| X76521 | XR761521 | | X76522 | AU | |
| X76523 | XR761523 | | X76524 | PC | Mont-Brgo / Marguareis |
| X76525 | XR761525 | | X76526 | PI | Le Val de Nièvre |
| X76527 | XR761527 | | X76528 | NO | |
| X76529 | XR761529 | | X76530 | NP | |
| X76531 | XR761531 | | X76532 | AU | |
| X76533 | XR761533 | | X76534 | AL | |
| X76535 | XR761535 | | X76536 | AU | |
| X76537 | XR761537 | | X76538 | SB | Mirecourt. |
| X76539 | XR761539 | | X76540 | PI | Le Ponthieu |
| X76541 | XR761541 | | X76542 | NO | Vendenheim |
| X76543 | XR761543 | | X76544 | PC | Roya / Scarassoui |
| X76545 | XR761545 | | X76546 | NP | Bergerac / Brageirac |
| X76547 | XR761547 | | X76548 | AL | |
| X76549 | XR761549 | | X76550 | AU | |
| X76551 | XR761551 | | X76552 | SB | |
| X76553 | XR761553 | | X76554 | PI | Le Pays de Serre |
| X76555 | XR761555 | | X76556 | NO | |
| X76557 | XR761557 | | X76558 | NP | |
| X76559 | XR761559 | XR762559 | X76560 | AL | |
| X76561 | XR761561 | | X76562 | CF | Muhlbach-sur-Bruche / Lutzelhouse |
| X76563 | XR761563 | | X76564 | SB | |
| X76565 | XR761565 | | X76566 | PI | Le Vexin |
| X76567 | XR761567 | | X76568 | NO | |
| X76569 | XR761569 | | X76570 | NP | |
| X76571 | XR761571 | | X76572 | AL | |
| X76573 | XR761573 | | X76574 | PI | l'Ailette |
| X76575 | XR761575 | | X76576 | SB | |
| X76577 | XR761577 | | X76578 | NO | |
| X76579 | XR761579 | | X76580 | NP | |
| X76581 | XR761581 | | X76582 | AL | Roeschwoog / Communaite de Communes de L'Uffried |
| X76583 | XR761583 | | X76584 | PC | Bévéra / Turini |
| X76585 | XR761585 | | X76586 | PI | le Tardenois |
| X76587 | XR761587 | | X76588 | NO | |
| X76589 | XR761589 | | X76590 | NP | |
| X76591 | XR761591 | | X76592 | SB | |
| X76593 | XR761593 | | X76594 | PC | Argentera / Monviso |
| X76595 | XR761595 | | X76596 | PI | Le Pays des Sources |
| X76597 | XR761597 | | X76598 | NO | |
| X76599 | XR761599 | | X76600 | NP | |

| Class X76600 | | | 3 or 4 Car Units | | |
|---|---|---|---|---|---|
| Built by:- | Bombardier 2004-08 | | | Total Weight:- | 133.3t |
| Length:- | 57.40m | | | Max Speed:- | 160km/h |
| X76601 | XR761601 | | X76602 | AL | Bischwiller |
| X76603 | XR761603 | | X76604 | PI | Le Clermontois |
| X76605 | XR761605 | | X76606 | NO | |
| X76607 | XR761607 | | X76608 | AL | |
| X76609 | XR761609 | | X76610 | PI | le Vimeu |
| X76611 | XR761611 | | X76612 | NO | |
| X76613 | XR761613 | | X76614 | NP | |
| X76615 | XR761615 | | X76616 | AL | Hagenau |
| X76617 | XR761617 | | X76618 | PI | Le Marquenterre |
| X76619 | XR761619 | | X76620 | NO | |
| X76621 | XR761621 | | X76622 | AL | Sessenheim |
| X76623 | XR761623 | | X76624 | AL | Duppigheim |
| X76625 | XR761625 | | X76626 | PC | Mont Macaron / Laguet |
| X76627 | XR761627 | | X76628 | PI | Le Pays du Coquelicot |
| X76629 | XR761629 | | X76630 | PI | Le Pays de Thelle |
| X76631 | XR761631 | | X76632 | NO | |
| X76633 | XR761633 | | X76634 | NO | |
| X76635 | XR761635 | XR762635 | X76636 | AL | |
| X76637 | XR761637 | | X76638 | PI | |
| X76639 | XR761639 | | X76640 | AU | |
| X76641 | XR761641 | XR762641 | X76642 | AL | Vendenheim |
| X76643 | XR761643 | XR762643 | X76644 | AL | |
| X76645 | XR761645 | XR762645 | X76646 | AL | |
| X76647 | XR761647 | XR762647 | X76648 | AL | |
| X76649 | XR761649 | | X76650 | AU | |
| X76651 | XR761651 | XR762651 | X76652 | AL | Mommeheim |
| X76653 | XR761653 | XR762653 | X76654 | AL | Wisches |
| X76655 | XR761655 | | X76656 | AU | |
| X76657 | XR761657 | | X76658 | AU | le Pays de Bray |
| X76659 | XR761659 | XR762659 | X76660 | SB | |
| X76661 | XR761661 | XR762661 | X76662 | SB | Muhlbach Lutelhouse |
| X76663 | XR761663 | | X76664 | AU | |
| X76665 | XR761665 | | X76666 | AU | |
| X76667 | XR761667 | | X76668 | DP | |
| X76669 | XR761669 | | X76670 | EP | |
| X76671 | XR761671 | | X76672 | PC | Mont Agel |
| X76673 | XR761673 | | X76674 | DP | |
| X76675 | XR761675 | | X76676 | EP | |
| X76677 | XR761677 | | X76678 | EP | |
| X76679 | XR761679 | | X76680 | DP | |
| X76681 | XR761681 | | X76682 | PC | Vallée des Merveilles / Notre-Dame des Fontaines |
| X76683 | XR761683 | | X76684 | PC | Authion / Braus |
| X76685 | XR761685 | | X76686 | EP | |
| X76687 | XR761687 | | X76688 | EP | |
| X76689 | XR761689 | | X76690 | EP | |
| X76691 | XR761691 | | X76692 | EP | |
| X76693 | XR761693 | | X76694 | EP | |
| X76695 | XR761695 | | X76696 | EP | |
| X76697 | XR761697 | | X76698 | EP | Ville de Fismes |
| X76699 | XR761699 | | X76700 | EP | |

| Class X76700 | | | 3 or 4 Car Units | | |
|---|---|---|---|---|---|
| Built by:- | Bombardier 2008 | | Total Weight:- | 133.3t | |
| Length:- | 57.40m | | Max Speed:- | 160km/h | |
| X76701 | XR761701 | | X76702 | EP | |
| X76703 | XR761703 | | X76704 | EP | |
| X76705 | XR761705 | | X76706 | EP | |
| X76707 | XR761707 | | X76708 | EP | |
| X76709 | XR761709 | | X76710 | NP | |
| X76711 | XR761711 | | X76712 | NP | |
| X76713 | XR761713 | | X76714 | DP | |
| X76715 | XR761715 | | X76716 | DP | |
| X76717 | XR761717 | | X76718 | NP | |
| X76719 | XR761719 | | X76720 | NP | |
| X76721 | XR761721 | | X76722 | NP | |
| X76723 | XR761723 | | X76724 | CF | |
| X76725 | XR761725 | | X76726 | CF | |
| X76727 | XR761727 | XR762727 | X76728 | NB | |
| X76729 | XR761729 | | X76730 | PI | La Vallé de la Bresle |
| X76731 | XR761731 | | X76732 | PI | Le Chaunois |
| X76733 | XR761733 | | X76734 | PI | Le Creillois |
| X76735 | XR761735 | | X76736 | PI | Les Trois Vallées |
| X76737 | XR761737 | | X76738 | LO | |
| X76739 | XR761739 | | X76740 | LO | |
| X76741 | XR761741 | | X76742 | LO | |
| X76743 | XR761743 | | X76744 | LO | Vallée de la Sarre |
| X76745 | XR761745 | XR762745 | X76746 | NB | |
| X76747 | XR761747 | | X76748 | PI | Le Cantilien |
| X76749 | XR761749 | | X76750 | PI | La Vallé de l'Aisne |
| X76751 | XR761751 | | X76752 | PI | La Vallé de l'Oise |
| X76753 | XR761753 | | X76754 | PI | La Champagne Picarde |
| X76755 | XR761755 | | X76756 | PI | Le Pays de l'Omois |
| X76757 | XR761757 | | X76758 | | |
| X76759 | XR761759 | | X76760 | | |
| X76761 | XR761761 | | X76762 | | |
| X76763 | XR761763 | | X76764 | | |
| X76765 | XR761765 | | X76766 | AU | |
| X76767 | XR761767 | | X76768 | AU | |
| X76769 | XR761769 | | X76770 | AU | |
| X76771 | XR761771 | | X76772 | AU | |
| X76773 | XR761773 | | X76774 | AU | |
| X76775 | XR761775 | | X76776 | AU | |
| X76777 | XR761777 | XR762777 | X76778 | NB | |
| X76779 | XR761779 | XR762779 | X76780 | NB | |
| X76781 | XR761781 | XR762781 | X76782 | NB | |
| X76783 | XR761783 | XR762783 | X76784 | NB | |
| X76785 | XR761785 | XR762785 | X76786 | NB | |
| X76787 | XR761787 | XR762787 | X76788 | NB | |
| X76789 | XR761789 | XR762789 | X76790 | NB | |
| X76791 | XR761791 | XR762791 | X76792 | NB | |
| X76793 | XR761793 | XR762793 | X76794 | SB | |
| X76795 | XR761795 | | X76796 | EP | |
| X76797 | XR761797 | | X76798 | EP | |
| X76799 | XR761799 | | X76800 | EP | |

| Class X76800 | | | 3 or 4 Car Units | | |
|---|---|---|---|---|---|
| Built by:- | Bombardier 2009- | | | Total Weight:-133.3t | |
| Length:- | 57.400m | | | Max Speed:- | 160km/h |
| X76801 | XR761801 | | X76802 | EP | |
| X76803 | XR761803 | | X76804 | EP | |
| X76805 | XR761805 | XR762805 | X76806 | NB | |
| X76807 | XR761807 | XR762807 | X76808 | NB | |
| X76809 | XR761809 | XR762809 | X76810 | NB | |
| X76811 | XR761811 | XR762811 | X76812 | NB | |
| X76813 | XR761813 | | X76814 | AU | |
| X76815 | XR761815 | XR762815 | X76816 | NB | |
| X76817 | XR761817 | XR762817 | X76818 | NB | |
| X76819 | XR761819 | | X76820 | AU | |
| X76821 | XR761821 | | X76822 | EP | |
| X76823 | XR761823 | XR762823 | X76824 | NB | |
| X76825 | XR761825 | | X76826 | AU | |
| X76827 | XR761827 | | X76828 | AU | |
| X76829 | XR761829 | | X76830 | EP | |
| X76831 | XR761831 | | X76832 | AU | |
| X76833 | XR761833 | | X76834 | | |
| X76835 | XR761835 | | X76836 | EP | |

**Notes**

# SNCF - Bi-Mode Units

## Class B81500   3/4 Car Bi Mode Units   1500 V DC

| Built by:- | Bombardier 2004-10 | Weight:- | 134.9 / 163.2t |
| Length:- | 57.40 / 72.80m | Max Speed:- | 160km/h |

| | | | | |
|---|---|---|---|---|
| B81501 | R811501 | | B81502 | TL |
| B81503 | R811503 | | B81504 | BO |
| B81505 | R811505 | | B81506 | RA |
| B81507 | R811507 | | B81508 | TL |
| B81509 | R811509 | | B81510 | BO |
| B81511 | R811511 | | B81512 | MB |
| B81513 | R811513 | | B81514 | TL |
| B81515 | R811515 | | B81516 | RA |
| B81517 | R811517 | | B81518 | RA |
| B81519 | R811519 | | B81520 | BO |
| B81521 | R811521 | | B81522 | RA |
| B81523 | R811523 | | B81524 | TL |
| B81525 | R811525 | | B81526 | MB |
| B81527 | R811527 | | B81528 | RA |
| B81529 | R811529 | | B81530 | RA |
| B81531 | R811531 | | B81532 | TL |
| B81533 | R811533 | | B81534 | MB |
| B81535 | R811535 | | B81536 | BO |
| B81537 | R811537 | | B81538 | BO |
| B81539 | R811539 | | B81540 | RA |
| B81541 | R811541 | | B81542 | TL |
| B81543 | R811543 | | B81544 | RA |
| B81545 | R811545 | | B81546 | MB |
| B81547 | R811547 | | B81548 | BO |
| B81549 | R811549 | | B81550 | TL |
| B81551 | R811551 | | B81552 | BO |
| B81553 | R811553 | | B81554 | RA |
| B81555 | R811555 | | B81556 | RA |
| B81557 | R811557 | | B81558 | BO |
| B81559 | R811559 | | B81560 | BO |
| B81561 | R811561 | | B81562 | RA |
| B81563 | R811563 | | B81564 | BO |
| B81565 | R811565 | | B81566 | RA |
| B81567 | R811567 | | B81568 | RA |
| B81569 | R811569 | R812569 | B81570 | BO |
| B81571 | R811571 | | B81572 | RA |
| B81573 | R811573 | R812573 | B81574 | BO |
| B81575 | R811575 | | B81576 | RA |
| B81577 | R811577 | R812577 | B81578 | BO |
| B81579 | R811579 | R812579 | B81580 | BO |
| B81581 | R811581 | | B81582 | AQ |
| B81583 | R811583 | | B81584 | LI |
| B81585 | R811585 | | B81586 | LI |
| B81587 | R811587 | | B81588 | AQ | Mont-de-Marsan |
| B81589 | R811589 | | B81590 | LI |
| B81591 | R811591 | | B81592 | AQ |
| B81593 | R811593 | | B81594 | AQ |
| B81595 | R811595 | | B81596 | LI |
| B81597 | R811597 | | B81598 | AQ |
| B81599 | R811599 | | B81600 | AQ |
| B81601 | R811601 | | B81602 | AQ |

| Class B81500 | | | 3/4 Car Bi Mode Units | | 1500 V DC |
|---|---|---|---|---|---|
| B81603 | R811603 | R812603 | B81604 | PC | Arc |
| B81605 | R811605 | R812605 | B81606 | PC | Crau |
| B81607 | R811607 | | B81608 | LI | |
| B81609 | R811609 | | B81610 | LI | |
| B81611 | R811611 | R812611 | B81612 | PC | Caussols |
| B81613 | R811613 | R812613 | B81614 | PC | Ventoux |
| B81615 | R811615 | R812615 | B81616 | PC | |
| B81617 | R811617 | | B81618 | LI | |
| B81619 | R811619 | R812619 | B81620 | PC | Camargue |
| B81621 | R811621 | R812621 | B81622 | PC | Étoile |
| B81623 | R811623 | R812623 | B81624 | PC | Montagnette |
| B81625 | R811625 | | B81626 | LI | |
| B81627 | R811627 | R812627 | B81628 | PC | Pays D'Aix |
| B81629 | R811629 | R812629 | B81630 | PC | Albion |
| B81631 | R811631 | R812631 | B81632 | PC | |
| B81633 | R811633 | | B81634 | LI | |
| B81635 | R811635 | R812635 | B81636 | PC | Luberon |
| B81637 | R811637 | R812637 | B81638 | PC | Alpilles |
| B81639 | R811639 | R812639 | B81640 | PC | Alpilles |
| B81641 | R811641 | R812641 | B81642 | PC | Estaque |
| B81643 | R811643 | R812643 | B81644 | PC | |
| B81645 | R811645 | R812645 | B81646 | PC | |
| B81647 | R811647 | | B81648 | LI | |
| B81649 | R811649 | | B81650 | LI | |
| B81651 | R811651 | | B81652 | LI | |
| B81653 | R811653 | | B81654 | RA | |
| B81655 | R811655 | | B81656 | RA | |
| B81657 | R811657 | | B81658 | RA | |
| B81659 | R811659 | | B81660 | RA | |
| B81661 | R811661 | | B81662 | RA | |
| B81663 | R811663 | | B81664 | RA | |
| B81665 | R811665 | | B81666 | SA | |
| B81667 | R811667 | | B81668 | RA | |
| B81669 | R811669 | | B81670 | RA | |
| B81671 | R811671 | | B81672 | AQ | |
| B81673 | R811673 | | B81674 | RA | |
| B81675 | R811675 | | B81676 | AQ | |
| B81677 | R811677 | | B81678 | AQ | |
| B81679 | R811679 | | B81680 | AQ | |
| B81681 | R811681 | | B81682 | SA | |
| B81683 | R811683 | | B81684 | AQ | |
| B81685 | R811685 | | B81686 | AQ | |
| B81687 | R811687 | | B81688 | AQ | |
| B81689 | R811689 | | B81690 | AQ | |
| B81691 | R811691 | | B81692 | RA | |
| B81693 | R811693 | | B81694 | AQ | |
| B81695 | R811695 | | B81696 | AQ | |
| B81697 | R811697 | | B81698 | AQ | |
| B81699 | R811699 | | B81700 | RA | |
| B81701 | R811701 | | B81702 | AQ | |
| B81703 | R811703 | | B81704 | RA | |
| B81705 | R811705 | | B81706 | AQ | |
| B81707 | R811707 | | B81708 | RA | |
| B81709 | R811709 | | B81710 | RA | |
| B81711 | R811711 | | B81712 | RA | |
| B81713 | R811713 | | B81714 | RA | |

# Class B81500     3/4 Car Bi Mode Units     1500 V DC

| | | | | | |
|---|---|---|---|---|---|
| B81715 | R811715 | | B81716 | RA | |
| B81717 | R811717 | | B81718 | RA | |
| B81719 | R811719 | | B81720 | RA | |
| B81721 | R811721 | | B81722 | RA | |
| B81723 | R811723 | | B81724 | RA | |
| B81725 | R811725 | | B81726 | RA | |
| B81727 | R811727 | | B81728 | AQ | |
| B81729 | R811729 | | B81730 | RA | |
| B81731 | R811731 | | B81732 | RA | |
| B81733 | R811733 | | B81734 | RA | |
| B81735 | R811735 | | B81736 | RA | |
| B81737 | R811737 | | B81738 | RA | |
| B81739 | R811739 | | B81740 | AQ | |
| B81741 | R811741 | R812741 | B81742 | BO | |
| B81743 | R811743 | R812743 | B81744 | BO | |
| B81745 | R811745 | R812745 | B81746 | BO | |
| B81747 | R811747 | | B81748 | AQ | |
| B81749 | R811749 | R812749 | B81750 | BO | |
| B81751 | R811751 | R812751 | B81752 | BO | |
| B81753 | R811753 | R812753 | B81754 | BO | |
| B81755 | R811755 | R812755 | B81756 | BO | |
| B81757 | R811757 | R812757 | B81758 | BO | |
| B81759 | R811759 | R812759 | B81760 | BO | |
| B81761 | R811761 | R812761 | B81762 | BO | |
| B81763 | R811763 | R812763 | B81764 | PC | Sainte Croix |
| B81765 | R811765 | R812765 | B81766 | BO | |
| B81767 | R811767 | R812767 | B81768 | BO | |
| B81769 | R811769 | R812769 | B81770 | PC | Ventoux |
| B81771 | R811771 | R812771 | B81772 | PC | |
| B81773 | R811773 | R812773 | B81774 | BO | |
| B81775 | R811775 | | B81776 | AQ | |
| B81777 | R811777 | R812777 | B81778 | BO | |
| B81779 | R811779 | R812779 | B81780 | PC | |
| B81781 | R811781 | R812781 | B81782 | PC | |
| B81783 | R811783 | R812783 | B81784 | BO | |
| B81785 | R811785 | R812785 | B81786 | PC | Côte Bleue |
| B81787 | R811787 | R812787 | B81788 | PC | Rhône |
| B81789 | R811789 | R812789 | B81790 | PC | Frioul |
| B81791 | R811791 | | B81792 | TL | |
| B81793 | R811793 | | B81794 | AQ | |
| B81795 | R811795 | R812795 | B81796 | BO | |
| B81797 | R811797 | R812797 | B81798 | BO | |
| B81799 | R811799 | R812799 | B81800 | BO | |
| B81801 | R811801 | R812801 | B81802 | MB | |
| B81803 | R811803 | R812803 | B81804 | MB | |
| B81805 | R811805 | R812805 | B81806 | MB | |
| B81807 | R811807 | | B81808 | TL | |
| B81809 | R811809 | | B81810 | AQ | |
| B81811 | R811811 | R812811 | B81812 | LR | |
| B81813 | R811813 | R812813 | B81814 | LR | |
| B81815 | R811815 | | B81816 | AQ | |
| B81817 | R811817 | | B81818 | TL | |
| B81819 | R811819 | | B81820 | TL | |
| B81821 | R811821 | R812821 | B81822 | LR | |
| B81823 | R811823 | R812823 | B81824 | LR | |
| B81825 | R811825 | | B81826 | AQ | |

## Class B81500　　　3/4 Car Bi Mode Units　　　1500 V DC

| | | | | |
|---|---|---|---|---|
| B81827 | R811827 | | B81828 | AQ |
| B81829 | R811829 | | B81830 | AQ |
| B81831 | R811831 | | B81832 | AQ |
| B81833 | R811833 | | B81834 | AQ |
| B81835 | R811835 | | B81836 | AQ |
| B81837 | R811837 | | B81838 | AQ |
| B81839 | R811839 | | B81840 | AQ |
| B81841 | R811841 | | B81842 | AQ |
| B81843 | R811843 | | B81844 | AQ |
| B81845 | R811845 | | B81846 | AQ |
| B81847 | R811847 | | B81848 | TL |
| B81849 | R811849 | | B81850 | TL |
| B81851 | R811851 | | B81852 | TL |
| B81853 | R811853 | | B81854 | TL |
| B81855 | R811855 | | B81856 | TL |
| B81857 | R811857 | | B81858 | TL |
| B81859 | R811859 | | B81860 | TL |
| B81861 | R811861 | R812861 | B81862 | BO |
| B81863 | R811863 | R812863 | B81864 | BO |
| B81865 | R811865 | R812865 | B81866 | BO |
| B81867 | R811867 | R812867 | B81868 | BO |
| B81869 | R811869 | R812869 | B81870 | BO |

## Class B82500　　　4 Car Bi Mode Units　　　1500 V DC / 25 kV AC

Built by:-　Bombardier 2007-2012　　Total Weight:- 163.2t
Total Length:- 72.80m　　　　　　　Max Speed:-　160km/h

| | | | | | |
|---|---|---|---|---|---|
| B82501 | R821501 | R822501 | B82502 | CA | Troyes |
| B82503 | R821503 | R822503 | B82504 | CA | |
| B82505 | R821505 | R822505 | B82506 | CA | |
| B82507 | R821507 | R822507 | B82508 | CA | |
| B82509 | R821509 | R822509 | B82510 | CA | Romilly-sur-Seine |
| B82511 | R821511 | R822511 | B82512 | CA | |
| B82513 | R821513 | R822513 | B82514 | CA | |
| B82515 | R821515 | R822515 | B82516 | CA | |
| B82517 | R821517 | R822517 | B82518 | SA | |
| B82519 | R821519 | R822519 | B82520 | SA | |
| B82521 | R821521 | R822521 | B82522 | TE | |
| B82523 | R821523 | R822523 | B82524 | SA | |
| B82525 | R821525 | R822525 | B82526 | SA | |
| B82527 | R821527 | R822527 | B82528 | SA | |
| B82529 | R821529 | R822529 | B82530 | SA | |
| B82531 | R821531 | R822531 | B82532 | PN | |
| B82533 | R821533 | R822533 | B82534 | PN | |
| B82535 | R821535 | R822535 | B82536 | PN | |
| B82537 | R821537 | R822537 | B82538 | PN | |
| B82539 | R821539 | R822539 | B82540 | PN | |
| B82541 | R821541 | R822541 | B82542 | PN | |
| B82543 | R821543 | R822543 | B82544 | PN | |
| B82545 | R821545 | R822545 | B82546 | PN | |
| B82547 | R821547 | R822547 | B82548 | PN | |
| B82549 | R821549 | R822549 | B82550 | PN | |
| B82551 | R821551 | R822551 | B82552 | PN | |
| B82553 | R821553 | R822553 | B82554 | PN | |
| B82555 | R821555 | R822555 | B82556 | PN | |
| B82557 | R821557 | R822557 | B82558 | PN | |
| B82559 | R821559 | R822559 | B82560 | PN | |

| Class B82500 | | | 4 Car Bi Mode Units | | 1500 V DC / 25 kV AC |
|---|---|---|---|---|---|
| B82561 | R821561 | R822561 | B82562 | PN | |
| B82563 | R821563 | R822563 | B82564 | PN | |
| B82565 | R821565 | R822565 | B82566 | PN | |
| B82567 | R821567 | R822567 | B82568 | RA | |
| B82569 | R821569 | R822569 | B82570 | RA | |
| B82571 | R821571 | R822571 | B82572 | RS | Iroise / Hirwazh |
| B82573 | R821573 | R822573 | B82574 | RA | |
| B82575 | R821575 | R822575 | B82576 | RA | |
| B82577 | R821577 | R822577 | B82578 | RS | |
| B82579 | R821579 | R822579 | B82580 | RA | |
| B82581 | R821581 | R822581 | B82582 | RA | |
| B82583 | R821583 | R822583 | B82584 | SA | |
| B82585 | R821585 | R822585 | B82586 | SA | |
| B82587 | R821587 | R822587 | B82588 | RA | |
| B82589 | R821589 | R822589 | B82590 | RS | |
| B82591 | R821591 | R822591 | B82592 | RA | |
| B82593 | R821593 | R822593 | B82594 | RA | |
| B82595 | R821595 | R822595 | B82596 | RS | |
| B82597 | R821597 | R822597 | B82598 | PI | |
| B82599 | R821599 | R822599 | B82600 | RA | |
| B82601 | R821601 | R822601 | B82602 | RS | |
| B82603 | R821603 | R822603 | B82604 | RS | |
| B82605 | R821605 | R822605 | B82606 | PI | |
| B82607 | R821607 | R822607 | B82608 | RA | |
| B82609 | R821609 | R822609 | B82610 | RA | |
| B82611 | R821611 | R822611 | B82612 | RS | |
| B82613 | R821613 | R822613 | B82614 | RA | |
| B82615 | R821615 | R822615 | B82616 | RA | |
| B82617 | R821617 | R822617 | B82618 | RA | |
| B82619 | R821619 | R822619 | B82620 | RA | |
| B82621 | R821621 | R822621 | B82622 | RS | |
| B82623 | R821623 | R822623 | B82624 | NP | |
| B82625 | R821625 | R822625 | B82626 | NP | |
| B82627 | R821627 | R822627 | B82628 | NP | |
| B82629 | R821629 | R822629 | B82630 | NP | |
| B82631 | R821631 | R822631 | B82632 | AL | |
| B82633 | R821633 | R822633 | B82634 | NO | |
| B82635 | R821635 | R822635 | B82636 | | |
| B82637 | R821637 | R822637 | B82638 | | |
| B82639 | R821639 | R822639 | B82640 | | |
| B82641 | R821641 | R822641 | B82642 | RS | |
| B82643 | R821643 | R822643 | B82644 | RS | |
| B82645 | R821645 | R822645 | B82646 | NO | |
| B82647 | R821647 | R822647 | B82648 | NO | |
| B82649 | R821649 | R822649 | B82650 | NO | |
| B82651 | R821651 | R822651 | B82652 | NO | |
| B82653 | R821653 | R822653 | B82654 | NO | |
| B82655 | R821655 | R822655 | B82656 | PI | |
| B82657 | R821657 | R822657 | B82658 | PI | |
| B82659 | R821659 | R822659 | B82660 | PI | |
| B82661 | R821661 | R822661 | B82662 | PI | |
| B82663 | R821663 | R822663 | B82664 | PI | |
| B82665 | R821665 | R822665 | B82666 | PI | |
| B82667 | R821667 | R822667 | B82668 | PI | |
| B82669 | R821669 | R822669 | B82670 | PI | |
| B82671 | R821671 | R822671 | B82672 | PI | |

| Class B82500 | | | 4 Car Bi Mode Units | 1500 V DC / 25 kV AC |
|---|---|---|---|---|
| B82673 | R821673 | R822673 | B82674 | PI |
| B82675 | R821675 | R822675 | B82676 | PN |
| B82677 | R821677 | R822677 | B82678 | PN |
| B82679 | R821679 | R822679 | B82680 | PN |
| B82681 | R821681 | R822681 | B82682 | PN |
| B82683 | R821683 | R822683 | B82684 | PN |
| B82685 | R821685 | R822685 | B82686 | PI |
| B82687 | R821687 | R822687 | B82688 | PI |
| B82689 | R821689 | R822689 | B82690 | PI |
| B82691 | R821691 | R822691 | B82692 | PI |
| B82693 | R821693 | R822693 | B82694 | SO |
| B82695 | R821695 | R822695 | B82696 | NP |
| B82697 | R821697 | R822697 | B82698 | NP |
| B82699 | R821699 | R822699 | B82700 | NP |
| B82701 | R821701 | R822701 | B82702 | NP |
| B82703 | R821703 | R822703 | B82704 | RA |
| B82705 | R821705 | R822705 | B82706 | RA |
| B82707 | R821707 | R822707 | B82708 | RA |
| B82709 | R821709 | R822709 | B82710 | RA |
| B82711 | R821711 | R822711 | B82712 | RA |
| B82713 | R821713 | R822713 | B82714 | RA |
| B82715 | R821715 | R822715 | B82716 | RA |
| B82717 | R821717 | R822717 | B82718 | RA |
| B82719 | R821719 | R822719 | B82720 | RA |
| B82721 | R821721 | R822721 | B82722 | RA |
| B82723 | R821723 | R822723 | B82724 | RA |
| B82725 | R821725 | R822725 | B82726 | RA |
| B82727 | R821727 | R822727 | B82728 | RA |
| B82729 | R821729 | R822729 | B82730 | NP |
| B82731 | R821731 | R822731 | B82732 | NP |
| B82733 | R821733 | R822733 | B82734 | NP |
| B82735 | R821735 | R822735 | B82736 | NP |
| B82737 | R821737 | R822737 | B82738 | NP |
| B82739 | R821739 | R822739 | B82740 | NP |
| B82741 | R821741 | R822741 | B82742 | NP |
| B82743 | R821743 | R822743 | B82744 | NP |
| B82745 | R821745 | R822745 | B82746 | NP |
| B82747 | R821747 | R822747 | B82748 | NP |
| B82749 | R821749 | R822749 | B82750 | NP |
| B82751 | R821751 | R822751 | B82752 | NP |
| B82753 | R821753 | R822753 | B82754 | NP |
| B82755 | R821755 | R822755 | B82756 | NP |
| B82757 | R821757 | R822757 | B82758 | NP |
| B82759 | R821759 | R822759 | B82760 | NP |
| B82761 | R821761 | R822761 | B82762 | NP |
| B82763 | R821763 | R822763 | B82764 | NP |
| B82765 | R821765 | R822765 | B82766 | NP |
| B82767 | R821767 | R822767 | B82768 | NP |
| B82769 | R821769 | R822769 | B82770 | NP |
| B82771 | R821771 | R822771 | B82772 | NP |
| B82773 | R821773 | R822773 | B82774 | SA |
| B82775 | R821775 | R822775 | B82776 | SA |
| B82777 | R821777 | R822777 | B82778 | AL |
| B82779 | R821779 | R822779 | B82780 | AL |
| B82781 | R821781 | R822781 | B82782 | AL |
| B82783 | R821783 | R822783 | B82784 | AL |

| Class B82500 | | | 4 Car Bi Mode Units | | 1500 V DC / 25 kV AC |
|---|---|---|---|---|---|
| B82785 | R821785 | R822785 | B82786 | AL | |
| B82787 | R821787 | R822787 | B82788 | AL | |
| B82789 | R821789 | R822789 | B82790 | NO | |
| B82791 | R821791 | R822791 | B82792 | NO | |

| Class B83500 | | 4 Car MultipleUnits | | 1500 V DC / 25 kV AC |
|---|---|---|---|---|
| Built by:- | Alstom 2013- | | Weight:- | |
| Length:- | 71.80m | | Max Speed:- | 160km/h |
| B83559 | B83560 | Alstom Test Track | | |

| Class B845xx | | 3 Car MultipleUnits | | 1500 V DC / 25 kV AC |
|---|---|---|---|---|
| Built by:- | Alstom 2013- | | Weight:- | |
| Length:- | 56.40m | | Max Speed:- | 160km/h |

| Class B83900 | | 4 Car MultipleUnits | | 1500 V DC / 25 kV AC |
|---|---|---|---|---|
| Built by:- | Alstom 2013- | | Weight:- | |
| Length:- | 71.80m | | Max Speed:- | 160km/h |
| B85901 | B85902 | Alstom Test Track | | |

| Class B83500 | | 6 Car MultipleUnits | | 1500 V DC / 25 kV AC |
|---|---|---|---|---|
| Built by:- | Alstom 2013- | | Weight:- | |
| Length:- | 113.00m | | Max Speed:- | 160km/h |

**Notes**

# SNCF - Electric Multiple Units

**Class Z5300**  **4 Car Units**  **1500 V DC**

| Built by:- | Carel & Fouche / MTE / TCO 1965-68 (5301-61), 1972-75 (5362-5445) |
|---|---|
| Length:- | 25.80 + 25.85 + 25.85 + 25.80m (5301-5361) |
| | 25.925 + 25.60 + 25.60 + 25.925m (5362-5445) |
| Weight:- | 62 + 30 + 30 + 42t |
| Max Speed:- | 130km/h |

| 302 | Z5302 | 25304 | 25303 | 15302 | MR | 345 | Z5345 | 25390 | 25389 | 15345 | VG |
|---|---|---|---|---|---|---|---|---|---|---|---|
| 303 | Z5303 | 25306 | 25305 | 15303 | NU(w) | 346 | Z5346 | 25392 | 25391 | 15346 | VG |
| 304 | Z5304 | 25308 | 25307 | 15304 | VG | 347 | Z5347 | 25394 | 25393 | 15347 | MR |
| 305 | Z5305 | 25310 | 25309 | 15305 | NU(w) | 348 | Z5348 | 25396 | 25395 | 15348 | LD |
| 306 | Z5306 | 25312 | 25311 | 15306 | NU(w) | 349 | Z5349 | 25398 | 25397 | 15349 | MR |
| 307 | Z5307 | 25314 | 25313 | 15307 | VG | 350 | Z5350 | 25400 | 25399 | 15350 | NU(w) |
| 308 | Z5308 | 25316 | 25315 | 15308 | NU(w) | 351 | Z5351 | 25402 | 25401 | 15351 | VG |
| 309 | Z5309 | 25318 | 25317 | 15309 | NU(w) | 352 | Z5352 | 25404 | 25403 | 15352 | MR(w) |
| 310 | Z5310 | 25320 | 25319 | 15310 | NU | 353 | Z5353 | 25406 | 25405 | 15353 | VG |
| 311 | Z5311 | 25322 | 25321 | 15311 | VG | 354 | Z5354 | 25408 | 25407 | 15354 | NU(w) |
| 312 | Z5312 | 25324 | 25323 | 15312 | NU(w) | 355 | Z5355 | 25410 | 25409 | 15355 | VG |
| 313 | Z5313 | 25326 | 25325 | 15313 | NU(w) | 356 | Z5356 | 25412 | 25411 | 15356 | NU |
| 314 | Z5314 | 25328 | 25327 | 15314 | VG | 358 | Z5358 | 25416 | 25415 | 15358 | VG |
| 315 | Z5315 | 25330 | 25329 | 15315 | MR | 359 | Z5359 | 25592 | 25593 | 15359 | MR |
| 316 | Z5316 | 25332 | 25591 | 15316 | NU(w) | 360 | Z5360 | 25594 | 25595 | 15360 | MR(w) |
| 317 | Z5317 | 25334 | 25333 | 15317 | NU | 361 | Z5361 | 25596 | 25597 | 15361 | MR |
| 318 | Z5318 | 25336 | 25335 | 15318 | MR | 362 | Z5362 | 25424 | 25423 | 15362 | NU |
| 319 | Z5319 | 25338 | 25337 | 15319 | VG(w) | 363 | Z5363 | 25426 | 25425 | 15363 | VG |
| 320 | Z5320 | 25340 | 25339 | 15320 | VG(w) | 364 | Z5364 | 25428 | 25427 | 15364 | VG |
| 321 | Z5321 | 25342 | 25341 | 15321 | VG | 365 | Z5365 | 25430 | 25429 | 15365 | VG |
| 322 | Z5322 | 25344 | 25343 | 15322 | NU(w) | 366 | Z5366 | 25432 | 25431 | 15366 | VG |
| 323 | Z5323 | 25346 | 25345 | 15323 | VG | 367 | Z5367 | 25434 | 25433 | 15367 | VG |
| 324 | Z5324 | 25348 | 25347 | 15324 | VG(w) | 368 | Z5368 | 25436 | 25435 | 15368 | VG |
| 326 | Z5326 | 25352 | 25351 | 15326 | LD(w) | 369 | Z5369 | 25438 | 25437 | 15369 | MR(w) |
| 327 | Z5327 | 25354 | 25353 | 15327 | MR | 370 | Z5370 | 25440 | 25439 | 15370 | MR(w) |
| 328 | Z5328 | 25356 | 25355 | 15328 | MR | 371 | Z5371 | 25442 | 25441 | 15371 | MR |
| 329 | Z5329 | 25358 | 25357 | 15329 | VG(w) | 372 | Z5372 | 25444 | 25443 | 15372 | MR |
| 330 | Z5330 | 25360 | 25359 | 15330 | VG(w) | 378 | Z5378 | 25456 | 25455 | 15378 | TP(w) |
| 331 | Z5331 | 25362 | 25361 | 15331 | VG | 383 | Z5383 | 25566 | 25465 | 15383 | TP(w) |
| 332 | Z5332 | 25364 | 25363 | 15332 | LD | 387 | Z5387 | 25474 | 25473 | 15387 | PA |
| 333 | Z5333 | 25366 | 25365 | 15333 | VG | 395 | Z5395 | 25490 | 25489 | 15395 | TP(w) |
| 334 | Z5334 | 25368 | 25367 | 15334 | NU(w) | 397 | Z5397 | 25494 | 25493 | 15397 | TP(w) |
| 335 | Z5335 | 25370 | 25369 | 15335 | TD | 415 | Z5415 | 25530 | 25529 | 15415 | PA |
| 337 | Z5337 | 25374 | 25373 | 15337 | MR | 423 | Z5423 | 25546 | 25545 | 15423 | TP(w) |
| 338 | Z5338 | 25376 | 25375 | 15338 | LD(w) | 425 | Z5425 | 25550 | 25549 | 15425 | TP(w) |
| 339 | Z5339 | 25378 | 25377 | 15339 | MR | 426 | Z5426 | 25552 | 25551 | 15426 | LD |
| 340 | Z5340 | 25380 | 25379 | 15340 | NU(w) | 437 | Z5437 | 25572 | 25573 | 15437 | PA |
| 341 | Z5341 | 25382 | 25381 | 15341 | LD(w) | 438 | Z5438 | 25554 | 25575 | 15438 | PA |
| 342 | Z5342 | 25384 | 25383 | 15342 | TD(w) | 439 | Z5439 | 25578 | 25577 | 15439 | PA |
| 343 | Z5343 | 25386 | 25385 | 15343 | LD | 443 | Z5443 | 25586 | 25585 | 15443 | PA |
| 344 | Z5344 | 25388 | 25387 | 15344 | VG | 444 | Z5444 | 25588 | 25587 | 15444 | PA |

Named Unit

395   Z5395   25490   25489   15395   TP(w)   U   Issy-Les-Moulineaux.

SNCF 7293 brings the sleeper from Paris into La Tour De Carol (Vic Sams)

SNCF 17098 is seen at Paris Gare EST (Tom Dennett)

SNCF 72148 and 72190 seen at Paris Gare EST (Tom Dennett)

Diesel 75015 see at Le Bourget Station Paris (Tom Dennett)

SNCF Y7624 seen at Villneuve St George Depot (John Abbey)

SNCF TGV Duplex No 247 races through Agde Gare (Chris Perkins)

Class Z27800 No 27897 seen at Carcassonne (Chris Perkins)

Class Z5300 unit 344 seen at Villneuve St George (Tom Dennett)

| Class Z5600 | | | 4 / 6 Car Units | | | | | 1500 V DC |
|---|---|---|---|---|---|---|---|---|
| **Built by:-** | ANF / CIMT / Alsthom / TCO 1983-85 | | | | | | | |
| **Length:-** | 25.10 + 24.28 (+ 24.28) + 24.28 (+ 24.28) + 25.10m | | | | | | | |
| **Weight:-** | 66 + 41 (+ 41) + 42 (+ 41) + 66t | | | **Max Speed:-** | | 140km/h | | |

**Note:** Set C36 is ex set T36 minus the two trailers.

| | | | | | | | | |
|---|---|---|---|---|---|---|---|---|
| C01 | Z5601 | 25605 | 25663 | 35695 | 25732 | Z5602 | TD | Savigny-Le Temple. |
| C02 | Z5603 | 25603 | 25656 | 35666 | 25741 | Z5604 | TD | |
| C03 | Z5605 | 25650 | 25623 | 35687 | 25730 | Z5606 | TD | |
| C04 | Z5607 | 25665 | 35668 | 25621 | 25737 | Z5608 | TD | |
| C05 | Z5609 | 25660 | 25619 | 35678 | 25739 | Z5610 | TD | |
| C06 | Z5611 | 25624 | 25657 | 35697 | 25738 | Z5612 | TD | |
| C07 | Z5613 | 25637 | 25729 | 35676 | 25733 | Z5614 | TD | |
| C08 | Z5615 | 25669 | 25659 | 35670 | 25735 | Z5616 | TD | |
| C09 | Z5617 | 25658 | 25648 | 35686 | 25736 | Z5618 | TD | |
| C10 | Z5619 | 25662 | 25610 | 35677 | 25731 | Z5620 | TD | |
| C11 | Z5621 | 25661 | 25654 | 35674 | 25740 | Z5622 | TD | |
| C12 | Z5623 | 25625 | 25645 | 35669 | 25742 | Z5624 | TD | |
| C13 | Z5625 | 25622 | 25644 | 35681 | 25651 | Z5626 | TD | |
| C14 | Z5627 | 25652 | 25666 | 35667 | 25727 | Z5628 | TD | |
| C15 | Z5629 | 25667 | 25647 | 35665 | 25728 | Z5630 | TD | |
| C16 | Z5631 | 25734 | 35671 | 25649 | 25631 | Z5632 | TD | |
| C17 | Z5633 | 25628 | 35619 | | | Z5634 | TC | Athis-Mons. |
| C18 | Z5635 | 25678 | 35615 | | | Z5636 | TC | Viroflay. |
| C19 | Z5637 | 25641 | 35628 | | | Z5638 | TC | |
| C20 | Z5639 | 25635 | 35654 | | | Z5640 | TC | |
| C21 | Z5641 | 25632 | 35629 | | | Z5642 | TC | |
| C22 | Z5643 | 25612 | 35683 | | | Z5644 | TC | |
| C23 | Z5645 | 25601 | 35696 | | | Z5646 | TC | |
| C24 | Z5647 | 25671 | 35624 | | | Z5648 | TC | |
| C25 | Z5649 | 25608 | 35605 | | | Z5650 | TC | |
| C26 | Z5651 | 25683 | 35608 | | | Z5652 | TC | |
| C27 | Z5653 | 25607 | 35700 | | | Z5654 | TC | |
| C28 | Z5655 | 25679 | 35673 | | | Z5656 | TC | |
| C29 | Z5657 | 25617 | 35622 | | | Z5658 | TC | |
| C30 | Z5659 | 25620 | 35621 | | | Z5660 | TC | |
| C31 | Z5661 | 25677 | 35690 | | | Z5662 | TC | |
| C36 | Z5671 | 25633 | 35623 | | | Z5672 | TR | |
| T32 | Z5663 | 25672 | 35694 | 25936 | 25927 | Z5664 | PA | |
| T33 | Z5665 | 25653 | 35626 | 25902 | 25901 | Z5666 | TR | |
| T34 | Z5667 | 25636 | 35691 | 25914 | 25915 | Z5668 | TR | |
| T35 | Z5669 | 25613 | 35692 | 25926 | 25921 | Z5670 | TR | |
| T37 | Z5673 | 25636 | 35679 | 25906 | 25905 | Z5674 | TR | |
| T38 | Z5675 | 25609 | 35682 | 25938 | 25937 | Z5676 | TR | |
| T39 | Z5677 | 25604 | 35672 | 25928 | 25931 | Z5678 | TR | |
| T40 | Z5679 | 25673 | 35625 | 25920 | 25919 | Z5680 | TR | |
| T41 | Z5681 | 25606 | 35680 | 25940 | 25933 | Z5682 | TR | |
| T42 | Z5683 | 25615 | 35675 | 25953 | 25954 | Z5684 | PA | |
| T43 | Z5685 | 25682 | 35688 | 25932 | 25913 | Z5686 | TR | |
| T44 | Z5687 | 25646 | 35616 | 25904 | 25903 | Z5688 | TR | |
| T45 | Z5689 | 25614 | 35699 | 25934 | 25939 | Z5690 | TR | |
| T46 | Z5691 | 25675 | 35632 | 25912 | 25925 | Z5692 | TR | |
| T47 | Z5693 | 25674 | 35689 | 25918 | 25929 | Z5694 | TR | |
| T48 | Z5695 | 25670 | 35685 | 25924 | 25935 | Z5696 | TR | |
| T49 | Z5697 | 25680 | 35698 | 25930 | 25909 | Z5698 | TR | |
| T50 | Z5699 | 25681 | 35693 | 25908 | 25907 | Z5700 | TR | Brétigny-Sur-Orge. |
| T51 | Z5701 | 25616 | 35627 | 25922 | 25923 | Z5702 | TR | Étampes. |
| T52 | Z5703 | 25684 | 35684 | 25910 | 25911 | Z5704 | TR | |

| Class Z6100 | | | 3 Car Units | | | | 25 kV AC 50Hz. | |
|---|---|---|---|---|---|---|---|---|
| Built by:- | Carel & Fouche / Schneider / De Dietrich / CEM / Siemens / Alsthom 1965-71 |||||||||
| Length:- | 25.50 + 23.80 + 25.50m |||||||||
| Weight:- | 51 + 28 + 31t |||||||||
| Max Speed:- | 120km/h |||||||||
| S101 | Z6101 | 26101 | 16101 | PL | S156 | Z6156 | 26156 | 16156 | PL(w) |
| S121 | Z6121 | 26121 | 16121 | PL(w) | S157 | Z6157 | 26157 | 16157 | PL(w) |
| S123 | Z6123 | 26123 | 16123 | PL(w) | S158 | Z6158 | 26158 | 16158 | PL(w) |
| S126 | Z6126 | 26126 | 16126 | PL(w) | S159 | Z6159 | 26159 | 16159 | PL(w) |
| S127 | Z6127 | 26127 | 16127 | PL(w) | S160 | Z6160 | 26160 | 16160 | PL(w) |
| S129 | Z6129 | 26129 | 16129 | PL(w) | S161 | Z6161 | 26161 | 16161 | PC(w) |
| S130 | Z6130 | 26130 | 16130 | PL(w) | S162 | Z6162 | 26162 | 16162 | PL(w) |
| S131 | Z6131 | 26131 | 16131 | PL(w) | S163 | Z6163 | 26163 | 16163 | PL(w) |
| S132 | Z6132 | 26132 | 16132 | PL(w) | S164 | Z6164 | 26164 | 16164 | PL(w) |
| S134 | Z6134 | 26134 | 16134 | PL(w) | S165 | Z6165 | 26165 | 16165 | PL(w) |
| S136 | Z6136 | 26136 | 16136 | PL(w) | S166 | Z6166 | 26166 | 16166 | PL(w) |
| S137 | Z6137 | 26137 | 16137 | PL(w) | S167 | Z6167 | 26167 | 16167 | PL(w) |
| S139 | Z6139 | 26139 | 16139 | PL(w) | S170 | Z6170 | 26170 | 16170 | PL(w) |
| S141 | Z6141 | 26141 | 16141 | PL(w) | S171 | Z6171 | 26171 | 16171 | PL(w) |
| S143 | Z6143 | 26143 | 16143 | PL(w) | S172 | Z6172 | 26172 | 16172 | PL(w) |
| S144 | Z6144 | 26144 | 16144 | PL(w) | S173 | Z6173 | 26173 | 16173 | PL(w) |
| S145 | Z6145 | 26145 | 16145 | PL(w) | S175 | Z6175 | 26175 | 16175 | PL(w) |
| S146 | Z6146 | 26146 | 16146 | PL(w) | S176 | Z6176 | 26176 | 16176 | PL(w) |
| S147 | Z6147 | 26147 | 16147 | PL(w) | S177 | Z6177 | 26177 | 16177 | PL(w) |
| S148 | Z6148 | 26148 | 16148 | PL(w) | S178 | Z6178 | 26178 | 16178 | PL(w) |
| S150 | Z6150 | 26150 | 16150 | PL(w) | S180 | Z6180 | 26180 | 16180 | PL |
| S151 | Z6151 | 26151 | 16151 | PL(w) | S181 | Z6181 | 26181 | 16181 | PL |
| S152 | Z6152 | 26152 | 16152 | PL | S182 | Z6182 | 26182 | 16182 | PL(w) |
| S153 | Z6153 | 26153 | 16153 | PL(w) | S183 | Z6183 | 26183 | 16183 | PL(w) |
| S154 | Z6154 | 26154 | 16154 | PL(w) | S184 | Z6184 | 26184 | 16184 | PL(w) |
| S155 | Z6155 | 26155 | 16155 | PL | | | | | |

| Class Z6300 | | | 3 Car Units | | | 25 kV AC 50Hz | | |
|---|---|---|---|---|---|---|---|---|
| Built by:- | Carel & Fouche / Fives-Lille / De Dietrich / CEM / Siemens / Alsthom 1967-70 ||||||||
| Length:- | 20.75 + 18.825 + 20.525m ||||||||
| Weight:- | 52 + 26 + 28t ||||||||
| Max Speed:- | 120km/h ||||||||
| Z6307 | 26307 | 16307 | PS | Z6321 | 26321 | 16321 | PS | Z6324 | 26324 | 16324 | PS |

**Notes**

# Class Z6400 — 4 Car Units — 25 kV AC 50Hz

| Built by:- | Carel&Fouche/TCO/Alsthom 1976-79 | Weight:- | 64 + 32 + 32 + 63t |
|---|---|---|---|
| Length:- | 22.70 + 22.39 + 22.39 + 22.70m | Max Speed:- | 120km/h |

| | | | | | | | | | |
|---|---|---|---|---|---|---|---|---|---|
| Z6401 | 26401 | 26402 | Z6402 | PS | Z6477 | 26477 | 26478 | Z6478 | PS |
| Z6403 | 26403 | 26404 | Z6404 | PS | Z6479 | 26479 | 26480 | Z6480 | PS |
| Z6405 | 26405 | 26406 | Z6406 | PS | Z6481 | 26481 | 26482 | Z6482 | PS |
| Z6407 | 26407 | 26408 | Z6408 | PS | Z6483 | 26483 | 26484 | Z6484 | PS |
| Z6409 | 26409 | 26410 | Z6410 | PS | Z6485 | 26485 | 26486 | Z6486 | PS |
| Z6411 | 26411 | 26412 | Z6412 | PS | Z6487 | 26487 | 26488 | Z6488 | PS |
| Z6413 | 26413 | 26414 | Z6414 | PS | Z6489 | 26489 | 26490 | Z6490 | PS |
| Z6415 | 26415 | 26416 | Z6416 | PS | Z6491 | 26491 | 26492 | Z6492 | PS |
| Z6417 | 26417 | 26418 | Z6418 | PS | Z6493 | 26493 | 26494 | Z6494 | PS |
| Z6419 | 26419 | 26420 | Z6420 | PS | Z6495 | 26495 | 26496 | Z6496 | PS |
| Z6421 | 26421 | 26422 | Z6422 | PS | Z6497 | 26497 | 26498 | Z6498 | PS |
| Z6423 | 26423 | 26424 | Z6424 | PS | Z6499 | 26499 | 26500 | Z6500 | PS |
| Z6425 | 26425 | 26426 | Z6426 | PS | Z6501 | 26501 | 26502 | Z6502 | PS |
| Z6427 | 26427 | 26428 | Z6428 | PS | Z6503 | 26503 | 26504 | Z6504 | PS |
| Z6429 | 26429 | 26430 | Z6430 | PS | Z6505 | 26505 | 26506 | Z6506 | PS |
| Z6431 | 26431 | 26432 | Z6432 | PS | Z6507 | 26507 | 26508 | Z6508 | PS |
| Z6433 | 26433 | 26434 | Z6434 | PS | Z6509 | 26509 | 26510 | Z6510 | PS |
| Z6435 | 26435 | 26436 | Z6436 | PS | Z6511 | 26511 | 26512 | Z6512 | PS |
| Z6437 | 26437 | 26438 | Z6438 | PS | Z6513 | 26513 | 26514 | Z6514 | PS |
| Z6439 | 26439 | 26440 | Z6440 | PS | Z6515 | 26515 | 26516 | Z6516 | PS |
| Z6441 | 26441 | 26442 | Z6444 | PS | Z6517 | 26517 | 26518 | Z6518 | PS |
| Z6443 | 26443 | 26444 | Z6444 | PS | Z6519 | 26519 | 26520 | Z6520 | PS |
| Z6445 | 26445 | 26446 | Z6446 | PS | Z6521 | 26521 | 26522 | Z6522 | PS |
| Z6447 | 26447 | 26448 | Z6448 | PS | Z6523 | 26523 | 26524 | Z6524 | PS |
| Z6449 | 26449 | 26450 | Z6450 | PS | Z6525 | 26525 | 26526 | Z6526 | PS |
| Z6451 | 26451 | 26452 | Z6452 | PS | Z6527 | 26527 | 26528 | Z6528 | PS |
| Z6453 | 26453 | 26454 | Z6454 | PS | Z6529 | 26529 | 26530 | Z6530 | PS |
| Z6455 | 26455 | 26456 | Z6456 | PS | Z6531 | 26531 | 26532 | Z6532 | PS |
| Z6457 | 26457 | 26458 | Z6458 | PS | Z6533 | 26533 | 26534 | Z6534 | PS |
| Z6459 | 26459 | 26460 | Z6460 | PS | Z6535 | 26535 | 26536 | Z6536 | PS |
| Z6461 | 26461 | 26462 | Z6462 | PS | Z6537 | 26537 | 26538 | Z6538 | PS |
| Z6463 | 26463 | 26464 | Z6464 | PS | Z6539 | 26539 | 26540 | Z6540 | PS |
| Z6465 | 26465 | 26466 | Z6466 | PS | Z6541 | 26541 | 26542 | Z6542 | PS |
| Z6467 | 26467 | 26468 | Z6468 | PS | Z6543 | 26543 | 26544 | Z6544 | PS |
| Z6469 | 26469 | 26470 | Z6470 | PS | Z6545 | 26545 | 26546 | Z6546 | PS |
| Z6471 | 26471 | 26472 | Z6472 | PS | Z6547 | 26547 | 26548 | Z6548 | PS |
| Z6473 | 26473 | 26474 | Z6474 | PS | Z6549 | 26549 | 26550 | Z6550 | PS |
| Z6475 | 26475 | 26476 | Z6476 | PS | | | | | |

### Named Units

| | | | | |
|---|---|---|---|---|
| Z6447 | Chaville. | | Z6485 | Garches. |
| Z6449 | Courbevoie. | | Z6505 | Vaucresson. |
| Z6457 | Louveciennes. | | Z6519 | La Celle-Saint Cloud. |
| Z6471 | Saint-Nom-La Bretéche. | | Z6523 | Marly-Le-Roi. |
| Z6475 | L'Étang-La-Ville. | | Z6549 | La Garenne-Colombes. |

| Class Z7100 | | | 2 / 4 Car Units | | | | 1500 V DC | |
|---|---|---|---|---|---|---|---|---|
| Built by:- | Decauville / De Dietrich / Oerlikon 1960-62 | | | | | | | |
| Length:- | 26.13 (+ 22.68 + 22.68) + 22.68 m | | | | | | | |
| Weight:- | 56 + 26 + 26 + 27t | | | Max Speed:- 130km/h | | | | |
| 27205 | 27105 | 17105 | VE | 27219 | 27119 | 17119 | VE | |
| 27206 | 27106 | 17106 | VE | 27220 | 27120 | 17120 | VE | |
| 27209 | 27109 | 17109 | VE | | | 17123 | VE | |
| 27211 | 27111 | 17111 | VE | | | 17130 | VE | |
| 27212 | 27112 | 17112 | VE | | | 17132 | VE | |
| 27216 | 27116 | 17116 | VE | | | 17133 | VE | |

| Class Z7300 | | | 2 Car Units | | | | 1500 V DC | |
|---|---|---|---|---|---|---|---|---|
| Built by:- | Alsthom/Francorail-MTE 1980-85 | | | Weight:- | 64 + 40 tonnes | | | |
| Length:- | 25.10 + 25.10m | | | Max Speed:- | 160km/h | | | |
| Z7301 | 17301 | AQ | Z7326 | 17326 | AQ | Z7353 | 17353 | CT |
| Z7302 | 17302 | AQ | Z7327 | 17327 | BD | Z7354 | 17354 | CT |
| Z7303 | 17303 | AQ | Z7328 | 17328 | AQ | Z7355 | 17355 | CT |
| Z7304 | 17304 | AQ | Z7329 | 17329 | AQ | Z7356 | 17356 | CT |
| Z7305 | 17305 | BD | Z7330 | 17330 | BD | Z7357 | 17357 | NI |
| Z7306 | 17306 | BD | Z7331 | 17331 | BD(w) | Z7358 | 17358 | CT |
| Z7307 | 17307 | BD | Z7332 | 17332 | BD | Z7359 | 17359 | CT |
| Z7308 | 17308 | BD(w) | Z7333 | 17333 | AQ | Z7360 | 17360 | CT |
| Z7309 | 17309 | AQ | Z7334 | 17334 | AQ | Z7361 | 17361 | CT |
| Z7310 | 17310 | BD | Z7335 | 17335 | AQ | Z7362 | 17362 | CT |
| Z7311 | 17311 | AQ | Z7336 | 17336 | AQ | Z7363 | 17363 | CT |
| Z7312 | 17312 | AQ | Z7337 | 17337 | AQ | Z7364 | 17364 | NI |
| Z7313 | 17313 | AQ | Z7338 | 17338 | BD(w) | Z7365 | 17365 | MB |
| Z7314 | 17314 | BD | Z7339 | 17339 | AQ | Z7366 | 17366 | NI |
| Z7315 | 17315 | AQ | Z7340 | 17340 | BD | Z7367 | 17367 | NI |
| Z7316 | 17316 | AQ | Z7341 | 17341 | AQ | Z7368 | 17368 | NI |
| Z7317 | 17317 | BD | Z7342 | 17342 | AQ | Z7369 | 17369 | NI |
| Z7318 | 17318 | BD(w) | Z7343 | 17343 | BD | Z7370 | 17370 | NI |
| Z7319 | 17319 | AQ | Z7344 | 17344 | AQ | Z7371 | 17371 | NI |
| Z7320 | 17320 | AQ | Z7345 | 17345 | AQ | Z7372 | 17372 | NI |
| Z7321 | 17321 | BD | Z7346 | 17346 | AQ | Z7373 | 17373 | TP |
| Z7322 | 17322 | AQ | Z7347 | 17347 | CT | Z97381 | 917381 | MP |
| Z7323 | 17323 | AQ | Z7348 | 17348 | CT | Z97382 | 917382 | MP |
| Z7324 | 17324 | BD | Z7349 | 17349 | CT | Z97383 | 917383 | NI |
| Z7325 | 17325 | AQ | Z7350 | 17350 | CT | Z97384 | 917384 | NI |

| Named Units | | | |
|---|---|---|---|
| Z7314 | Soulac-Sur-Mer. | Z7346 Marmande. | Z97382 Midi- Pyrenées. |
| Z7321 | Lesparre-Medoc. | Z7370 Monteux. | Z97383 Languedoc-Rousseillon |
| Z7339 | Pessac. | Z97381 Midi- Pyrenées. | Z97384 Languedoc-Rousseillon |

| Class Z7500 | | | 2 Car Units | | | | 1500 V DC |
|---|---|---|---|---|---|---|---|
| Built by:- | Alsthom / Francorail-MTE 1982-83 | | | Weight:- | 64 + 40t | | |
| Length:- | 25.10 + 25.10m | | | Max Speed:- | 160km/h | | |
| Z7501 | 17501 | RA | | Z7509 | 17509 | RA | |
| Z7502 | 17502 | RA Chateauneuf Du Pape. | | Z7510 | 17510 | RA | |
| Z7503 | 17503 | RA | | Z7511 | 17511 | CT | |
| Z7504 | 17504 | NI | | Z7512 | 17512 | RA | |
| Z7505 | 17505 | CT | | Z7513 | 17513 | RA Barbentane. | |
| Z7506 | 17506 | AQ | | Z7514 | 17514 | NI | |
| Z7507 | 17507 | RA | | Z7515 | 17515 | RA Orange. | |
| Z7508 | 17508 | NI | | | | | |

## Class Z8100 (M179/184) RER B   4 Car Units   1500V DC / 25 kV AC 50Hz

**Built by:-** Alsthom / Franco-Belge / ANF / TCO 1980-84  
**Length:-** 26.08 + 26.00 + 26.00 + 26.08m  
**Weight:-** 56 + 48 + 48 + 56t  
**Max Speed:-** 140km/h

| | | | | | | | | | |
|---|---|---|---|---|---|---|---|---|---|
| Z8101 | 28101 | 28102 | Z8102 | MY | Z8205 | 28205 | 28206 | Z8206 | PL |
| Z8103 | 28103 | 28104 | Z8104 | PL | Z8207 | 28207 | 28208 | Z8208 | PL |
| Z8105 | 28105 | 28106 | Z8106 | MY | Z8209 | 28209 | 28210 | Z8210 | MY |
| Z8107 | 28107 | 28108 | Z8108 | MY | Z8211 | 28211 | 28212 | Z8212 | MY |
| Z8109 | 28109 | 28110 | Z8110 | MY | Z8213 | 28213 | 28214 | Z8214 | PL |
| Z8111 | 28111 | 28112 | Z8112 | MY | Z8215 | 28215 | 28216 | Z8216 | PL |
| Z8113 | 28113 | 28114 | Z8114 | MY | Z8217 | 28217 | 28218 | Z8218 | MY |
| Z8115 | 28115 | 28116 | Z8116 | MY | Z8219 | 28219 | 28220 | Z8220 | MY |
| Z8117 | 28117 | 28118 | Z8118 | MY | Z8221 | 28221 | 28222 | Z8222 | PL |
| Z8119 | 28119 | 28120 | Z8120 | MY | Z8223 | 28223 | 28224 | Z8224 | PL |
| Z8121 | 28121 | 28122 | Z8122 | PL | Z8225 | 28225 | 28226 | Z8226 | MY |
| Z8123 | 28123 | 28124 | Z8124 | MY | Z8227 | 28227 | 28228 | Z8228 | MY |
| Z8125 | 28125 | 28126 | Z8126 | PL | Z8229 | 28229 | 28230 | Z8230 | PL |
| Z8127 | 28127 | 28128 | Z8128 | PL | Z8231 | 28231 | 28232 | Z8232 | PL |
| Z8129 | 28129 | 28130 | Z8130 | MY | Z8233 | 28233 | 28234 | Z8234 | MY |
| Z8131 | 28131 | 28132 | Z8132 | PL | Z8235 | 28235 | 28236 | Z8236 | MY |
| Z8133 | 28133 | 28134 | Z8134 | PL | Z8237 | 28237 | 28238 | Z8238 | PL |
| Z8135 | 28135 | 28136 | Z8136 | PL | Z8239 | 28239 | 28240 | Z8240 | PL |
| Z8137 | 28137 | 28138 | Z8138 | MY | Z8241 | 28241 | 28242 | Z8242 | MY |
| Z8139 | 28139 | 28140 | Z8140 | PL | Z8243 | 28243 | 28244 | Z8244 | PL |
| Z8141 | 28141 | 28142 | Z8142 | PL | Z8245 | 28245 | 28246 | Z8246 | PL |
| Z8143 | 28143 | 28144 | Z8144 | PL | Z8247 | 28247 | 28248 | Z8248 | PL |
| Z8145 | 28145 | 28146 | Z8146 | MY | Z8249 | 28249 | 28250 | Z8250 | PL |
| Z8147 | 28147 | 28148 | Z8148 | PL | Z8251 | 28251 | 28522 | Z8252 | PL |
| Z8149 | 28149 | 28150 | Z8150 | PL | Z8253 | 28253 | 28254 | Z8254 | PL |
| Z8151 | 28151 | 28152 | Z8152 | PL | Z8255 | 28255 | 28256 | Z8256 | PL |
| Z8153 | 28153 | 28154 | Z8154 | MY | Z8257 | 28257 | 28258 | Z8258 | PL |
| Z8155 | 28155 | 28156 | Z8156 | PL | Z8259 | 28259 | 28260 | Z8260 | PL |
| Z8157 | 28157 | 28158 | Z8158 | PL | Z8261 | 28261 | 28262 | Z8262 | PL |
| Z8159 | 28159 | 28160 | Z8160 | PL | Z8263 | 28263 | 28264 | Z8264 | PL |
| Z8161 | 28161 | 28162 | Z8162 | MY | Z8265 | 28265 | 28266 | Z8266 | MY |
| Z8163 | 28163 | 28164 | Z8164 | PL | Z8267 | 28267 | 28268 | Z8268 | MY |
| Z8165 | 28165 | 28166 | Z8166 | PL | Z8269 | 28269 | 28270 | Z8270 | MY |
| Z8167 | 28167 | 28168 | Z8168 | PL | Z8271 | 28271 | 28272 | Z8272 | MY |
| Z8169 | 28169 | 28170 | Z8170 | MY | Z8273 | 28273 | 28274 | Z8274 | MY |
| Z8171 | 28171 | 28172 | Z8172 | PL | Z8275 | 28275 | 28276 | Z8276 | MY |
| Z8173 | 28173 | 28174 | Z8174 | PL | Z8277 | 28277 | 28278 | Z8278 | MY |
| Z8175 | 28175 | 28176 | Z8176 | PL | Z8279 | 28279 | 28280 | Z8280 | MY |
| Z8177 | 28177 | 28178 | Z8178 | MY | Z8281 | 28281 | 28282 | Z8282 | MY |
| Z8179 | 28179 | 28180 | Z8180 | PL | Z8283 | 28283 | 28284 | Z8284 | MY |
| Z8181 | 28181 | 28182 | Z8182 | PL | Z8285 | 28285 | 28286 | Z8286 | MY |
| Z8183 | 28183 | 28184 | Z8184 | PL | Z8287 | 28287 | 28288 | Z8288 | MY |
| Z8185 | 28185 | 28186 | Z8186 | PL | Z8289 | 28289 | 28290 | Z8290 | MY |
| Z8187 | 28187 | 28188 | Z8188 | MY | Z8291 | 28291 | 28292 | Z8292 | MY |
| Z8189 | 28189 | 28190 | Z8190 | PL | Z8293 | 28293 | 28294 | Z8294 | MY |
| Z8191 | 28191 | 28192 | Z8192 | PL | Z8295 | 28295 | 28296 | Z8296 | MY |
| Z8193 | 28193 | 28194 | Z8194 | MY | Z8297 | 28297 | 28298 | Z8298 | PL |
| Z8195 | 28195 | 28196 | Z8196 | MY | Z8299 | 28299 | 28300 | Z8300 | MY |
| Z8197 | 28197 | 28198 | Z8198 | PL | Z8301 | 28301 | 28302 | Z8302 | MY |
| Z8199 | 21899 | 28200 | Z8200 | PL | Z8303 | 28303 | 28304 | Z8304 | MY |
| Z8201 | 28201 | 28202 | Z8202 | MY | Z8305 | 28305 | 28306 | Z8306 | MY |
| Z8203 | 28203 | 28204 | Z8204 | MY | Z8307 | 28307 | 28308 | Z8308 | MY |

| Class Z8100 (M179/184) RER B   4 Car Units   1500V DC / 25 kV AC 50Hz ||||||||||
|---|---|---|---|---|---|---|---|---|---|
| Z8309 | 28309 | 28310 | Z8310 | MY | Z8399 | 28399 | 28400 | Z8400 | BY |
| Z8311 | 28311 | 28312 | Z8312 | MY | Z8401 | 28401 | 28402 | Z8402 | BY |
| Z8313 | 28313 | 28314 | Z8314 | MY | Z8403 | 28403 | 28404 | Z8404 | BY |
| Z8315 | 28315 | 28316 | Z8316 | MY | Z8405 | 28405 | 28406 | Z8406 | BY |
| Z8317 | 28317 | 28318 | Z8318 | MY | Z8407 | 28407 | 28408 | Z8408 | BY |
| Z8319 | 28319 | 28320 | Z8320 | MY | Z8409 | 28409 | 28410 | Z8410 | BY |
| Z8321 | 28321 | 28322 | Z8322 | MY | Z8411 | 28411 | 28412 | Z8412 | BY |
| Z8323 | 28323 | 28324 | Z8324 | MY | Z8413 | 28413 | 28414 | Z8414 | BY |
| Z8325 | 28325 | 28326 | Z8326 | MY | Z8415 | 28415 | 28416 | Z8416 | BY |
| Z8327 | 28327 | 28328 | Z8328 | MY | Z8417 | 28417 | 28418 | Z8418 | BY |
| Z8329 | 28329 | 28330 | Z8330 | MY | Z8419 | 28419 | 28420 | Z8420 | BY |
| Z8331 | 28331 | 28332 | Z8332 | MY | Z8421 | 28421 | 28422 | Z8422 | BY |
| Z8333 | 28333 | 28334 | Z8334 | MY | Z8423 | 28423 | 28424 | Z8424 | BY |
| Z8335 | 28335 | 28336 | Z8336 | MY | Z8425 | 28425 | 28426 | Z8426 | BY |
| Z8337 | 28337 | 28338 | Z8338 | MY | Z8427 | 28427 | 28428 | Z8428 | BY |
| Z8339 | 28339 | 28340 | Z8340 | MY | Z8429 | 28429 | 28430 | Z8430 | BY |
| Z8341 | 28341 | 28342 | Z8342 | BY | Z8431 | 28431 | 28432 | Z8432 | BY |
| Z8343 | 28343 | 28344 | Z8344 | BY | Z8433 | 28433 | 28434 | Z8434 | BY |
| Z8345 | 28345 | 28346 | Z8346 | BY | Z8435 | 28435 | 28436 | Z8436 | BY |
| Z8347 | 28347 | 28348 | Z8348 | BY | Z8437 | 28437 | 28438 | Z8438 | BY |
| Z8349 | 28349 | 28350 | Z8350 | BY | Z8439 | 28439 | 28440 | Z8440 | BY |
| Z8351 | 28351 | 28352 | Z8352 | BY | Z8441 | 28441 | 28442 | Z8442 | BY |
| Z8353 | 28353 | 28354 | Z8354 | BY | Z8443 | 28443 | 28444 | Z8444 | BY |
| Z8355 | 28355 | 28356 | Z8356 | BY | Z8445 | 28445 | 28446 | Z8446 | BY |
| Z8357 | 28357 | 28358 | Z8358 | BY | Z8447 | 28447 | 28448 | Z8448 | BY |
| Z8359 | 28359 | 28360 | Z8360 | BY | Z8449 | 28449 | 28450 | Z8450 | BY |
| Z8361 | 28361 | 28362 | Z8362 | BY | Z8451 | 28451 | 28452 | Z8452 | BY |
| Z8363 | 28363 | 28364 | Z8364 | BY | Z8453 | 28453 | 28454 | Z8454 | BY |
| Z8365 | 28365 | 28366 | Z8366 | BY | Z8455 | 28455 | 28456 | Z8456 | BY |
| Z8367 | 28367 | 28368 | Z8368 | BY | Z8457 | 28457 | 28458 | Z8458 | BY |
| Z8369 | 28369 | 28370 | Z8370 | BY | Z8459 | 28459 | 28460 | Z8460 | BY |
| Z8371 | 28371 | 28372 | Z8372 | BY | Z8461 | 28461 | 28462 | Z8462 | BY |
| Z8373 | 28373 | 28374 | Z8374 | BY | Z8463 | 28463 | 28464 | Z8464 | BY |
| Z8375 | 28375 | 28376 | Z8376 | BY | Z8465 | 28465 | 28466 | Z8466 | BY |
| Z8377 | 28377 | 28378 | Z8378 | BY | Z8467 | 28467 | 28468 | Z8468 | BY |
| Z8379 | 28379 | 28380 | Z8380 | BY | Z8469 | 28469 | 28470 | Z8470 | BY |
| Z8381 | 28381 | 28382 | Z8382 | BY | Z8471 | 28471 | 28472 | Z8472 | BY |
| Z8383 | 28383 | 28384 | Z8384 | BY | Z8473 | 28473 | 28474 | Z8474 | BY |
| Z8385 | 28385 | 28386 | Z8386 | BY | Z8475 | 28475 | 28476 | Z8476 | BY |
| Z8387 | 28387 | 28388 | Z8388 | BY | Z8477 | 28477 | 28478 | Z8478 | BY |
| Z8389 | 28389 | 28390 | Z8390 | BY | Z8479 | 28479 | 28480 | Z8480 | BY |
| Z8391 | 28391 | 28392 | Z8392 | BY | Z8481 | 28481 | 28482 | Z8482 | BY |
| Z8393 | 28393 | 28394 | Z8394 | BY | Z8483 | 28483 | 28484 | Z8484 | BY |
| Z8395 | 28395 | 28396 | Z8396 | BY | Z8485 | 28485 | 28486 | Z8486 | BY |
| Z8397 | 28397 | 28398 | Z8398 | BY |  |  |  |  |  |

### Named Units

| | | | | |
|---|---|---|---|---|
| Z8121 | Epinay-Sur-Seine. | | Z8341 | Boissy St. Leger. |
| Z8257 | Raismes. | | Z8413 | Poissy |
| Z8261 | Mitry-Mory. | | Z8441 | Interlaken. |
| Z8263 | Persan. | | Z8459 | Sucy-En-Brie. |
| Z8291 | Bourg La Reine. | | | |

| Class Z8800 RER C | | | 4 Car Double-Deck Units | | | 1500V DC / 25 kV AC 50Hz | | |
|---|---|---|---|---|---|---|---|---|
| Built by:- | ANF / CIMT / Alsthom / TCO 1996-98 | | | | | | | |
| Length:- | 25.10 + 24.28 + 24.28 + 25.10m | | | | | | | |
| Weight:- | 69 + 41 + 42 + 69t | | | | | | | |
| Max Speed:- | 140km/h | | | | | | | |

| | | | | | | | | |
|---|---|---|---|---|---|---|---|---|
| Z8801 | 25686 | 35631 | Z8802 | NU | Saint Gratien. | | | |
| Z8803 | 25687 | 35662 | Z8804 | NU | Franconville. | | | |
| Z8805 | 25688 | 35618 | Z8806 | NU | Groslay. | | | |
| Z8807 | 25685 | 35658 | Z8808 | NU | Sannois. | | | |
| Z8809 | 25611 | 35607 | Z8810 | NU | Ermont-Eaubonne. | | | |
| Z8811 | 25689 | 35659 | Z8812 | NU | Gennevilliers. | | | |
| Z8813 | 25690 | 35660 | Z8814 | NU | Le Plessis Bouchard. | | | |
| Z8815 | 25602 | 35650 | Z8816 | NU | Z8867 | 25618 | 35710 | Z8868 | TC |
| Z8817 | 25691 | 35612 | Z8818 | NU | Z8869 | 25710 | 35642 | Z8870 | TC |
| Z8819 | 25640 | 35664 | Z8820 | NU | Z8871 | 25626 | 35704 | Z8872 | TC |
| Z8821 | 25676 | 35653 | Z8822 | NU | Z8873 | 25711 | 35604 | Z8874 | TC |
| Z8823 | 25668 | 35611 | Z8824 | NU | Z8875 | 25725 | 35652 | Z8876 | TC |
| Z8825 | 25643 | 35707 | Z8826 | NU | Z8877 | 25639 | 35701 | Z8878 | TC |
| Z8827 | 25698 | 35630 | Z8828 | NU | Z8879 | 25664 | 35614 | Z8880 | TC |
| Z8829 | 25712 | 35649 | Z8830 | NU | Z8881 | 25713 | 35646 | Z8882 | TC |
| Z8831 | 25692 | 35639 | Z8832 | NU | Z8883 | 25724 | 35634 | Z8884 | TC |
| Z8833 | 25700 | 35651 | Z8834 | NU | Z8885 | 25714 | 35637 | Z8886 | TC |
| Z8835 | 25694 | 35645 | Z8836 | NU | Z8887 | 25716 | 35603 | Z8888 | TC |
| Z8837 | 25693 | 35657 | Z8838 | TC | Z8889 | 25715 | 35609 | Z8890 | TC |
| Z8839 | 25719 | 35606 | Z8840 | TC | Z8891 | 25630 | 35706 | Z8892 | TC |
| Z8841 | 25703 | 35638 | Z8842 | TC | Z8893 | 25695 | 35633 | Z8894 | TC |
| Z8843 | 25697 | 35663 | Z8844 | TC | Z8895 | 25718 | 35648 | Z8896 | TC |
| Z8845 | 25699 | 35613 | Z8846 | TC | Z8897 | 25717 | 35635 | Z8898 | TC |
| Z8847 | 25705 | 35610 | Z8848 | TC | Z8899 | 25642 | 35702 | Z8900 | TC |
| Z8849 | 25696 | 35601 | Z8850 | TC | Z8901 | 25629 | 35703 | Z8902 | TC |
| Z8851 | 25701 | 35636 | Z8852 | TC | Z8903 | 25720 | 35655 | Z8904 | TC |
| Z8853 | 25721 | 35602 | Z8854 | TC | Z8905 | 25627 | 35705 | Z8906 | TC |
| Z8855 | 25702 | 35641 | Z8856 | TC | Z8907 | 25722 | 35620 | Z8908 | TC |
| Z8857 | 25704 | 35617 | Z8858 | TC | Z8909 | 25723 | 35643 | Z8910 | TC |
| Z8859 | 25709 | 35647 | Z8860 | TC | Z8911 | 25638 | 35708 | Z8912 | TC |
| Z8861 | 25706 | 35656 | Z8862 | TC | Z8913 | 25655 | 35709 | Z8914 | TC |
| Z8863 | 25708 | 35644 | Z8864 | TC | Z8915 | 25726 | 35661 | Z8916 | TC |
| Z8865 | 25707 | 35640 | Z8866 | TC | | | | | |

| Class Z9500 | | | 2 Car Units | | 1500V DC / 25 kV AC 50Hz | |
|---|---|---|---|---|---|---|
| Built by:- | Alsthom Francorail-MTE 1982-83 | | | Weight:- | 66 + 50t | |
| Length:- | 25.10 + 25.10m | | | Max Speed:- | 160km/h | |

| | | | | | | | |
|---|---|---|---|---|---|---|---|
| Z9501 | 19501 | RA | Arles. | Z9512 | 19512 | RA | |
| Z9502 | 19502 | RA | | Z9513 | 19513 | BO | Ambérieu-En-Bugey. |
| Z9503 | 19503 | RA | | Z9514 | 19514 | RA | |
| Z9504 | 19504 | RA | | Z9515 | 19515 | BO | |
| Z9505 | 19505 | BO | | Z9516 | 19516 | BO | |
| Z9506 | 19506 | RA | | Z9517 | 19517 | BO | Saint-Priest. |
| Z9507 | 19507 | RA | | Z9518 | 19518 | BO | |
| Z9508 | 19508 | BO | | | | | |
| Z9509 | 19509 | RA | | Z99581 | 919581 | BO | Franche-Comté. |
| Z9510 | 19510 | BO | | Z99582 | 919582 | BO | Franche-Comté. |
| Z9511 | 19511 | RA | | | | | |

| Class Z9600 | | | 2 Car Units | | | 1500V DC / 25 kV AC 50Hz | |
|---|---|---|---|---|---|---|---|
| Built by:- | Alsthom/Francorail-MTE 1984-87 | | | Weight:- | | 64 + 50t | |
| Length:- | 25.10 + 25.10m | | | Max Speed:- | | 160km/h | |
| Z9601 | 19601 | PL | | Z9620 | 19620 | RA | Rumilly. |
| Z9602 | 19602 | PL | | Z9621 | 19621 | PL | Les Pays De La Loire. |
| Z9603 | 19603 | PL | | Z9622 | 19622 | PL | Les Pays De La Loire. |
| Z9604 | 19604 | PL | | Z9623 | 19623 | PL | Les Pays De La Loire. |
| Z9605 | 19605 | PL | Sotteville-Les-Rouen. | Z9624 | 19624 | PL | Les Pays De La Loire. |
| Z9606 | 19606 | PL | | Z9625 | 19625 | PL | Les Pays De La Loire. |
| Z9607 | 19607 | PL | Les Pays De La Loire. | Z9626 | 19626 | PL | Les Pays De La Loire. |
| Z9608 | 19608 | PL | Les Pays De La Loire. | Z9627 | 19627 | PL | Les Pays De La Loire. |
| Z9609 | 19609 | PL | Les Pays De La Loire. | Z9628 | 19628 | PL | |
| Z9610 | 19610 | PL | Les Pays De La Loire. | Z9629 | 19629 | PL | Les Pays De La Loire. |
| Z9611 | 19611 | PL | Les Pays De La Loire. | Z9630 | 19630 | PL | Les Pays De La Loire. |
| Z9612 | 19612 | PL | Les Pays De La Loire. | Z9631 | 19631 | BO | |
| Z9613 | 19613 | PL | Les Pays De La Loire. | Z9632 | 19632 | BO | |
| Z9614 | 19614 | RA | | Z9633 | 19633 | BO | Rives. |
| Z9615 | 19615 | RA | | Z9634 | 19634 | RA | |
| Z9616 | 19616 | BO | | Z9635 | 19635 | RA | Chêne Bourg / |
| Z9617 | 19617 | RA | Firminy. | | | | Chêne Bourgeries / Thônex |
| Z9618 | 19618 | BO | | Z9636 | 19636 | RA | |
| Z9619 | 19619 | RA | | | | | |

| Class Z11500 | | | 2 Car Units | | | 25 kV AC 50Hz |
|---|---|---|---|---|---|---|
| Built by:- | Alsthom/Francorail-MTE 1986-87 | | | Weight:- | 64 + 50t | |
| Length:- | 25.10 + 25.10m | | | Max Speed:- | 160km/h | |
| Z11501 | 111501 | LO | Schiltigheim. | Z11512 | 111512 | TV | |
| Z11502 | 111502 | TV | | Z11513 | 111513 | TV | |
| Z11503 | 111503 | TV | | Z11514 | 111514 | TV | |
| Z11504 | 111504 | TV | | Z11515 | 111515 | TV | |
| Z11505 | 111505 | TV | | Z11516 | 111516 | TV | |
| Z11506 | 111506 | TV | | Z11517 | 111517 | TV | Ancy-Sur-Moselle. |
| Z11507 | 111507 | TV | | Z11518 | 111518 | TV | |
| Z11508 | 111508 | TV | Rémilly. | Z11519 | 111519 | TV | |
| Z11509 | 111509 | TV | | Z11520 | 111520 | TV | |
| Z11510 | 111510 | TV | | Z11521 | 111521 | TV | Woippy. |
| Z11511 | 111511 | TV | | Z11522 | 111522 | TV | Longuyon. |

**Notes**

## Class Z20500　　　4 / 5 Car Double Deck Units　　　1500V DC / 25 kV AC 50Hz

| Built by:- | ANF / CIMT / GEC Alsthom 1996-98 |
|---|---|
| Length:- | 25.10 + 26.40 + 26.40 (+ 26.40) + 25.10 m |
| Weight:- | 70 + 44 + 44 (+ 44) + 70t |
| Max Speed:- | 140km/h |

| | | | | | | | |
|---|---|---|---|---|---|---|---|
| 01A | Z20501 | 201501 | 202501 |        | Z20502 | LC | |
| 02A | Z20503 | 201503 | 202503 |        | Z20504 | TD | |
| 03A | Z20505 | 201505 | 202505 |        | Z20506 | LC | |
| 04D | Z20507 | 201507 | 202507 |        | Z20508 | TE | |
| 05J | Z20509 | 201509 | 202509 | 203549 | Z20510 | TD | |
| 06A | Z20511 | 25816  | 35811  |        | Z20512 | PS | |
| 07A | Z20513 | 201513 | 202513 |        | Z20514 | TC | Villiers-le-Bel |
| 08D | Z20515 | 201515 | 202515 | 203515 | Z20516 | TD | |
| 09J | Z20517 | 201517 | 202517 | 203507 | Z20518 | TD | |
| 10J | Z20519 | 201519 | 202519 | 203531 | Z20520 | TD | |
| 11A | Z20521 | 201521 | 202521 |        | Z20522 | TE | |
| 12A | Z20523 | 201523 | 202523 |        | Z20524 | TE | |
| 13A | Z20525 | 201525 | 202525 |        | Z20526 | TC | |
| 14J | Z20527 | 201527 | 202527 |        | Z20528 | TC | |
| 15A | Z20529 | 201529 | 202529 |        | Z20530 | TC | |
| 16A | Z20531 | 201531 | 202531 |        | Z20532 | TC | Beauchamp |
| 17A | Z20533 | 201533 | 202533 |        | Z20534 | TD | |
| 18J | Z20535 | 201535 | 202535 | 203525 | Z20536 | TD | |
| 19D | Z20537 | 201537 | 202537 | 203517 | Z20538 | TD | |
| 20D | Z20539 | 201539 | 202539 | 203539 | Z20540 | TD | |
| 21A | Z20541 | 201541 | 202541 |        | Z20542 | TE | |
| 22A | Z20543 | 201543 | 202543 | 203551 | Z20544 | TE | |
| 23J | Z20545 | 201545 | 202545 | 203545 | Z20546 | TD | |
| 24A | Z20547 | 201547 | 202547 |        | Z20548 | TD | |
| 25A | Z20549 | 201549 | 202549 |        | Z20550 | TC | |
| 26A | Z20551 | 201551 | 202551 |        | Z20552 | TE | |
| 27A | Z20553 | 201553 | 202553 |        | Z20554 | TE | |
| 28A | Z20555 | 201555 | 202555 |        | Z20556 | TE | |
| 29A | Z20557 | 201557 | 202557 |        | Z20558 | TC | |
| 30A | Z20559 | 201559 | 202559 |        | Z20560 | TE | |
| 31J | Z20561 | 201561 | 202561 | 203511 | Z20562 | TD | |
| 32D | Z20563 | 201563 | 202563 | 203541 | Z20564 | TD | |
| 33J | Z20565 | 201565 | 202565 |        | Z20566 | PJ | |
| 34A | Z20567 | 201567 | 202567 |        | Z20568 | PA | |
| 35A | Z20569 | 201569 | 202569 |        | Z20570 | PN | |
| 36J | Z20571 | 201571 | 202571 |        | Z20572 | TC | |
| 37A | Z20573 | 201573 | 202573 |        | Z20574 | TC | |
| 38A | Z20575 | 201575 | 202575 |        | Z20576 | TC | |
| 39J | Z20577 | 201577 | 202577 | 203553 | Z20578 | PJ | |
| 40A | Z20579 | 25802  | 35803  |        | Z20580 | TC | |
| 41J | Z20581 | 201581 | 202581 |        | Z20582 | TC | |
| 42A | Z20583 | 201583 | 202583 |        | Z20584 | PS | |
| 43P | Z20585 | 25821  | 35808  | 25821  | Z20586 | TD | |
| 44P | Z20587 | 25820  | 35812  | 25942  | Z20588 | TD | |
| 45J | Z20589 | 201579 | 202579 | 25943  | Z20590 | TD | |
| 46P | Z20591 | 25817  | 35806  | 25945  | Z20592 | TD | |
| 47J | Z20593 | 25819  | 35810  | 25948  | Z20594 | TD | |
| 48J | Z20595 | 25806  | 35802  | 25941  | Z20596 | TD | |
| 49D | Z20597 | 25815  | 35815  | 25946  | Z20598 | TD | |
| 50D | Z20599 | 25803  | 35814  | 25947  | Z20600 | TD | |
| 51D | Z20601 | 25812  | 35805  | 25949  | Z20602 | TD | |
| 52A | Z20603 | 201511 | 202511 |        | Z20604 | TD | |

# Class Z20500　　4 / 5 Car Double Deck Units　　1500V DC / 25 kV AC 50Hz

| | | | | | | |
|---|---|---|---|---|---|---|
| 53D | Z20605 | 25801 | 35804 | | Z20606 | TD |
| 54A | Z20607 | 25810 | 35801 | | Z20608 | TD |
| 55D | Z20609 | 25805 | 35816 | | Z20610 | TD |
| 56J | Z20611 | 25813 | 35813 | | Z20612 | TD |
| 57A | Z20613 | 25811 | 35807 | | Z20614 | TD |
| 58D | Z20615 | 25804 | 35820 | | Z20616 | TD |
| 59A | Z20617 | 25818 | 35817 | | Z20618 | TD |
| 60A | Z20619 | 25808 | 35818 | | Z20620 | PS |
| 61A | Z20621 | 25807 | 35809 | | Z20622 | PJ |
| 62D | Z20623 | 25809 | 35821 | | Z20624 | TD |
| 63D | Z20625 | 25814 | 35819 | | Z20626 | TD |
| 64D | Z20627 | 201627 | 202627 | 203627 | Z20628 | TD |
| 65D | Z20629 | 201629 | 202629 | 203629 | Z20630 | TD |
| 66D | Z20631 | 201631 | 202631 | 203631 | Z20632 | TD |
| 67D | Z20633 | 201633 | 202633 | 203633 | Z20634 | TD |
| 68D | Z20635 | 201635 | 202635 | 203635 | Z20636 | TD |
| 69D | Z20637 | 201637 | 202637 | 203637 | Z20638 | TD |
| 70D | Z20639 | 201639 | 202639 | 203639 | Z20640 | TD |
| 71D | Z20641 | 201641 | 202641 | 203641 | Z20642 | TD |
| 72D | Z20643 | 201643 | 202643 | 203643 | Z20644 | TD |
| 73D | Z20645 | 201645 | 202645 | 203645 | Z20646 | TD |
| 74D | Z20647 | 201647 | 202647 | 203647 | Z20648 | TD |
| 75D | Z20649 | 201649 | 202649 | 203649 | Z20650 | TD |
| 76D | Z20651 | 201651 | 202651 | 203651 | Z20652 | TD |
| 77D | Z20653 | 201653 | 202653 | 203653 | Z20654 | TD |
| 78D | Z20655 | 201655 | 202655 | 203655 | Z20656 | TD |
| 79D | Z20657 | 201657 | 202657 | 203657 | Z20658 | TD |
| 80D | Z20659 | 201659 | 202659 | 203659 | Z20660 | TD |
| 81D | Z20661 | 201661 | 202661 | 203661 | Z20662 | TD |
| 82D | Z20663 | 201663 | 202663 | 203663 | Z20664 | TD |
| 83D | Z20665 | 201665 | 202665 | 203665 | Z20666 | TD |
| 84D | Z20667 | 201667 | 202667 | 203667 | Z20668 | TD |
| 85D | Z20669 | 201669 | 202669 | 203669 | Z20670 | TD |
| 86D | Z20671 | 201671 | 202671 | 203671 | Z20672 | TD |
| 87D | Z20673 | 201673 | 202673 | 203673 | Z20674 | TD |
| 88D | Z20675 | 201675 | 202675 | 203675 | Z20676 | TD |
| 89D | Z20677 | 201677 | 202677 | 203677 | Z20678 | TD |
| 90D | Z20679 | 201679 | 202679 | 203679 | Z20680 | TD |
| 91D | Z20681 | 201681 | 202681 | 203681 | Z20682 | TD |
| 92D | Z20683 | 201683 | 202683 | 203683 | Z20684 | TD |
| 93D | Z20685 | 201685 | 202685 | 203685 | Z20686 | TD |
| 94D | Z20687 | 201687 | 202687 | 203687 | Z20688 | TD |
| 95D | Z20689 | 201689 | 202689 | 203689 | Z20690 | TD |
| 96D | Z20691 | 201691 | 202691 | 203691 | Z20692 | TD |
| 97D | Z20693 | 201693 | 202693 | 203693 | Z20694 | TD |
| 98D | Z20695 | 201695 | 202695 | 203695 | Z20696 | TD |
| 99D | Z20697 | 203565 | 202697 | 203697 | Z20698 | TD |
| 100D | Z20699 | 201699 | 202699 | 203699 | Z20700 | TD |
| 101D | Z20701 | 201701 | 202701 | 203701 | Z20702 | TD |
| 102D | Z20703 | 201703 | 202703 | 203703 | Z20704 | TD |
| 103D | Z20705 | 201705 | 202705 | 203705 | Z20706 | TD |
| 104D | Z20707 | 201707 | 202707 | 203707 | Z20708 | TD |
| 105D | Z20709 | 201709 | 202709 | 203709 | Z20710 | TD |
| 106D | Z20711 | 201711 | 202711 | 203711 | Z20712 | TD |
| 107D | Z20713 | 201713 | 202713 | 203713 | Z20714 | TD |
| 108D | Z20715 | 201715 | 202715 | 203715 | Z20716 | TD |

# Class Z20500    4 / 5 Car Double Deck Units    1500V DC / 25 kV AC 50Hz

| | | | | | | |
|---|---|---|---|---|---|---|
| 109D | Z20717 | 201717 | 202717 | 203717 | Z20718 | TD |
| 110D | Z20719 | 201719 | 202719 | 203719 | Z20720 | TD |
| 111D | Z20721 | 201721 | 202721 | 203721 | Z20722 | TD |
| 112J | Z20723 | 201723 | 202723 | 203723 | Z20724 | TD |
| 113D | Z20725 | 201725 | 202725 | 203725 | Z20726 | TD |
| 114D | Z20727 | 201727 | 202727 | 203727 | Z20728 | TD |
| 115D | Z20729 | 201729 | 202729 | 203729 | Z20730 | TD |
| 116D | Z20731 | 201731 | 202731 | 203731 | Z20732 | TD |
| 117D | Z20733 | 201733 | 202733 | 203733 | Z20734 | TD |
| 118D | Z20735 | 201735 | 202735 | 203735 | Z20736 | TD |
| 119D | Z20737 | 201737 | 202737 | 203737 | Z20738 | TD |
| 120D | Z20739 | 201739 | 202739 | 203739 | Z20740 | TD |
| 121J | Z20741 | 201741 | 202741 | 203741 | Z20742 | TD |
| 122J | Z20743 | 201743 | 202743 | 203743 | Z20744 | TD |
| 123J | Z20745 | 201745 | 202745 | 203745 | Z20746 | TD |
| 124D | Z20747 | 201747 | 202747 | 203747 | Z20748 | TD |
| 125D | Z20749 | 201749 | 202749 | 203749 | Z20750 | TD |
| 126J | Z20751 | 201751 | 202751 | 203557 | Z20752 | TD |
| 127J | Z20753 | 201753 | 202753 | 203519 | Z20754 | TD |
| 128D | Z20755 | 201755 | 202755 | 203501 | Z20756 | TD |
| 129D | Z20757 | 201757 | 202757 | 203543 | Z20758 | TD |
| 130D | Z20759 | 201759 | 202759 | 203547 | Z20760 | TD |
| 131D | Z20761 | 201761 | 202761 | 203527 | Z20762 | TD |
| 132D | Z20763 | 201763 | 202763 | 203559 | Z20764 | TD |
| 133J | Z20765 | 201765 | 202765 | 203505 | Z20766 | TD |
| 134J | Z20767 | 201767 | 202767 | 203529 | Z20768 | TD |
| 135D | Z20769 | 201769 | 202769 | 203523 | Z20770 | TD |
| 136D | Z20771 | 201771 | 202771 | 203503 | Z20772 | TD |
| 137J | Z20773 | 201773 | 202773 | 203521 | Z20774 | TD |
| 138J | Z20775 | 201775 | 202775 | 203555 | Z20776 | TD |
| 139A | Z20777 | 201777 | 202777 | 203569 | Z20778 | TE |
| 140A | Z20779 | 201779 | 202779 | 203525 | Z20780 | TE |
| 141A | Z20781 | 201781 | 202781 | | Z20782 | TE |
| 142D | Z20783 | 201783 | 202783 | 25916 | Z20784 | TE |
| 143A | Z20785 | 201785 | 202785 | | Z20786 | TE |
| 144A | Z20787 | 201787 | 202787 | | Z20788 | TE |
| 145D | Z20789 | 201789 | 202789 | 203535 | Z20790 | TD |
| 146D | Z20791 | 201791 | 202791 | 203537 | Z20792 | TD |
| 147J | Z20793 | 201793 | 202793 | 203509 | Z20794 | TD |
| 148D | Z20795 | 201795 | 202795 | 203513 | Z20796 | TD |
| 149D | Z20797 | 201797 | 202797 | 203533 | Z20798 | TD |
| 150D | Z20799 | 201799 | 202799 | 203561 | Z20800 | TD |
| 151J | Z20801 | 201801 | 202801 | 203563 | Z20802 | TD |
| 152A | Z20803 | 201803 | 202803 | | Z20804 | TD |
| 153A | Z20805 | 201805 | 202805 | | Z20806 | TD |
| 154A | Z20807 | 201807 | 202807 | | Z20808 | TC |
| 155A | Z20809 | 201809 | 202809 | | Z20810 | TC |
| 156A | Z20811 | 201811 | 202811 | | Z20812 | TC |
| 157A | Z20813 | 201813 | 202813 | | Z20814 | TC |
| 158A | Z20815 | 201815 | 202815 | | Z20816 | TC |
| 159A | Z20817 | 201817 | 202817 | | Z20818 | TC |
| 160A | Z20819 | 201819 | 202819 | | Z20820 | TC |
| 161A | Z20821 | 201821 | 202821 | | Z20822 | TE |
| 162A | Z20823 | 201823 | 202823 | | Z20824 | TE |
| 163A | Z20825 | 201825 | 202825 | | Z20826 | TE |
| 164D | Z20827 | 201827 | 202827 | 25917 | Z20828 | LC |

## Class Z20500  4 / 5 Car Double Deck Units  1500V DC / 25 kV AC 50Hz

| | | | | | | | |
|---|---|---|---|---|---|---|---|
| 165A | Z20829 | 201829 | 202829 | | Z20830 | TE | |
| 166A | Z20831 | 201831 | 202831 | | Z20832 | TE | |
| 167A | Z20833 | 201833 | 202833 | | Z20834 | TE | |
| 168A | Z20835 | 201835 | 202835 | | Z20836 | TE | |
| 169A | Z20837 | 201837 | 202837 | | Z20838 | TE | |
| 170A | Z20839 | 201839 | 202839 | | Z20840 | TC | |
| 171A | Z20841 | 201841 | 202841 | | Z20842 | TC | |
| 172A | Z20843 | 201843 | 202843 | | Z20844 | TC | |
| 173A | Z20845 | 201845 | 202845 | | Z20846 | CA | |
| 174D | Z20847 | 201847 | 202847 | 203565 | Z20848 | TD | |
| 175A | Z20849 | 201849 | 202849 | | Z20850 | TC | |
| 176A | Z20851 | 201851 | 202851 | | Z20852 | TC | |
| 177A | Z20853 | 201853 | 202853 | | Z20854 | TC | |
| 178A | Z20855 | 201855 | 202855 | | Z20856 | TC | |
| 179A | Z20857 | 201857 | 202857 | | Z20858 | TE | |
| 180J | Z20859 | 201859 | 202859 | | Z20860 | PJ | |
| 181J | Z20861 | 201861 | 202861 | | Z20862 | PJ | Epinay-sur-Orge |
| 182A | Z20863 | 201863 | 202863 | | Z20864 | PA | |
| 183A | Z20865 | 201865 | 202865 | | Z20866 | PA | |
| 184A | Z20867 | 201867 | 202867 | | Z20868 | PA | |
| 185A | Z20869 | 201869 | 202869 | | Z20870 | PA | |
| 186A | Z20871 | 201871 | 202871 | | Z20872 | PA | Savigny-sur-Orge |
| 187A | Z20873 | 201873 | 202873 | | Z20874 | TC | |
| 188J | Z20875 | 201875 | 202875 | 203875 | Z20876 | TD | |
| 188D | Z20877 | 201877 | 202877 | 203877 | Z20878 | TD | |
| 190D | Z20879 | 201879 | 202879 | 203879 | Z20880 | PJ | |
| 191J | Z20881 | 201881 | 202881 | 203881 | Z20882 | TD | |
| 192D | Z20883 | 201883 | 202883 | 203883 | Z20884 | TD | |
| 193J | Z20885 | 201885 | 202885 | 203885 | Z20886 | TD | |
| 194A | Z20887 | 201887 | 202887 | | Z20888 | TE | |

## Class Z20900  4 Car Double Deck Units  1500V DC / 25 kV AC 50Hz

| | |
|---|---|
| Built by:- | ANF / CIMT / GEC Alsthom. |
| Length:- | 25.10 + 26.40 + 26.40 + 25.10m |
| Weight:- | 70 + 44 + 44 + 70t |
| Max Speed:- | 140km/h |

| | | | | | | | | | | |
|---|---|---|---|---|---|---|---|---|---|---|
| 201A | Z20901 | 201901 | 202901 | Z20902 | TC | 223A | Z20945 | 201945 | 202945 | Z20946 | TC |
| 202A | Z20903 | 201903 | 202903 | Z20904 | TC | 224A | Z20947 | 201947 | 202947 | Z20948 | TC |
| 203A | Z20905 | 201905 | 202905 | Z20906 | TC | 225A | Z20949 | 201949 | 202949 | Z20950 | PA |
| 204A | Z20907 | 201907 | 202907 | Z20908 | TC | 226A | Z20951 | 201951 | 202951 | Z20952 | TC |
| 205A | Z20909 | 201909 | 202909 | Z20910 | TC | 227A | Z20953 | 201953 | 202953 | Z20954 | TC |
| 206A | Z20911 | 201911 | 202911 | Z20912 | TC | 228A | Z20955 | 201955 | 202955 | Z20956 | TC |
| 207A | Z20913 | 201913 | 202913 | Z20914 | TC | 229A | Z20957 | 201957 | 202957 | Z20958 | TC |
| 208A | Z20915 | 201915 | 202915 | Z20916 | TC | 230A | Z20959 | 201959 | 202959 | Z20960 | TC |
| 209A | Z20917 | 201917 | 202917 | Z20918 | TC | 231A | Z20961 | 201961 | 202961 | Z20962 | TC |
| 210A | Z20919 | 201919 | 202919 | Z20920 | TC | 232A | Z20963 | 201963 | 202963 | Z20964 | PA |
| 211A | Z20921 | 201921 | 202921 | Z20922 | TC | 233A | Z20965 | 201965 | 202965 | Z20966 | PA |
| 212A | Z20923 | 201923 | 202923 | Z20924 | TC | 234A | Z20967 | 201967 | 202967 | Z20968 | TC |
| 213A | Z20925 | 201925 | 202925 | Z20926 | TC | 235A | Z20969 | 201969 | 202969 | Z20970 | TC |
| 214A | Z20927 | 201927 | 202927 | Z20928 | TC | 236A | Z20971 | 201971 | 202971 | Z20972 | TC |
| 215A | Z20929 | 201929 | 202929 | Z20930 | TC | 237A | Z20973 | 201973 | 202973 | Z20974 | TC |
| 216A | Z20931 | 201931 | 202931 | Z20932 | TC | 238A | Z20975 | 201975 | 202975 | Z20976 | TC |
| 217A | Z20933 | 201933 | 202933 | Z20934 | TC | 239A | Z20977 | 201977 | 202977 | Z20978 | TC |
| 218A | Z20935 | 201935 | 202935 | Z20936 | TC | 240A | Z20979 | 201979 | 202979 | Z20980 | TC |
| 219A | Z20937 | 201937 | 202937 | Z20938 | TC | 241A | Z20981 | 201981 | 202981 | Z20982 | TC |
| 220A | Z20939 | 201939 | 202939 | Z20940 | TC | 242A | Z20983 | 201983 | 202983 | Z20984 | TC |
| 221A | Z20941 | 201941 | 202941 | Z20942 | TC | 243A | Z20985 | 201985 | 202985 | Z20986 | TC |
| 222A | Z20943 | 201943 | 202943 | Z20944 | TC | 244A | Z20987 | 201987 | 202987 | Z20988 | TC |

## Class Z20900    4 Car Double Deck Units    1500V DC / 25 kV AC 50Hz

| | | | | | | | | | |
|---|---|---|---|---|---|---|---|---|---|
| 245A | Z20989 | 201989 | 202989 | Z20990 | TC | 250A | Z20999 201999 202999 Z21000 | | TC |
| 246A | Z20991 | 201991 | 202991 | Z20992 | TC | 251A | Z21001 203901 204901 Z21002 | | TC |
| 247A | Z20993 | 201993 | 202993 | Z20994 | TC | 252A | Z21003 203903 204903 Z21004 | | TC |
| 248A | Z20995 | 201995 | 202995 | Z20996 | TC | 253A | Z21005 203905 204905 Z21006 | | TC |
| 249A | Z20997 | 201997 | 202997 | Z20998 | TC | 254A | Z21007 203907 204907 Z21008 | | TC |

## Class Z21500    3 Car Units    1500V DC / 25 kV AC 50Hz

**Built by:-** Alsthom 2001-05  
**Length:-** 26.70 + 25.60 + 26.70m  
**Weight:-** 58 + 48 + 58t  
**Max Speed:-** 200km/h

| | | | | | | | | |
|---|---|---|---|---|---|---|---|---|
| Z21501 | ZR211501 | Z21502 | PL | | Z21559 | ZR211530 | Z21560 | PL |
| Z21503 | ZR211502 | Z21504 | PL | | Z21561 | ZR211531 | Z21562 | TP |
| Z21505 | ZR211503 | Z21506 | CT | | Z21563 | ZR211532 | Z21564 | BR |
| Z21507 | ZR211504 | Z21508 | CT | | Z21565 | ZR211533 | Z21566 | PL |
| Z21509 | ZR211505 | Z21510 | CT | | Z21567 | ZR211534 | Z21568 | AQ |
| Z21511 | ZR211506 | Z21512 | CT | | Z21569 | ZR211535 | Z21570 | BR |
| Z21513 | ZR211507 | Z21514 | CT | | Z21571 | ZR211536 | Z21572 | BR |
| Z21515 | ZR211508 | Z21516 | CT | | Z21573 | ZR211537 | Z21574 | PL |
| Z21517 | ZR211509 | Z21518 | CT | | Z21575 | ZR211538 | Z21576 | BR |
| Z21519 | ZR211510 | Z21520 | CT | | Z21577 | ZR211539 | Z21578 | PL |
| Z21521 | ZR211511 | Z21522 | CT | | Z21579 | ZR211540 | Z21580 | PL |
| Z21523 | ZR211512 | Z21524 | CT | | Z21581 | ZR211541 | Z21582 | BR |
| Z21525 | ZR211513 | Z21526 | CT | | Z21583 | ZR211542 | Z21584 | BR |
| Z21527 | ZR211514 | Z21528 | CT | | Z21585 | ZR211543 | Z21586 | PL |
| Z21529 | ZR211515 | Z21530 | CT | | Z21587 | ZR211544 | Z21588 | BR |
| Z21531 | ZR211516 | Z21532 | CT | | Z21589 | ZR211545 | Z21590 | BR |
| Z21533 | ZR211517 | Z21534 | CT | | Z21591 | ZR211546 | Z21592 | PL |
| Z21535 | ZR211518 | Z21536 | RS | | Z21593 | ZR211547 | Z21594 | BR |
| Z21537 | ZR211519 | Z21538 | RS | | Z21595 | ZR211548 | Z21596 | PL |
| Z21539 | ZR211520 | Z21540 | PL | | Z21597 | ZR211549 | Z21598 | PL |
| Z21541 | ZR211521 | Z21542 | BR | | Z21599 | ZR211550 | Z21600 | BR |
| Z21543 | ZR211522 | Z21544 | PL | | Z21601 | ZR211551 | Z21602 | PL |
| Z21545 | ZR211523 | Z21546 | BR | | Z21603 | ZR211552 | Z21604 | PL |
| Z21547 | ZR211524 | Z21548 | PL | | Z21605 | ZR211553 | Z21606 | PL |
| Z21549 | ZR211525 | Z21550 | BR | | Z21607 | ZR211554 | Z21608 | AQ |
| Z21551 | ZR211526 | Z21552 | BR | | Z21609 | ZR211555 | Z21610 | AQ |
| Z21553 | ZR211527 | Z21554 | PL | | Z21611 | ZR211556 | Z21612 | AQ |
| Z21555 | ZR211528 | Z21556 | PL | | Z21613 | ZR211557 | Z21614 | AQ |
| Z21557 | ZR211529 | Z21558 | BR | | | | | |

### Named Units

Z21509    Pau.                    Z21607    Bayonne/Baiona

### Notes

# Class Z 22500 RER A/E  5 Car Double Deck Units 1500V DC /25 kV AC 50Hz

| | | | | | | |
|---|---|---|---|---|---|---|
| Built by:- ANF / CIMT / GEC Alsthom 1996-2002 | | | | Total Weight:- 277t | | |
| Length:- 22.85+22.10+22.10+22.10+22.85m | | | | Max Speed:-   140km/h | | |

| | | | | | | |
|---|---|---|---|---|---|---|
| 1E  | 221501 | Z22501 | 222501 | Z22502 | 221502 | TE |
| 2E  | 221503 | Z22503 | 222503 | Z22504 | 221504 | TE |
| 3E  | 221505 | Z22505 | 222505 | Z22506 | 221506 | TE |
| 4E  | 221507 | Z22507 | 222507 | Z22508 | 221508 | TE |
| 5E  | 221509 | Z22509 | 222509 | Z22510 | 221510 | TE |
| 6E  | 221511 | Z22511 | 222511 | Z22512 | 221512 | TE |
| 7E  | 221513 | Z22513 | 222513 | Z22514 | 221514 | TE |
| 8E  | 221515 | Z22515 | 222515 | Z22516 | 221516 | TE |
| 9E  | 221517 | Z22517 | 222517 | Z22518 | 221518 | TE |
| 10E | 221519 | Z22519 | 222519 | Z22520 | 221520 | TE |
| 11E | 221521 | Z22521 | 222521 | Z22522 | 221522 | TE |
| 12E | 221523 | Z22523 | 222523 | Z22524 | 221524 | TE |
| 13E | 221525 | Z22525 | 222525 | Z22526 | 221526 | TE |
| 14E | 221527 | Z22527 | 222527 | Z22528 | 221528 | TE |
| 15E | 221529 | Z22529 | 222529 | Z22530 | 221530 | TE |
| 16E | 221531 | Z22531 | 222531 | Z22532 | 221532 | TE |
| 17E | 221533 | Z22533 | 222533 | Z22534 | 221534 | TE |
| 18E | 221535 | Z22535 | 222535 | Z22536 | 221536 | TE |
| 19E | 221537 | Z22537 | 222537 | Z22538 | 221538 | TE |
| 20E | 221539 | Z22539 | 222539 | Z22540 | 221540 | TE |
| 21E | 221541 | Z22541 | 222541 | Z22542 | 221542 | TE |
| 22E | 221543 | Z22543 | 222543 | Z22544 | 221544 | TE |
| 23E | 221545 | Z22545 | 222545 | Z22546 | 221546 | TE |
| 24E | 221547 | Z22547 | 222547 | Z22548 | 221548 | TE |
| 25E | 221549 | Z22549 | 222549 | Z22550 | 221550 | TE |
| 26E | 221551 | Z22551 | 222551 | Z22552 | 221552 | TE |
| 27E | 221553 | Z22553 | 222553 | Z22554 | 221554 | TE |
| 28E | 221555 | Z22555 | 222555 | Z22556 | 221556 | TE |
| 29E | 221557 | Z22557 | 222557 | Z22558 | 221558 | TE |
| 30E | 221559 | Z22559 | 222559 | Z22560 | 221560 | TE |
| 31E | 221561 | Z22561 | 222561 | Z22562 | 221562 | TE |
| 32E | 221563 | Z22563 | 222563 | Z22564 | 221564 | TE |
| 33E | 221565 | Z22565 | 222565 | Z22566 | 221566 | TE |
| 34E | 221567 | Z22567 | 222567 | Z22568 | 221568 | TE |
| 35E | 221569 | Z22569 | 222569 | Z22570 | 221570 | TE |
| 36E | 221571 | Z22571 | 222571 | Z22572 | 221572 | TE |
| 37E | 221573 | Z22573 | 222573 | Z22574 | 221574 | TE |
| 38E | 221575 | Z22575 | 222575 | Z22576 | 221576 | TE |
| 39E | 221577 | Z22577 | 222577 | Z22578 | 221578 | TE |
| 40E | 221579 | Z22579 | 222579 | Z22580 | 221580 | TE |
| 41E | 221581 | Z22581 | 222581 | Z22582 | 221582 | TE |
| 42E | 221583 | Z22583 | 222583 | Z22584 | 221584 | TE |
| 43E | 221585 | Z22585 | 222585 | Z22586 | 221586 | TE |
| 44E | 221587 | Z22587 | 222587 | Z22588 | 221588 | TE |
| 45E | 221589 | Z22589 | 222589 | Z22590 | 221590 | TE |
| 46E | 221591 | Z22591 | 222591 | Z22592 | 221592 | TE |
| 47E | 221593 | Z22593 | 222593 | Z22594 | 221594 | TE |
| 48E | 221595 | Z22595 | 222595 | Z22596 | 221596 | TE |
| 49E | 221597 | Z22597 | 222597 | Z22598 | 221598 | TE |
| 50E | 221599 | Z22599 | 222599 | Z22600 | 221600 | TE  Villemomble. |
| 51E | 221601 | Z22601 | 222601 | Z22602 | 221602 | TE |
| 52E | 221603 | Z22603 | 222603 | Z22604 | 221604 | TE |
| 53E | 221605 | Z22605 | 222605 | Z22606 | 221606 | TE |

# Class Z23500  2 Car Double Deck Units  1500V DC / 25 kV AC 50Hz

**Built by:-** ANF / CIMT / GEC Alsthom 1997-2000  **Total Weight:-** 128.5t
**Length:-** 25.60 + 26.90m  **Max Speed:-** 140km/h

| | | | | | | | | |
|---|---|---|---|---|---|---|---|---|
| Z23501 | 231501 | PC | Camargue. | | Z23540 | 231540 | PC | Maures. |
| Z23502 | 231502 | NP | | | Z23541 | 231541 | PC | Cherion. |
| Z23503 | 231503 | RA | | | Z23542 | 231542 | NP | |
| Z23504 | 231504 | PC | Cap Canaille. | | Z23543 | 231543 | NP | |
| Z23505 | 231505 | PC | Embiez. | | Z23544 | 231544 | PC | |
| Z23506 | 231506 | NP | | | Z23545 | 231545 | PC | Estérel. |
| Z23507 | 231507 | PC | Var. | | Z23546 | 231546 | NP | |
| Z23508 | 231508 | PC | Gapeau. | | Z23547 | 231547 | PC | Alpilles. |
| Z23509 | 231509 | PC | Canjuers. | | Z23548 | 231548 | RA | |
| Z23510 | 231510 | PC | Loup. | | Z23549 | 231549 | PC | Etoile. |
| Z23511 | 231511 | PC | Garlaban. | | Z23550 | 231550 | PC | Jabron. |
| Z23512 | 231512 | RA | | | Z23551 | 231551 | NP | |
| Z23513 | 231513 | PC | Artuby | | Z23552 | 231552 | NP | |
| Z23514 | 231514 | NP | | | Z23553 | 231553 | PC | Sugiton |
| Z23515 | 231515 | RA | | | Z23554 | 231554 | NP | |
| Z23516 | 231516 | PC | Ventoux. | | Z23555 | 231555 | NP | |
| Z23517 | 231517 | NP | | | Z23556 | 231556 | RA | |
| Z23518 | 231518 | NP | | | Z23557 | 231557 | NP | |
| Z23519 | 231519 | PC | Durance. | | Z23558 | 231558 | NP | |
| Z23520 | 231520 | PC | Frioul. | | Z23559 | 231559 | NP | |
| Z23521 | 231521 | PC | Ladière. | | Z23560 | 231560 | RA | |
| Z23522 | 231522 | NP | | | Z23561 | 231561 | NP | |
| Z23523 | 231523 | RA | | | Z23562 | 231562 | NP | |
| Z23524 | 231524 | PC | Sainte-Baume. | | Z23563 | 231563 | NP | |
| Z23525 | 231525 | PC | Argens. | | Z23564 | 231564 | RA | |
| Z23526 | 231526 | NP | Aulnoye Aymeries Une Ville Pour Tous. | | Z23565 | 231565 | NP | |
| | | | | | Z23566 | 231566 | NP | |
| Z23527 | 231527 | RA | | | Z23567 | 231567 | RA | |
| Z23528 | 231528 | PC | Crau. | | Z23568 | 231568 | NP | |
| Z23529 | 231529 | PC | En-Vau. | | Z23569 | 231569 | NP | |
| Z23530 | 231530 | NP | | | Z23570 | 231570 | RA | |
| Z23531 | 231531 | RA | | | Z23571 | 231571 | NP | |
| Z23532 | 231532 | PC | Port-Pin. | | Z23572 | 231572 | NP | |
| Z23533 | 231533 | PC | Saint-Casern. | | Z23573 | 231573 | RA | |
| Z23534 | 231534 | NP | | | Z23575 | 231575 | RA | |
| Z23535 | 231535 | RA | | | Z23576 | 231576 | NP | |
| Z23536 | 231536 | PC | Port- Miou. | | Z23577 | 231577 | NP | |
| Z23537 | 231537 | PC | Tanneron. | | Z23578 | 231578 | NP | |
| Z23538 | 231538 | PC | Sormiou. | | Z23579 | 231579 | NP | |
| Z23539 | 231539 | RA | | | Z23580 | 231580 | NP | |

# Class Z24xxx — 2 & 3 Car Units — 1500V DC / 25 kV AC 50Hz

Built by:- Alstom / Bombardier 2004-2009  
Length:- 2 car 54.70m, 3 car 81.10m  
Total Weight:- 190t  
Max Speed:- 160km/h

| # | a | b | c | D | # | a | b | c | D |
|---|---|---|---|---|---|---|---|---|---|
| 301 | Z24501 | 241501 | Z24502 | RA | 355 | Z24609 | 241608 | Z24610 | RA |
| 302 | Z24503 | 241503 | Z24504 | LO | 356 | Z24611 | 241611 | Z24612 | RA |
| 303 | Z24505 | 241504 | Z24506 | RA | 357 | Z24613 | 241613 | Z24614 | RA |
| 304 | Z24507 | 241507 | Z24508 | NP | 358 | Z24615 | 241615 | Z24616 | RA |
| 305 | Z24509 | 241509 | Z24510 | NP | 359 | Z24617 | 241617 | Z24618 | RA |
| 306 | Z24511 | 241511 | Z24512 | LO | 360 | Z24619 | 241619 | Z24620 | RA |
| 307 | Z24513 | 241513 | Z24514 | RA | 361 | Z24621 | 241621 | Z24622 | RA |
| 308 | Z24515 | 241515 | Z24516 | NP | 362 | Z24623 | 241623 | Z24624 | LO |
| 309 | Z24517 | 241517 | Z24518 | NP | 363 | Z24625 | 241625 | Z24626 | LO |
| 310 | Z24519 | 241519 | Z24520 | LO | 364 | Z24627 | 241627 | Z24628 | LO |
| 311 | Z24521 | 241521 | Z24522 | NP | 365 | Z24629 | 241629 | Z24630 | LO |
| 312 | Z24523 | 241523 | Z24524 | NP | 366 | Z24631 | 241631 | Z24632 | RA |
| 313 | Z24525 | 241525 | Z24526 | LO | 367 | Z24633 | 241633 | Z24634 | RA |
| 314 | Z24527 | 241527 | Z24528 | RA | 368 | Z24635 | 241635 | Z24636 | RA |
| 315 | Z24529 | 241529 | Z24530 | NP | 369 | Z24637 | 241637 | Z24638 | LO |
| 316 | Z24531 | 241531 | Z24532 | NP | 370 | Z24639 | 241639 | Z24640 | LO |
| 317 | Z24533 | 241533 | Z24534 | RA | 371 | Z24641 | 241641 | Z24642 | RA |
| 318 | Z24535 | 241535 | Z24536 | RA | 372 | Z24643 | 241643 | Z24644 | RA |
| 319 | Z24537 | 241537 | Z24538 | RA | 373 | Z24645 | 241645 | Z24646 | RA |
| 320 | Z24539 | 241539 | Z24540 | RA | 374 | Z24647 | 241647 | Z24648 | NP |
| 321 | Z24541 | 241541 | Z24542 | RA | 375 | Z24649 | 241649 | Z24650 | NP |
| 322 | Z24543 | 241543 | Z24544 | RA | 376 | Z24651 | 241651 | Z24652 | NP |
| 323 | Z24545 | 241545 | Z24546 | NP | 377 | Z24653 | 241653 | Z24654 | NP |
| 324 | Z24547 | 241547 | Z24548 | LO | 378 | Z24655 | 241655 | Z24656 | NP |
| 325 | Z24549 | 241549 | Z24550 | NP | 379 | Z24657 | 241657 | Z24658 | NP |
| 326 | Z24551 | 241551 | Z24552 | LO | 380 | Z24659 | 241659 | Z24660 | NP |
| 327 | Z24553 | 241553 | Z24554 | NP | 381 | Z24661 | 241661 | Z24662 | NP |
| 328 | Z24555 | 241555 | Z24556 | NP | 382 | Z24663 | 241663 | Z24664 | NP |
| 329 | Z24557 | 241557 | Z24558 | NP | 383 | Z24665 | 241665 | Z24666 | NP |
| 330 | Z24559 | 241559 | Z24560 | LO | 384 | Z24667 | 241667 | Z24668 | LO |
| 331 | Z24561 | 241561 | Z24562 | NP | 385 | Z24669 | 241669 | Z24670 | LO |
| 332 | Z24563 | 241563 | Z24564 | NP | 386 | Z24671 | 241671 | Z24672 | LO |
| 333 | Z24565 | 241565 | Z24566 | NP | 387 | Z24673 | 241673 | Z24674 | LO |
| 334 | Z24567 | 241567 | Z24568 | NP | 388 | Z24675 | 241675 | Z24676 | PL |
| 335 | Z24569 | 241569 | Z24570 | LO | 389 | Z24677 | 241677 | Z24678 | PL |
| 336 | Z24571 | 241571 | Z24572 | LO | 390 | Z24679 | 241679 | Z24680 | PL |
| 337 | Z24573 | 241573 | Z24574 | RA | 391 | Z24681 | 241681 | Z24682 | PL |
| 338 | Z24575 | 241575 | Z24576 | LO | 392 | Z24683 | 241683 | Z24684 | PL |
| 339 | Z24577 | 241577 | Z24578 | RA | 393 | Z24685 | 241685 | Z24686 | PL |
| 340 | Z24579 | 241579 | Z24580 | MZ | 394 | Z24687 | 241686 | Z24688 | PL |
| 341 | Z24581 | 241581 | Z24582 | MZ | 395 | Z24689 | 241689 | Z24690 | PL |
| 342 | Z24583 | 241583 | Z24584 | RA | 396 | Z24691 | 241691 | Z24692 | PL |
| 343 | Z24585 | 241585 | Z24586 | LO | 397 | Z24693 | 241693 | Z24694 | PL |
| 344 | Z24587 | 241587 | Z24588 | LO | 398 | Z24695 | 241695 | Z24696 | NP |
| 345 | Z24589 | 241589 | Z24590 | VE | 399 | Z24697 | 241697 | Z24698 | RA |
| 346 | Z24591 | 241591 | Z24592 | VE | 600 | Z24699 | 241699 | Z24700 | RA |
| 347 | Z24593 | 241593 | Z24594 | LO | 601 | Z24701 | 241701 | Z24702 | RA |
| 348 | Z24595 | 241595 | Z24596 | RA | 602 | Z24703 | 241703 | Z24704 | RA |
| 349 | Z24597 | 241597 | Z24598 | RA | 603 | Z24705 | 241705 | Z24706 | RA |
| 350 | Z24599 | 241599 | Z24600 | RA | 604 | Z24707 | 241707 | Z24708 | RA |
| 351 | Z24601 | 241601 | Z24602 | RA | 605 | Z24709 | 241709 | Z24710 | RA |
| 352 | Z24603 | 241603 | Z24604 | RA | 606 | Z24711 | 241711 | Z24712 | RA |
| 353 | Z24605 | 241605 | Z24606 | RA | 607 | Z24713 | 241713 | Z24714 | RA |
| 354 | Z24607 | 241607 | Z24608 | RA | 608 | Z24715 | 241715 | Z24716 | RA |

| Class Z24xxx | | | | 2 & 3 Car Units | | | 1500V DC / 25 kV AC 50Hz | |
|---|---|---|---|---|---|---|---|---|
| 609 | Z24717 | 241717 | Z24718 | NP | 628 | Z24755 | 241755 | Z24756 | NP |
| 610 | Z24719 | 241719 | Z24720 | NP | 629 | Z24757 | 241757 | Z24758 | RA |
| 611 | Z24721 | 241721 | Z24722 | NP | 630 | Z24759 | 241759 | Z24760 | RA |
| 612 | Z24723 | 241723 | Z24724 | NP | 631 | Z24761 | 241761 | Z24762 | RA |
| 613 | Z24725 | 241725 | Z24726 | NP | 632 | Z24763 | 241763 | Z24764 | NP |
| 614 | Z24727 | 241727 | Z24728 | RA | 633 | Z24765 | 241765 | Z24766 | RA |
| 615 | Z24729 | 241729 | Z24730 | RA | 634 | Z24767 | 241767 | Z24768 | RA |
| 616 | Z24731 | 241731 | Z24732 | NP | 635 | Z24769 | 241769 | Z24770 | RA |
| 617 | Z24733 | 241733 | Z24734 | NP | 636 | Z24771 | 241771 | Z24772 | RA |
| 618 | Z24735 | 241735 | Z24736 | RA | 637 | Z24773 | 241773 | Z24774 | NP |
| 619 | Z24737 | 241737 | Z24738 | NP | 638 | Z24775 | 241775 | Z24776 | NP |
| 620 | Z24739 | 241739 | Z24740 | RA | 639 | Z24777 | 241777 | Z24778 | NP |
| 621 | Z24741 | 241741 | Z24742 | NP | 640 | Z24779 | 241779 | Z24780 | NP |
| 622 | Z24743 | 241743 | Z24744 | RA | 641 | Z24781 | 241781 | Z24782 | NP |
| 623 | Z24745 | 241745 | Z24746 | NP | 642 | Z24783 | 241783 | Z24784 | PL |
| 624 | Z24747 | 241747 | Z24748 | NP | 643 | Z24785 | 241785 | Z24786 | PL |
| 625 | Z24749 | 241749 | Z24750 | RA | 644 | Z24787 | 241787 | Z24788 | PL |
| 626 | Z24751 | 241751 | Z24752 | RA | 645 | Z24789 | 241789 | Z24790 | NP |
| 627 | Z24753 | 241753 | Z24754 | NP | | | | | |

| Class Z25500 | | 5 Car Avanto Tram-Train Units | | 750V DC/ 25 kV AC 50Hz | | |
|---|---|---|---|---|---|---|
| Built by:- Siemens / Lohr 2005-06/2010 | | | | Total Weight:- | 59.7t | |
| Length:- 36.678m | | | | Max Speed:- | 100km/h | |
| TT01 | 25501 | 251501 | 252501 | 253501 | 25502 | PN |
| TT02 | 25503 | 251503 | 252503 | 253503 | 25504 | PN |
| TT03 | 25505 | 251505 | 252505 | 253505 | 25506 | PN |
| TT04 | 25507 | 251507 | 252507 | 253507 | 25508 | PN |
| TT05 | 25509 | 251509 | 252509 | 253509 | 25510 | PN |
| TT06 | 25511 | 251511 | 252511 | 253511 | 25512 | PN |
| TT07 | 25513 | 251513 | 252513 | 253513 | 25514 | PN |
| TT08 | 25515 | 251515 | 252515 | 253515 | 25516 | PN |
| TT09 | 25517 | 251517 | 252517 | 253517 | 25518 | PN |
| TT10 | 25519 | 251519 | 252519 | 253519 | 25520 | PN |
| TT11 | 25521 | 251521 | 252521 | 253521 | 25522 | PN |
| TT12 | 25523 | 251523 | 252523 | 253523 | 25524 | PN |
| TT13 | 25525 | 251525 | 252525 | 253525 | 25526 | PN |
| TT14 | 25527 | 251527 | 252527 | 253527 | 25528 | PN |
| TT15 | 25529 | 251529 | 252529 | 253529 | 25530 | PN |
| TT16 | 25531 | 251531 | 252531 | 253531 | 25532 | MU |
| TT17 | 25533 | 251533 | 252533 | 253533 | 25534 | MU |
| TT18 | 25535 | 251535 | 252535 | 253535 | 25536 | MU |
| TT19 | 25537 | 251537 | 252537 | 253537 | 25538 | MU |
| TT20 | 25539 | 251539 | 252539 | 253539 | 25540 | MU |
| TT21 | 25541 | 251541 | 252541 | 253541 | 25542 | MU |
| TT22 | 25543 | 251543 | 252543 | 253543 | 25544 | MU |
| TT23 | 25545 | 251545 | 252545 | 253545 | 25546 | MU |
| TT24 | 25547 | 251547 | 252547 | 253547 | 25548 | MU |
| TT25 | 25549 | 251549 | 252549 | 253549 | 25550 | MU |
| TT26 | 25551 | 251551 | 252551 | 253551 | 25552 | MU |
| TT27 | 25553 | 251553 | 252553 | 253553 | 25554 | MU |
| TT28 | 25555 | 251555 | 252555 | 253555 | 25556 | MU |
| | 25601 | 251601 | 252601 | 253601 | 25602 | |
| | 25603 | 251603 | 252603 | 253603 | 25604 | |
| | 25605 | 251605 | 252605 | 253605 | 25606 | |
| | 25607 | 251607 | 252607 | 253607 | 25608 | |
| | 25609 | 251609 | 252609 | 253609 | 25610 | |

| Class Z25500 | | 5 Car Avanto Tram-Train Units | | 750V DC/ 25 kV AC 50Hz |
|---|---|---|---|---|
| 25611 | 251611 | 252611 | 253611 | 25612 |
| 25613 | 251613 | 252613 | 253613 | 25614 |
| 25615 | 251615 | 252615 | 253615 | 25616 |
| 25617 | 251617 | 252617 | 253617 | 25618 |
| 25619 | 251619 | 252619 | 253619 | 25620 |
| 25621 | 251621 | 252621 | 253621 | 25622 |
| 25623 | 251623 | 252623 | 253623 | 25624 |

| Class Z26xxx | | | 4/5 Car Units | | 1500V DC / 25 kV AC 50Hz | |
|---|---|---|---|---|---|---|
| Built by:- | Alstom/Bombardier 2004-09 | | | Weight:- | 4 car 260t, 5 car 310t | |
| Length:- | 4 car 107.50m, 5 car 133.90m | | | Max Speed:- | 160km/h | |
| 401 | Z26501 | ZX262501 | | ZX262502 | Z26502 | NU |
| 502 | Z26503 | ZX262503 | ZX261503 | ZX262504 | Z26504 | PI |
| 403 | Z26505 | ZX262505 | | ZX262506 | Z26506 | PC | Artuby-Sainte-Baume. |
| 404 | Z26507 | ZX262507 | | ZX262508 | Z26508 | NU |
| 405 | Z26509 | ZX262509 | | ZX262510 | Z26510 | PC |
| 406 | Z26511 | ZX262511 | | ZX262512 | Z26512 | NU |
| 407 | Z26513 | ZX262513 | | ZX262514 | Z26514 | PC | Esparron |
| 408 | Z26515 | ZX262515 | | ZX262516 | Z26516 | PC | Luberon |
| 409 | Z26517 | ZX262517 | | ZX262518 | Z26518 | NU |
| 410 | Z26519 | ZX262519 | | ZX262520 | Z26520 | PC |
| 411 | Z26521 | ZX262521 | | ZX262522 | Z26522 | NU |
| 412 | Z26523 | ZX262523 | | ZX262524 | Z26524 | PC |
| 413 | Z26525 | ZX262525 | | ZX262526 | Z26526 | NU |
| 414 | Z26527 | ZX262527 | | ZX262528 | Z26528 | PC |
| 415 | Z26529 | ZX262529 | | ZX262530 | Z26530 | NU |
| 516 | Z26531 | ZX262531 | ZX261531 | ZX262532 | Z26532 | PI |
| 517 | Z26533 | ZX262533 | ZX261533 | ZX262534 | Z26534 | PI |
| 418 | Z26535 | ZX262535 | | ZX262536 | Z26536 | PC | Siagne |
| 419 | Z26537 | ZX262537 | | ZX262538 | Z26538 | PC | Gorbio |
| 420 | Z26539 | ZX262539 | | ZX262540 | Z26540 | PC | Vaccarès |
| 521 | Z26541 | ZX262541 | ZX261541 | ZX262542 | Z26542 | LI |
| 522 | Z26543 | ZX262543 | ZX261543 | ZX262544 | Z26544 | PI |
| 523 | Z26545 | ZX262545 | ZX261545 | ZX262546 | Z26546 | PI |
| 524 | Z26547 | ZX262547 | ZX261547 | ZX262548 | Z26548 | PI |
| 525 | Z26549 | ZX262549 | ZX261549 | ZX262550 | Z26550 | PI |
| 426 | Z26551 | ZX262551 | | ZX262552 | Z26552 | PI |
| 427 | Z26553 | ZX262553 | | ZX262554 | Z26554 | PI |
| 428 | Z26555 | ZX262555 | | ZX262556 | Z26556 | PI |
| 429 | Z26557 | ZX262557 | | ZX262558 | Z26558 | PI |
| 430 | Z26559 | ZX262559 | | ZX262560 | Z26560 | PI |
| 431 | Z26561 | ZX262561 | | ZX262562 | Z26562 | PI |
| 432 | Z26563 | ZX262563 | | ZX262564 | Z26564 | NU |
| 433 | Z26565 | ZX262565 | | ZX262566 | Z26566 | NU |
| 434 | Z26567 | ZX262567 | | ZX262568 | Z26568 | NU |
| 435 | Z26569 | ZX262569 | | ZX262570 | Z26570 | NU |
| 436 | Z26571 | ZX262571 | | ZX262572 | Z26572 | NU |
| 437 | Z26573 | ZX262573 | | ZX262574 | Z26574 | PI |
| 438 | Z26575 | ZX262575 | | ZX262576 | Z26576 | PI |
| 439 | Z26577 | ZX262577 | | ZX262578 | Z26578 | PC | Monaco Ville |
| 440 | Z26579 | ZX262579 | | ZX262580 | Z26580 | PC | Monte Carlo |
| 441 | Z26581 | ZX262581 | | ZX262582 | Z26582 | PC | Fontvieille |
| 442 | Z26583 | ZX262583 | | ZX262584 | Z26584 | PC | La Condamine |
| 443 | Z26585 | ZX262585 | | ZX262586 | Z26586 | PC | St. Roman |
| 444 | Z26587 | ZX262587 | | ZX262588 | Z26588 | PI |
| 445 | Z26589 | ZX262589 | | ZX265290 | Z26590 | PI |

## Class Z26xxx        4/5 Car Units        1500V DC / 25 kV AC 50Hz

| | | | | | | |
|---|---|---|---|---|---|---|
| 446 | Z26591 | ZX262591 | | ZX262592 | Z26592 | PI |
| 447 | Z26593 | ZX262593 | | ZX262594 | Z26594 | PI |
| 448 | Z26595 | ZX262595 | | ZX262596 | Z26596 | PI |
| 449 | Z26597 | ZX262597 | | ZX262598 | Z26598 | PI |
| 450 | Z26599 | ZX262599 | | ZX262600 | Z26600 | PI |
| 551 | Z26601 | ZX262601 | ZX261601 | ZX262602 | Z26602 | LN |
| 552 | Z26603 | ZX262603 | ZX261603 | ZX262604 | Z26604 | LN |
| 553 | Z26605 | ZX262605 | ZX261605 | ZX262606 | Z26606 | LN |
| 554 | Z26607 | ZX262607 | ZX261607 | ZX262608 | Z26608 | LN |
| 555 | Z26609 | ZX262609 | ZX261609 | ZX262610 | Z26610 | LN |
| 556 | Z26611 | ZX262611 | ZX261611 | ZX262612 | Z26612 | LN |
| 557 | Z26613 | ZX262613 | ZX261613 | ZX262614 | Z26614 | LN |
| 558 | Z26615 | ZX262615 | ZX261615 | ZX262616 | Z26616 | LN |
| 559 | Z26617 | ZX262617 | ZX261617 | ZX262618 | Z26618 | LN |
| 560 | Z26619 | ZX262619 | ZX261619 | ZX262620 | Z26620 | LN |
| 561 | Z26621 | ZX262621 | ZX261621 | ZX262622 | Z26622 | LN |
| 562 | Z26623 | ZX262623 | ZX261623 | ZX262624 | Z26624 | LN |
| 563 | Z26625 | ZX262625 | ZX261625 | ZX262626 | Z26626 | LN |
| 564 | Z26627 | ZX262627 | ZX261627 | ZX262628 | Z26628 | LN |
| 565 | Z26629 | ZX262629 | ZX261629 | ZX262630 | Z26630 | LN |
| 566 | Z26631 | ZX262631 | ZX261631 | ZX262632 | Z26632 | LN |
| 567 | Z26633 | ZX262633 | | ZX262634 | Z26634 | |
| 568 | Z26635 | ZX262635 | | ZX262636 | Z26636 | |

## Class Z27xxx        3 or 4 Car Units        1500V DC / 25 kV AC 50Hz

| Built by:- | Bombardier 2004-09 | Weight:- | 152.8t |
|---|---|---|---|
| Length:- | 42.0m / 57.4m / 72.8m | Max Speed:- | 160km/h |

| | | | | | | | | | |
|---|---|---|---|---|---|---|---|---|---|
| Z27501 | ZX271501 | | Z27502 | TL | Z27559 | ZX271559 | | Z27560 | LO |
| Z27503 | ZX271503 | ZX272503 | Z27504 | NO | Z27561 | ZX271561 | | Z27562 | LO |
| Z27505 | ZX271505 | | Z27506 | BO | Z27563 | ZX271563 | | Z27564 | LO |
| Z27507 | ZX271507 | | Z27508 | TL | Z27565 | ZX271565 | | Z27566 | TL |
| Z27509 | ZX271509 | | Z27510 | NO | Z27567 | ZX271567 | ZX272567 | Z27568 | NO |
| Z27511 | ZX271511 | | Z27512 | NO | Z27569 | ZX271569 | | Z27570 | BO |
| Z27513 | ZX271513 | ZX272513 | Z27514 | NO | Z27571 | ZX271571 | | Z27572 | BO |
| Z27515 | ZX271515 | | Z27516 | BO | Z27573 | ZX271573 | ZX272573 | Z27574 | RA |
| Z27517 | ZX271517 | | Z27518 | TL | Z27575 | ZX271575 | | Z27576 | NO |
| Z27519 | ZX271519 | | Z27520 | NO | Z27577 | ZX271577 | | Z27578 | TL |
| Z27521 | ZX271521 | | Z27522 | TL | Z27579 | ZX271579 | ZX272579 | Z27580 | NO |
| Z27523 | ZX271523 | ZX272523 | Z27524 | NO | Z27581 | ZX271581 | | Z27582 | BO |
| Z27525 | ZX271525 | | Z27526 | BO | Z27583 | ZX271583 | | Z27584 | TL |
| Z27527 | ZX271527 | | Z27528 | NO | Z27585 | ZX271585 | | Z27586 | TL |
| Z27529 | ZX271529 | ZX272529 | Z27530 | RA | Z27587 | ZX271587 | ZX272587 | Z27588 | NO |
| Z27531 | ZX271531 | ZX272531 | Z27532 | NI | Z27589 | ZX271589 | | Z27590 | BO |
| Z27533 | ZX271533 | ZX272533 | Z27534 | RA | Z27591 | ZX271591 | ZX272591 | Z27592 | RA |
| Z27535 | ZX271535 | ZX272535 | Z27536 | NI | Z27593 | ZX271593 | | Z27594 | TL |
| Z27537 | ZX271537 | ZX272537 | Z27538 | NI | Z27595 | ZX271595 | ZX272595 | Z27596 | NO |
| Z27539 | ZX271539 | | Z27540 | NO | Z27597 | ZX271597 | | Z27598 | BO |
| Z27541 | ZX271541 | | Z27542 | MP | Z27599 | ZX271599 | | Z27600 | BO |
| Z27543 | ZX271543 | ZX272543 | Z27544 | NO | Z27601 | ZX271601 | ZX272601 | Z27602 | NI |
| Z27545 | ZX271545 | | Z27546 | BO | Z27603 | ZX271603 | | Z27604 | TL |
| Z27547 | ZX271547 | | Z27548 | TL | Z27605 | ZX271605 | ZX272605 | Z27606 | RA |
| Z27549 | ZX271549 | ZX272549 | Z27550 | NO | Z27607 | ZX271607 | ZX272607 | Z27608 | NI |
| Z27551 | ZX271551 | | Z27552 | LO | Z27609 | ZX271609 | ZX272609 | Z27610 | NI |
| Z27553 | ZX271553 | | Z27554 | LO | Z27611 | ZX271611 | | Z27612 | NO |
| Z27555 | ZX271555 | | Z27556 | LO | Z27613 | ZX271613 | | Z27614 | BO |
| Z27557 | ZX271557 | | Z27558 | LO | Z27615 | ZX271615 | | Z27616 | TL |

| Class Z27xxx | | | 3 or 4 Car Units  1500V DC / 25 kV AC 50Hz | | | | | |
|---|---|---|---|---|---|---|---|---|
| Z27617 | ZX271617 | | Z27618 | TL | Z27729 | ZX271729 | ZX272729 | Z27730 | LO |
| Z27619 | ZX271619 | ZX272619 | Z27620 | NI | Z27731 | ZX271731 | | Z27732 | DP |
| Z27621 | ZX271621 | | Z27622 | NO | Z27733 | ZX271733 | ZX272733 | Z27734 | LO |
| Z27623 | ZX271623 | | Z27624 | NO | Z27735 | ZX271735 | | Z27736 | BO |
| Z27625 | ZX271625 | | Z27626 | TL | Z27737 | ZX271737 | | Z27738 | BO |
| Z27627 | ZX271627 | | Z27628 | TL | Z27739 | ZX271739 | ZX272739 | Z27740 | LO |
| Z27629 | ZX271629 | | Z27630 | TL | Z27741 | ZX271741 | ZX272741 | Z27742 | RA |
| Z27631 | ZX271631 | | Z27632 | NO | Z27743 | ZX271743 | ZX272743 | Z27744 | NI |
| Z27633 | ZX271633 | | Z27634 | NO | Z27745 | ZX271745 | ZX272745 | Z27746 | NI |
| Z27635 | ZX271635 | | Z27636 | NO | Z27747 | ZX271747 | ZX272747 | Z27748 | PL |
| Z27637 | ZX271637 | | Z27638 | NO | Z27749 | ZX271749 | ZX272749 | Z27750 | MZ |
| Z27639 | ZX271639 | | Z27640 | TL | Z27751 | ZX271751 | ZX272751 | Z27752 | RA |
| Z27641 | ZX271641 | | Z27642 | TL | Z27753 | ZX271753 | ZX272753 | Z27754 | RA |
| Z27643 | ZX271643 | | Z27644 | TL | Z27755 | ZX271755 | ZX272755 | Z27756 | RA |
| Z27645 | ZX271645 | | Z27646 | BR | Z27757 | ZX271757 | ZX272757 | Z27758 | NI |
| Z27647 | ZX271647 | | Z27648 | BR | Z27759 | ZX271759 | ZX272759 | Z27760 | NI |
| Z27649 | ZX271649 | ZX272649 | Z27650 | NI | Z27761 | ZX271761 | ZX272761 | Z27762 | NI |
| Z27651 | ZX271651 | | Z27652 | NO | Z27763 | ZX271763 | ZX272763 | Z27764 | NI |
| Z27653 | ZX271653 | | Z27654 | NO | Z27765 | ZX271765 | ZX272765 | Z27766 | NI |
| Z27655 | ZX271655 | ZX272655 | Z27656 | NI | Z27767 | ZX271767 | ZX272767 | Z27768 | PL |
| Z27657 | ZX271657 | | Z27658 | NO | Z27769 | ZX271769 | ZX272769 | Z27770 | PL |
| Z27659 | ZX271659 | | Z27660 | NO | Z27771 | ZX271771 | ZX272771 | Z27772 | PL |
| Z27661 | ZX271661 | ZX272661 | Z27662 | NI | Z27773 | ZX271773 | ZX272773 | Z27774 | PL |
| Z27663 | ZX271663 | | Z27664 | NO | Z27775 | ZX271775 | ZX272775 | Z27776 | PL |
| Z27665 | ZX271665 | | Z27666 | BR | Z27777 | ZX271777 | ZX272777 | Z27778 | PL |
| Z27667 | ZX271667 | | Z27668 | NO | Z27779 | ZX271779 | ZX272779 | Z27780 | PL |
| Z27669 | ZX271669 | | Z27670 | NO | Z27781 | ZX271781 | ZX272781 | Z27782 | PL |
| Z27671 | ZX271671 | ZX272671 | Z27672 | RA | Z27783 | ZX271783 | ZX272783 | Z27784 | PL |
| Z27673 | ZX271673 | | Z27674 | NO | Z27785 | ZX271785 | ZX272785 | Z27786 | PL |
| Z27675 | ZX271675 | | Z27676 | NO | Z27787 | ZX271787 | | Z27788 | LO |
| Z27677 | ZX271677 | ZX272677 | Z27678 | RA | Z27789 | ZX271789 | | Z27790 | LO |
| Z27679 | ZX271679 | | Z27680 | BR | Z27791 | ZX271791 | | Z27792 | LO |
| Z27681 | ZX271681 | | Z27682 | NO | Z27793 | ZX271793 | | Z27794 | LO |
| Z27683 | ZX271683 | ZX272683 | Z27684 | RA | Z27795 | ZX271795 | ZX272795 | Z27796 | BR |
| Z27685 | ZX271685 | ZX272685 | Z27686 | RA | Z27797 | ZX271797 | | Z27798 | LO |
| Z27687 | ZX271687 | | Z27688 | CA | Z27799 | ZX271799 | | Z27800 | PL |
| Z27689 | ZX271689 | | Z27690 | CA | Z27801 | ZX271801 | | Z27802 | BR |
| Z27691 | ZX271691 | ZX272691 | Z27692 | RA | Z27803 | ZX271803 | | Z27804 | BR |
| Z27693 | ZX271693 | ZX272693 | Z27694 | RA | Z27805 | ZX271805 | | Z27806 | BR |
| Z27695 | ZX271695 | | Z27696 | BR | Z27807 | ZX271807 | | Z27808 | LO |
| Z27697 | ZX271697 | | Z27698 | CA | Z27809 | ZX271809 | | Z27810 | LO |
| Z27699 | ZX271699 | | Z27700 | CA | Z27811 | ZX271811 | | Z27812 | LO |
| Z27701 | ZX271701 | | Z27702 | CA | Z27813 | ZX271813 | | Z27814 | LO |
| Z27703 | ZX271703 | | Z27704 | CA | Z27815 | ZX271815 | | Z27816 | BR |
| Z27705 | ZX271705 | | Z27706 | BR | Z27817 | ZX271817 | | Z27818 | LO |
| Z27707 | ZX271707 | | Z27708 | CA | Z27819 | ZX271819 | | Z27820 | LO |
| Z27709 | ZX271709 | ZX272709 | Z27710 | NB | Z27821 | ZX271821 | | Z27822 | LO |
| Z27711 | ZX271711 | ZX272711 | Z27712 | LO | Z27823 | ZX271823 | | Z27824 | LO |
| Z27713 | ZX271713 | ZX272713 | Z27714 | BR | Z27825 | ZX271825 | ZX272825 | Z27826 | CE |
| Z27715 | ZX271715 | ZX272715 | Z27716 | BR | Z27827 | ZX271827 | ZX272827 | Z27828 | CE |
| Z27717 | ZX271717 | ZX272717 | Z27718 | NB | Z27829 | ZX271829 | ZX272829 | Z27830 | CE |
| Z27719 | ZX271719 | ZX272719 | Z27720 | LO | Z27831 | ZX271831 | ZX272831 | Z27832 | CE |
| Z27721 | ZX271721 | ZX272721 | Z27722 | BR | Z27833 | ZX271833 | ZX272833 | Z27834 | CE |
| Z27723 | ZX271723 | | Z27724 | CA | Z27835 | ZX271835 | ZX272835 | Z27836 | CE |
| Z27725 | ZX271725 | | Z27726 | CA | Z27837 | ZX271837 | ZX272837 | Z27838 | CE |
| Z27727 | ZX271727 | | Z27728 | CA | Z27839 | ZX271839 | | Z27840 | CE |

# Class Z27xxx — 3 or 4 Car Units   1500V DC / 25 kV AC 50Hz

| | | | | | | | | |
|---|---|---|---|---|---|---|---|---|
| Z27841 | ZX271841 | Z27842 | CE | Z27897 | ZX271897 | | Z27898 | NI |
| Z27843 | ZX271843 | Z27844 | CE | Z27899 | ZX271899 | | Z27900 | NI |
| Z27845 | ZX271845 | Z27846 | CE | Z27901 | ZX271901 | | Z27902 | NI |
| Z27847 | ZX271847 | Z27848 | CE | Z27903 | ZX271903 | | Z27904 | NI |
| Z27849 | ZX271849 | Z27850 | NI | Z27905 | ZX271905 | | Z27906 | |
| Z27851 | ZX271851 | Z27852 | NI | Z27907 | ZX271907 | | Z27908 | |
| Z27853 | ZX271853 | Z27854 | NI | Z27909 | ZX271909 | | Z27910 | |
| Z27855 | ZX271855 | Z27856 | NI | Z27911 | ZX271911 | | Z27912 | |
| Z27857 | ZX271857 | Z27858 | LO | Z27913 | ZX271913 | | Z27914 | CA |
| Z27859 | ZX271859 | Z27860 | LO | Z27915 | ZX271915 | | Z27916 | |
| Z27861 | ZX271861 | Z27862 | NI | Z27917 | ZX271917 | | Z27918 | |
| Z27863 | ZX271863 | Z27864 | NI | Z27919 | ZX271919 | | Z27920 | |
| Z27865 | ZX271865 | Z27866 | NI | Z27921 | ZX271921 | | Z27922 | CA |
| Z27867 | ZX271867 | Z27868 | LO | Z27923 | ZX271923 | | Z27924 | CA |
| Z27869 | ZX271869 | Z27870 | LO | Z27925 | ZX271925 | | Z27926 | |
| Z27871 | ZX271871 | Z27872 | NI | Z27927 | ZX271927 | | Z27928 | |
| Z27873 | ZX271873 | Z27874 | NI | Z27929 | ZX271929 | | Z27930 | PL |
| Z27875 | ZX271875 | Z27876 | NI | Z27931 | ZX271931 | | Z27932 | PL |
| Z27877 | ZX271877 | Z27878 | MZ | Z27933 | ZX271933 | | Z27934 | PL |
| Z27879 | ZX271879 | Z27880 | | Z27935 | ZX271935 | | Z27936 | PL |
| Z27881 | ZX271881 | Z27882 | NI | Z27937 | ZX271937 | | Z27938 | PL |
| Z27883 | ZX271883 | Z27884 | NI | Z27939 | ZX271939 | ZX272939 | Z27940 | LO |
| Z27885 | ZX271885 | Z27886 | NI | Z27941 | ZX271941 | | Z27942 | LO |
| Z27887 | ZX271887 | Z27888 | MZ | Z27943 | ZX271943 | | Z27944 | LO |
| Z27889 | ZX271889 | Z27890 | | Z27945 | ZX271945 | | Z27946 | LO |
| Z27891 | ZX271891 | Z27892 | NI | Z27947 | ZX271947 | ZX272947 | Z27948 | LO |
| Z27893 | ZX271893 | Z27894 | NI | Z27949 | ZX271949 | ZX272949 | Z27950 | LO |
| Z27895 | ZX271895 | Z27896 | NI | | | | | |

**Notes**

| Class Z50000 | | 7 - 8 Car Units | | 1500V DC / 25 kV AC | | | |
|---|---|---|---|---|---|---|---|
| Built by:- | Bombardier 2009-2012 | | | Total Weight:- 210 / 253t | | | |
| Length:- | 7 Car 94.31m/ 8 Car 112.50m | | | Max Speed:- 140km/h | | | |

Note: The numbers shown are the two outer driving power cars.

| Unit H01 | Z50001 | Z50002 | PE | Unit H54 | Z50107 | Z50108 | TN |
|---|---|---|---|---|---|---|---|
| Unit H02 | Z50003 | Z50004 | PE | Unit H55 | Z50109 | Z50110 | TN |
| Unit H03 | Z50005 | Z50006 | PN | Unit H56 | Z50111 | Z50112 | PN |
| Unit H04 | Z50007 | Z50008 | PE | Unit H57 | Z50113 | Z50114 | TN |
| Unit H05 | Z50009 | Z50010 | PN | Unit H58 | Z50115 | Z50116 | PN |
| Unit H06 | Z50011 | Z50012 | PN | Unit H59 | Z50117 | Z50118 | TN |
| Unit H07 | Z50013 | Z50014 | PJ | Unit H60 | Z50119 | Z50120 | TN |
| Unit H08 | Z50015 | Z50016 | PE | Unit H61 | Z50121 | Z50122 | TN |
| Unit H09 | Z50017 | Z50018 | PE | Unit H62 | Z50123 | Z50124 | PN |
| Unit H10 | Z50019 | Z50020 | PJ | Unit H63 | Z50125 | Z50126 | PN |
| Unit H11 | Z50021 | Z50022 | PE | Unit H64 | Z50127 | Z50128 | PN |
| Unit H12 | Z50023 | Z50024 | PE | Unit H65 | Z50129 | Z50130 | PN |
| Unit H13 | Z50025 | Z50026 | PJ | Unit H66 | Z50131 | Z50132 | PN |
| Unit H14 | Z50027 | Z50028 | PE | Unit H67 | Z50133 | Z50134 | PN |
| Unit H15 | Z50029 | Z50030 | PJ | Unit H68 | Z50135 | Z50136 | PN |
| Unit H16 | Z50031 | Z50032 | PJ | Unit H69 | Z50137 | Z50138 | PN |
| Unit H17 | Z50033 | Z50034 | PJ | Unit H70 | Z50139 | Z50140 | PN |
| Unit H18 | Z50035 | Z50036 | PE | Unit H71 | Z50141 | Z50142 | PN |
| Unit H19 | Z50037 | Z50038 | PE | Unit H72 | Z50143 | Z50144 | PN |
| Unit H20 | Z50039 | Z50040 | PJ | Unit H73 | Z50145 | Z50146 | PN |
| Unit H21 | Z50041 | Z50042 | PJ | Unit H74 | Z50147 | Z50148 | PN |
| Unit H22 | Z50043 | Z50044 | PJ | Unit H75 | Z50149 | Z50150 | PN |
| Unit H23 | Z50045 | Z50046 | PJ | Unit H76 | Z50151 | Z50152 | PN |
| Unit H24 | Z50047 | Z50048 | PJ | Unit H77 | Z50153 | Z50154 | PN |
| Unit H25 | Z50049 | Z50050 | PJ | Unit H78 | Z50155 | Z50156 | AG |
| Unit H26 | Z50051 | Z50052 | PJ | Unit H79 | Z50157 | Z50158 | AG |
| Unit H27 | Z50053 | Z50054 | PJ | Unit H80 | Z50159 | Z50160 | |
| Unit H28 | Z50055 | Z50056 | PN | Unit H81 | Z50161 | Z50162 | |
| Unit H29 | Z50057 | Z50058 | PJ | Unit H82 | Z50163 | Z50164 | PN |
| Unit H30 | Z50059 | Z50060 | PJ | Unit 83 | Z50165 | Z50166 | PN |
| Unit H31 | Z50061 | Z50062 | PJ | Unit 84 | Z50167 | Z50168 | PN |
| Unit H32 | Z50063 | Z50064 | PJ | Unit 85 | Z50169 | Z50170 | PN |
| Unit H33 | Z50065 | Z50066 | PJ | Unit 86 | Z50171 | Z50172 | AG |
| Unit H34 | Z50067 | Z50068 | PJ | Unit 87 | Z50173 | Z50174 | |
| Unit H35 | Z50069 | Z50070 | PJ | Unit 88 | Z50175 | Z50176 | |
| Unit H36 | Z50071 | Z50072 | PJ | Unit 89 | Z50177 | Z50178 | |
| Unit H37 | Z50073 | Z50074 | PJ | Unit 90 | Z50179 | Z50180 | |
| Unit H38 | Z50075 | Z50076 | PJ | Unit 91 | Z50181 | Z50182 | |
| Unit H39 | Z50077 | Z50078 | PJ | Unit 92 | Z50183 | Z50184 | |
| Unit H40 | Z50079 | Z50080 | TN | Unit 93 | Z50185 | Z50186 | |
| Unit H41 | Z50081 | Z50082 | TN | Unit 94 | Z50187 | Z50188 | |
| Unit H42 | Z50083 | Z50084 | TN | Unit 95 | Z50189 | Z50190 | |
| Unit H43 | Z50085 | Z50086 | PN | Unit 96 | Z50191 | Z50192 | |
| Unit H44 | Z50087 | Z50088 | TN | Unit 97 | Z50193 | Z50194 | |
| Unit H45 | Z50089 | Z50090 | TN | Unit 98 | Z50195 | Z50196 | |
| Unit H46 | Z50091 | Z50092 | TN | Unit 99 | Z50197 | Z50198 | |
| Unit H47 | Z50093 | Z50094 | TN | Unit 100 | Z50199 | Z50200 | |
| Unit H48 | Z50095 | Z50096 | | Unit 101 | Z50201 | Z50202 | |
| Unit H49 | Z50097 | Z50098 | PN | Unit 102 | Z50203 | Z50204 | |
| Unit H50 | Z50099 | Z50100 | TN | Unit 103 | Z50205 | Z50206 | |
| Unit H51 | Z50101 | Z50102 | TN | Unit 104 | Z50207 | Z50208 | |
| Unit H52 | Z50103 | Z50104 | TN | Unit 105 | Z50209 | Z50210 | |
| Unit H53 | Z50105 | Z50106 | TN | Unit 106 | Z50211 | Z50212 | |

# Class Z50000  7 - 8 Car Units  1500V DC / 25 kV AC

| Unit 107 | Z50213 | Z50214 |    | Unit 140 | Z50279 | Z50280 | PN |
|---|---|---|---|---|---|---|---|
| Unit 108 | Z50215 | Z50216 |    | Unit 141 | Z50281 | Z50282 | PN |
| Unit 109 | Z50217 | Z50218 |    | Unit 142 | Z50283 | Z50284 |    |
| Unit 110 | Z50219 | Z50220 |    | Unit 143 | Z50285 | Z50286 |    |
| Unit 111 | Z50221 | Z50222 |    | Unit 144 | Z50287 | Z50288 |    |
| Unit 112 | Z50223 | Z50224 |    | Unit 145 | Z50289 | Z50290 |    |
| Unit 113 | Z50225 | Z50226 |    | Unit 146 | Z50291 | Z50292 |    |
| Unit 114 | Z50227 | Z50228 |    | Unit 147 | Z50293 | Z50294 |    |
| Unit 115 | Z50229 | Z50230 |    | Unit 148 | Z50295 | Z50296 |    |
| Unit 116 | Z50231 | Z50232 |    | Unit 149 | Z50297 | Z50298 |    |
| Unit 117 | Z50233 | Z50234 |    | Unit 150 | Z50299 | Z50300 |    |
| Unit 118 | Z50235 | Z50236 |    | Unit 151 | Z50301 | Z50302 |    |
| Unit 119 | Z50237 | Z50238 |    | Unit 152 | Z50303 | Z50304 |    |
| Unit 120 | Z50239 | Z50240 |    | Unit 153 | Z50305 | Z50306 |    |
| Unit 121 | Z50241 | Z50242 |    | Unit 154 | Z50307 | Z50308 |    |
| Unit 122 | Z50243 | Z50244 |    | Unit 155 | Z50309 | Z50310 |    |
| Unit 123 | Z50245 | Z50246 |    | Unit 156 | Z50311 | Z50312 |    |
| Unit 124 | Z50247 | Z50248 |    | Unit 157 | Z50313 | Z50314 |    |
| Unit 125 | Z50249 | Z50250 |    | Unit 158 | Z50315 | Z50316 |    |
| Unit 126 | Z50251 | Z50252 |    | Unit 159 | Z50317 | Z50318 |    |
| Unit 127 | Z50253 | Z50254 |    | Unit 160 | Z50319 | Z50320 |    |
| Unit 128 | Z50255 | Z50256 |    | Unit 161 | Z50321 | Z50322 |    |
| Unit 129 | Z50257 | Z50258 |    | Unit 162 | Z50323 | Z50324 |    |
| Unit 130 | Z50259 | Z50260 |    | Unit 163 | Z50325 | Z50326 |    |
| Unit 131 | Z50261 | Z50262 |    | Unit 164 | Z50327 | Z50328 |    |
| Unit 132 | Z50263 | Z50264 |    | Unit 165 | Z50329 | Z50330 |    |
| Unit 133 | Z50265 | Z50266 |    | Unit 166 | Z50331 | Z50332 |    |
| Unit 134 | Z50267 | Z50268 |    | Unit 167 | Z50333 | Z50334 |    |
| Unit 135 | Z50269 | Z50270 |    | Unit 168 | Z50335 | Z50336 |    |
| Unit 136 | Z50271 | Z50272 |    | Unit 169 | Z50337 | Z50338 |    |
| Unit 137 | Z50273 | Z50274 | PN | Unit 170 | Z50339 | Z50340 |    |
| Unit 138 | Z50275 | Z50276 | PN | Unit 171 | Z50341 | Z50342 |    |
| Unit 139 | Z50277 | Z50278 | PN | Unit 172 | Z50343 | Z50344 |    |

# Class Z51500  4 Car Units  1500V DC / 25 kV AC 50Hz

**Built by:-** Alstom 2011-  
**Length:-** 20.50 + 15.40 + 15.40 + 20.50m  
**Weight:-**  
**Max Speed:-** 160km/h.

Note: The numbers shown are the two outer driving power cars.
Note: The first 22 sets are being delivered to the Aquitaine region.

| Z51501 | Z51502 | Z51513 | Z51514 | Z51525 | Z51526 | Z51535 | Z51536 |
| Z51503 | Z51504 | Z51515 | Z51516 | Z51527 | Z51528 | Z51537 | Z51538 |
| Z51505 | Z51506 | Z51517 | Z51518 | Z51529 | Z51530 | Z51539 | Z51540 |
| Z51507 | Z51508 | Z51519 | Z51520 | Z51531 | Z51532 | Z51541 | Z51542 |
| Z51509 | Z51510 | Z51521 | Z51522 | Z51533 | Z51534 | Z51543 | Z51544 |
| Z51511 | Z51512 | Z51523 | Z51524 |        |        |        |        |

| Class Z52500/Z53500 | | 4-Section Tram-Trains | | 1500Vdc/25 kV AC 50Hz | |
|---|---|---|---|---|---|
| Built by:- Alstom 2010- | | | Weight:- | | |
| Length:- 42m | | | Max Speed:- | 100km/h | |
| Unit TT01 | U52501 | 521501 | 522501 | U52502 | LB |
| Unit TT02 | U52503 | 521503 | 522503 | U52504 | |
| Unit TT03 | U52505 | 521505 | 522505 | U52506 | DN |
| Unit TT04 | U52507 | 521507 | 522507 | U52508 | LB |
| Unit TT05 | U52509 | 521509 | 522509 | U52510 | LA |
| Unit TT06 | U52511 | 521511 | 522511 | U52512 | LA |
| Unit TT07 | U52513 | 521513 | 522513 | U52514 | LA |
| Unit TT08 | U52515 | 521515 | 522515 | U52516 | LA |
| Unit TT09 | U52517 | 521517 | 522517 | U52518 | LA |
| Unit TT10 | U52519 | 521519 | 522519 | U52520 | LA |
| Unit TT11 | U52521 | 521521 | 522521 | U52522 | LA |
| Unit TT12 | U52523 | 521523 | 522523 | U52524 | LA |
| Unit TT13 | U52525 | 521525 | 522525 | U52526 | LA |
| Unit TT14 | U52527 | 521527 | 522527 | U52528 | LA |
| Unit TT15 | U52529 | 521529 | 522529 | U52530 | LA |
| Unit TT16 | U52531 | 521531 | 522531 | U52532 | LA |
| Unit TT17 | U52533 | 521533 | 522533 | U52534 | LA |
| Unit TT18 | U52535 | 521535 | 522535 | U52536 | LA |
| Unit TT19 | U52537 | 521537 | 522537 | U52538 | LA |
| Unit TT20 | U52539 | 521539 | 522539 | U52540 | LA |
| Unit TT21 | U52541 | 521541 | 522541 | U52542 | AR |
| Unit TT22 | U52543 | 521543 | 522543 | U52544 | AR |
| Unit TT23 | U52545 | 521545 | 522545 | U52546 | AR |
| Unit TT24 | U52547 | 521547 | 522547 | U52548 | AR |
| Unit TT101 | U53501 | 531501 | 532501 | U53502 | DN |
| Unit TT102 | U53503 | 531503 | 532503 | U53504 | DN |
| Unit TT103 | U53505 | 531505 | 532505 | U53506 | |
| Unit TT104 | U53507 | 531507 | 532507 | U53508 | DN |
| Unit TT105 | U53509 | 531509 | 532509 | U53510 | DN |
| Unit TT106 | U53511 | 531511 | 532511 | U53512 | DN |
| Unit TT107 | U53513 | 531513 | 532513 | U53514 | DN |
| Unit TT108 | U53515 | 531515 | 532515 | U53516 | |
| Unit TT109 | U53517 | 531517 | 532517 | U53518 | DN |
| Unit TT110 | U53519 | 531519 | 532519 | U53520 | |
| Unit TT111 | U53521 | 531521 | 532521 | U53522 | DN |
| Unit TT112 | U53523 | 531523 | 532523 | U53524 | |
| Unit TT113 | U53525 | 531525 | 532525 | U53526 | |
| Unit TT114 | U53527 | 531527 | 532527 | U53528 | |
| Unit TT115 | U53529 | 531529 | 532529 | U53530 | |
| Unit TT116 | U53531 | 531531 | 532531 | U53532 | |
| Unit TT117 | U53533 | 531533 | 532533 | U53534 | |
| Unit TT118 | U53535 | 531535 | 532535 | U53536 | |
| Unit TT119 | U53537 | 531537 | 532537 | U53538 | |
| Unit TT120 | U53539 | 531539 | 532539 | U53540 | |
| Unit TT121 | U53541 | 531541 | 532541 | U53542 | |
| Unit TT122 | U53543 | 531543 | 532543 | U53544 | |
| Unit TT123 | U53545 | 531545 | 532545 | U53546 | |

| Class Z55500 | | | 8 Car Units | | | 1500V DC / 25 kV AC 50Hz | | |
|---|---|---|---|---|---|---|---|---|
| Built by:- | Alstom 2011-14 | | | | Weight:- | | | |
| Length:- | 82.7m | | | | Max Speed:- | | | |

Note: A total of 129 units have been ordered.

| | | | | | | | | |
|---|---|---|---|---|---|---|---|---|
| Unit 001 | Z 55501 | Z 551501 | Z 552501 | Z 555501 | Z 556501 | Z 557501 | Z 558501 | Z 55502 |
| Unit 002 | Z 55503 | Z 551503 | Z 552503 | Z 555503 | Z 556503 | Z 557503 | Z 558503 | Z 55504 |
| Unit 003 | Z 55505 | Z 551505 | Z 552505 | Z 555505 | Z 556505 | Z 557505 | Z 558505 | Z 55506 |
| Unit 004 | Z 55507 | Z 551507 | Z 552507 | Z 555507 | Z 556507 | Z 557507 | Z 558507 | Z 55508 |
| Unit 005 | Z 55509 | Z 551509 | Z 552509 | Z 555509 | Z 556509 | Z 557509 | Z 558509 | Z 55510 |
| Unit 006 | Z 55511 | Z 551511 | Z 552511 | Z 555511 | Z 556511 | Z 557511 | Z 558511 | Z 55512 |
| Unit 007 | Z 55513 | Z 551513 | Z 552513 | Z 555513 | Z 556513 | Z 557513 | Z 558513 | Z 55514 |
| Unit 008 | Z 55515 | Z 551515 | Z 552515 | Z 555515 | Z 556515 | Z 557515 | Z 558515 | Z 55516 |

| Class Z92050 | | 4 Car Double Deck Units | | | 1500V DC / 25 kV AC 50Hz | |
|---|---|---|---|---|---|---|
| Built by:- | ANF / CIMT / GEC Alsthom 1996 | | | Weight:- | 69 + 43 + 43 + 69 tonnes | |
| Length:- | 25.10 + 26.40 + 26.40 + 25.10m | | | Max Speed:- 140km/h | | |
| Z401 | Z92051 | 920151 | 920251 | Z92052 LI | WD | |
| Z402 | Z92053 | 920153 | 920253 | Z92054 LI | WD | |
| Z403 | Z92055 | 920155 | 920255 | Z92056 LI | WD | |
| Z404 | Z92057 | 920157 | 920257 | Z92058 LI | WD | |
| Z405 | Z92059 | 920159 | 920259 | Z92060 LI | WD | |
| Z406 | Z92061 | 920161 | 920261 | Z92062 LI | WD | |

## New EMU sets to be built

The framework contract is to build 1000 'Régiolis' but the initial order is for 164 trains.
No information is yet available on Class numeration.
They will have three types Peri Urban (suburban), Interville (intercity) and Regional.

**Class Z54900    Régiolis    6 Car Units**
**Built by:-** Alstom 2011-
**Length:-**  20.50 + 15.40 + 19.10 + 19.10 + 15.40 + 20.50m
**Weight:-**
**Max Speed:-** 160km/h.

| Notes |
|---|
| |

# SNCF - Trains Grande Vitesse (TGV)

| Postes | 5 Car ½ Postal Units. |
|---|---|
| Built by:- | Alsthom / Francorail-MTE / De Dietrich 1978-86 |
| Length:- | 22.15 + 21.845 + 18.70 +18.70 + 18.70 m |
| Weight :- | |
| Max Speed:- | 280km/h |
| Cab Signalling:- | TVM 270 |

| | | | | | | | | | |
|---|---|---|---|---|---|---|---|---|---|
| 951 | 923001 | PE | 953 | 923003 | PE | 955 | 923005 | PE | 957 | 923007 | PE |
| 952 | 923002 | PE | 954 | 923004 | PE | 956 | 923006 | PE | | | |

| TGV Sud Est Units | 8 Car Two Voltage Sets    1500V DC / 25 kV AC 50Hz |
|---|---|
| Built by:- | Alsthom / Francorail-MTE / De Dietrich 1978-86 |
| Length:- | 22.15 + 21.845 +(6x 18.70) + 21.845 +22.15 m |
| Weight:- | 65 + 43 + (6x 28) +44 + 65t |
| Max Speed:- | 280km/h |
| Cab Signalling:- | TVM 270, TVM 300 , TVM 430 |

| | | | | |
|---|---|---|---|---|
| 01 | TGV23001 | TGV23002 | LY | Cannes. |
| 02 | TGV23003 | TGV23004 | PE | Marseille. |
| 03 | TGV23005 | TGV23006 | LY | Belfort. |
| 04 | TGV23007 | TGV23008 | LY | Rambouillet. |
| 05 | TGV23009 | TGV23010 | PE | Ris-Orangis. |
| 06 | TGV23011 | TGV23012 | PE | Frasne. |
| 07 | TGV23013 | TGV23014 | LY | Conflans-Sainte-Honorine. |
| 08 | TGV23015 | TGV23016 | LY | Rouen. |
| 09 | TGV23017 | TGV23018 | LY | Vincennes. |
| 10 | TGV23019 | TGV23020 | LY | Hayange. |
| 11 | TGV23021 | TGV23022 | PE | Nîmes. |
| 12 | TGV23023 | TGV23024 | PE | Le Havre. |
| 13 | TGV23025 | TGV23026 | LY | Albon-Sur-Seine. |
| 14 | TGV23027 | TGV23028 | LY | Montpellier. |
| 15 | TGV23029 | TGV23030 | PE | Pau. |
| 16 | TGV23031 | TGV23032 | PE | Lyon. |
| 17 | TGV23033 | TGV23034 | LY | Tergnier. |
| 18 | TGV23035 | TGV23036 | PE | Le Creusot. |
| 19 | TGV23037 | TGV23038 | PE | Saint-Amand-Les-Eaux. |
| 20 | TGV23039 | TGV23040 | PE | Colmar. |
| 21 | TGV23041 | TGV23042 | PE | Dijon. |
| 22 | TGV23043 | TGV23044 | LY | Valenciennes. |
| 23 | TGV23045 | TGV23046 | LY | Montbard. |
| 24 | TGV23047 | TGV23048 | PE | Alfortville. |
| 25 | TGV23049 | TGV23050 | PE | Besançon. |
| 26 | TGV23051 | TGV23052 | PE | Saint Étienne. |
| 27 | TGV23053 | TGV23054 | PE | Macon. |
| 28 | TGV23055 | TGV23056 | PE | Montélimar. |
| 29 | TGV23057 | TGV23058 | PE | Villeneuve-Saint-Georges. |
| 30 | TGV23059 | TGV23060 | PE | Lille. |
| 31 | TGV23061 | TGV23062 | PE | Combs-La-Ville. |
| 32 | TGV23063 | TGV23064 | PE | Maisons-Alfort. |
| 33 | TGV23065 | TGV23066 | PE(w) | Fécamp. |
| 34 | TGV23067 | TGV23068 | PE | Dunkerque. |
| 35 | TGV23069 | TGV23070 | PE | Grenoble. |
| 36 | TGV23071 | TGV23072 | PE | Seine Saint-Denis. |
| 37 | TGV23073 | TGV23074 | PE | Saint Germain-En-Laye. |
| 39 | TGV23077 | TGV23078 | LY | Evain + Thonon-Les-Bains. |

| TGV Sud Est Units | | 8 Car Two Voltage Sets | | 1500V DC / 25 kV AC 50Hz |
|---|---|---|---|---|
| 40 | TGV23079 | TGV23080 | LY | Versailles. |
| 41 | TGV23081 | TGV23082 | PE | Villiers-Le-Bel. |
| 42 | TGV23083 | TGV23084 | LY | Chambéry. |
| 43 | TGV23085 | TGV23086 | PE | Aix-Les-Bains. |
| 44 | TGV23087 | TGV23088 | PE | Clermont-Ferrand. |
| 45 | TGV23089 | TGV23090 | PE | Valence. |
| 46 | TGV23091 | TGV23092 | PE | Contrexéville. |
| 47 | TGV23093 | TGV23094 | PE | Nancy. |
| 48 | TGV23095 | TGV23096 | PE | Comté-De-Nice. |
| 49 | TGV23097 | TGV23098 | PE | Rennes. |
| 50 | TGV23099 | TGV23100 | PE | Beauvais. |
| 51 | TGV23101 | TGV23102 | PE | Givors / Grigny-Badan. |
| 52 | TGV23103 | TGV23104 | PE | Genève. |
| 53 | TGV23105 | TGV23106 | PE | Le Puy-En-Velay. |
| 54 | TGV23107 | TGV23108 | PE | Chagny. |
| 55 | TGV23109 | TGV23110 | PE | Denain. |
| 56 | TGV23111 | TGV23112 | LY | Annecy. |
| 57 | TGV23113 | TGV23114 | LY | Bourg-En-Bresse. |
| 58 | TGV23115 | TGV23116 | PE | Oullins. |
| 59 | TGV23117 | TGV23118 | PE | Hautmont. |
| 60 | TGV23119 | TGV23120 | PE | Langéac. |
| 61 | TGV23121 | TGV23122 | PE(w) | Fontainebleau. |
| 62 | TGV23123 | TGV23124 | PE | Toulouse. |
| 63 | TGV23125 | TGV23126 | PE | Villeurbanne. |
| 64 | TGV23127 | TGV23128 | PE | Dole. |
| 65 | TGV23129 | TGV23130 | PE | Sète. |
| 66 | TGV23131 | TGV23132 | PE | Avignon. |
| 67 | TGV23133 | TGV23134 | PE | Bellegarde-Sur-Valserine. |
| 68 | TGV23135 | TGV23136 | LY | Modane. |
| 69 | TGV23137 | TGV23138 | PE | Vichy. |
| 71 | TGV23141 | TGV23142 | LY | Brunoy. |
| 72 | TGV23143 | TGV23144 | LY | Cahors. |
| 73 | TGV23145 | TGV23146 | PE | Charenton-Le-Pont. |
| 74 | TGV23147 | TGV23148 | PE | Arbois / Mouchard / Port-Lesney. |
| 75 | TGV23149 | TGV23150 | LY | Vittle. |
| 76 | TGV23151 | TGV23152 | PE | Pontarlier. |
| 77 | TGV23153 | TGV23154 | PE | Nuits-Saint-Georges. |
| 78 | TGV23155 | TGV23156 | LY | Culoz. |
| 79 | TGV23157 | TGV23158 | LY | Annemasse. |
| 80 | TGV23159 | TGV23160 | LY | Toulon. |
| 81 | TGV23161 | TGV23162 | LY | Tonnerre. |
| 82 | TGV23163 | TGV23164 | LY | Trappes. |
| 83 | TGV23165 | TGV23166 | LY | Moissy Cramayel. |
| 84 | TGV23167 | TGV23168 | LY | Dieppe. |
| 85 | TGV23169 | TGV23170 | LY | Beaune. |
| 86 | TGV23171 | TGV23172 | LY | Montluçon. |
| 87 | TGV23173 | TGV23174 | LY | Montchanin. |
| 89 | TGV23177 | TGV23178 | LY | Lons-Le-Saunier. |
| 90 | TGV23179 | TGV23180 | LY | Epinal. |
| 91 | TGV23181 | TGV23182 | LY | Mulhouse. |
| 92 | TGV23183 | TGV23184 | LY | Noyon. |
| 93 | TGV23185 | TGV23186 | LY | Sens. |
| 94 | TGV23187 | TGV23188 | LY | Les Arcs En Provence. |
| 95 | TGV23189 | TGV23190 | LY | Saint Raphaël. |
| 96 | TGV23191 | TGV23192 | LY | Monte Carlo. |
| 97 | TGV23193 | TGV23194 | LY | Corbeil-Essonnes. |

## TGV Sud Est Units     8 Car Two Voltage Sets    1500V DC / 25 kV AC 50Hz

| | | | | |
|---|---|---|---|---|
| 98 | TGV23195 | TGV23196 | LY | Albertville. |
| 100 | TGV23199 | TGV23200 | PE | Saint Germains-Les-Bains. |
| 101 | TGV23201 | TGV23202 | PE | |
| 102 | TGV23203 | TGV23204 | PE | Vigneux-Sur-Seine. |
| Spare | TGV23140 | PE | Melun. | |

## TGV Sud Est Units     8 Car Three Voltage Sets
## 1500V DC 15 kV AC 16.7Hz / 25 kV AC 50Hz

**Built by:-**    Alsthom / Francorail-MTE / De Dietrich 1978-86
**Length:-**    22.15 + 21.845 +(6x 18.70) + 21.845 +22.15m
**Weight:-**    65 + 43 + (6x 28) +44 + 65t
**Max Speed:-**    Maximum Speed:- 280km/h
**Cab Signalling:-**    Cab Signalling:- TVM 270, TVM 430

| | | | | |
|---|---|---|---|---|
| 110 | TGV33001 | TGV33002 | PE(w) | Pays De Vaud. |
| 111 | TGV33003 | TGV33004 | PE(w) | Suresnes. |
| 112 | TGV33005 | TGV33006 | PE | Lausanne. |
| 113 | TGV33007 | TGV33008 | PE(w) | Neuchâtel. |
| 114 | TGV33009 | TGV33010 | PE | Cluses. |
| 115 | TGV33011 | TGV33012 | PE(w) | Zürich. |
| 116 | TGV33013 | TGV33014 | PE | Valais. |
| 117 | TGV33015 | TGV33016 | PE | Bern / Berne. |
| 118 | TGV33017 | TGV33018 | PE | Bischheim. |
| | (ex23175) | (ex23176) | | |

## TGV Duplex Units     8 Car Double Deck Sets    1500V DC / 25 kV AC 50Hz

**Built by:-**    GEC-Alsthom / Francorail-MTE / De Dietrich 1995-2004
**Length:-**    22.15 + 21.845 (+ 6x 18.70) + 21.845 +22.15m
**Weight:-**    65 + 43 + (6x 28) +43 + 65t
**Max Speed:-**    300km/h
**Cab Signalling:-**    TVM 430

| | | | | | | | | |
|---|---|---|---|---|---|---|---|---|
| 201 | TGV29001 | TGV29002 | PE | | 229 | TGV29057 | TGV29058 | PE |
| 202 | TGV29003 | TGV29004 | PE | | 230 | TGV29059 | TGV29060 | PE |
| 203 | TGV29005 | TGV29006 | PE | | 231 | TGV29061 | TGV29062 | PC |
| 204 | TGV29007 | TGV29008 | PE | | 232 | TGV29063 | TGV29064 | PC |
| 205 | TGV29009 | TGV29010 | PE | | 233 | TGV29065 | TGV29066 | PC |
| 206 | TGV29011 | TGV29012 | PE | | 234 | TGV29067 | TGV29068 | PC |
| 207 | TGV29013 | TGV29014 | PE | | 235 | TGV29069 | TGV29070 | PC |
| 208 | TGV29015 | TGV29016 | PE | | 236 | TGV29071 | TGV29072 | PC |
| 209 | TGV29017 | TGV29018 | PE | | 237 | TGV29073 | TGV29074 | PC |
| 210 | TGV29019 | TGV29020 | PE | | 238 | TGV29075 | TGV29076 | PC |
| 211 | TGV29021 | TGV29022 | PE | | 239 | TGV29077 | TGV29078 | PC |
| 212 | TGV29023 | TGV29024 | PE | | 240 | TGV29079 | TGV29080 | PC |
| 213 | TGV29025 | TGV29026 | PE | | 241 | TGV29081 | TGV29082 | PC |
| 214 | TGV29027 | TGV29028 | PE | | 242 | TGV29083 | TGV29084 | PC |
| 215 | TGV29029 | TGV29030 | PE | | 243 | TGV29085 | TGV29086 | PC |
| 216 | TGV29031 | TGV29032 | LY | | 244 | TGV29087 | TGV29088 | PC |
| 217 | TGV29033 | TGV29034 | PE | | 245 | TGV29089 | TGV29090 | PC |
| 218 | TGV29035 | TGV29036 | PE | | 246 | TGV29091 | TGV29092 | PC |
| 223 | TGV29045 | TGV29046 | PE | | 247 | TGV29093 | TGV29094 | PC |
| 224 | TGV29047 | TGV29048 | PE | | 248 | TGV29095 | TGV29096 | PC |
| 225 | TGV29049 | TGV29050 | PE | | 249 | TGV29097 | TGV29098 | PC |
| 226 | TGV29051 | TGV29052 | PE | | 250 | TGV29099 | TGV29100 | PC |
| 227 | TGV29053 | TGV29054 | PE | | 251 | TGV29101 | TGV29102 | PC |
| 228 | TGV29055 | TGV29056 | PE | | 252 | TGV29103 | TGV29104 | PC |

## TGV Duplex Units    8 Car Double Deck Sets    1500V DC / 25 kV AC 50Hz

| | | | | | | | |
|---|---|---|---|---|---|---|---|
| 253 | TGV29105 | TGV29106 | PC | 274 | TGV29147 | TGV29148 | PE |
| 254 | TGV29107 | TGV29108 | PC | 275 | TGV29149 | TGV29150 | PE |
| 255 | TGV29109 | TGV29110 | PC | 276 | TGV29151 | TGV29152 | PE |
| 256 | TGV29111 | TGV29112 | PC | 277 | TGV29153 | TGV29154 | |
| 257 | TGV29113 | TGV29114 | PC | 278 | TGV29155 | TGV29156 | |
| 258 | TGV29115 | TGV29116 | PC | 279 | TGV29157 | TGV29158 | |
| 259 | TGV29117 | TGV29118 | PC | 280 | TGV29159 | TGV29160 | PE |
| 260 | TGV29119 | TGV29120 | PC | 281 | TGV29161 | TGV29162 | PE |
| 261 | TGV29121 | TGV29121 | PC | 282 | TGV29163 | TGV29164 | PE |
| 262 | TGV29123 | TGV29122 | PC | 283 | TGV29165 | TGV29166 | PE |
| 263 | TGV29125 | TGV29126 | PC | 284 | TGV29167 | TGV29168 | PE |
| 264 | TGV29127 | TGV29128 | PC | 285 | TGV29169 | TGV29170 | PE |
| 265 | TGV29129 | TGV29130 | PC | 286 | TGV29171 | TGV29172 | PE |
| 266 | TGV29131 | TGV29132 | PE | 287 | TGV29173 | TGV29174 | PE |
| 267 | TGV29133 | TGV29134 | PC | 288 | TGV29175 | TGV29176 | PE |
| 268 | TGV29135 | TGV29136 | PE | 289 | TGV29177 | TGV29178 | |
| 269 | TGV29137 | TGV29138 | PE | 290 | TGV29039 | TGV29040 | PE |
| 270 | TGV29139 | TGV29140 | PE | 291 | TGV29041 | TGV29042 | PE |
| 271 | TGV29141 | TGV29142 | PE | 292 | TGV29037 | TGV29038 | PE |
| 272 | TGV29143 | TGV29144 | PE | 293 | TGV29043 | TGV29044 | PE |
| 273 | TGV29145 | TGV29146 | PE | | | | |

### Named Units

| | | | | |
|---|---|---|---|---|
| 227 | L'Yonne | | 289 | Lons-le-Saunier |

## TGV Atlantique    10 Car Two Voltage Sets    1500V DC / 25 kV AC 50Hz

Built by:-          Alsthom / Francorail-MTE / De Dietrich 1988-91
Length:-            22.15 + 21.845 (+8x 18.70) + 21.845 +22.15m
Weight:-            444 t
Max Speed:-         300km/h
Cab Signalling:-    TVM 300, TVM 430

| | | | | | | | |
|---|---|---|---|---|---|---|---|
| 301 | TGV24001 | TGV24002 | PC | 325 | TGV24049 | TGV24050 | PC |
| 302 | TGV24003 | TGV24004 | PC | 326 | TGV24051 | TGV24052 | PC |
| 303 | TGV24005 | TGV24006 | PC | 327 | TGV24053 | TGV24054 | PC |
| 304 | TGV24007 | TGV24008 | PC | 328 | TGV24055 | TGV24056 | PC |
| 305 | TGV24009 | TGV24010 | PC | 329 | TGV24057 | TGV24058 | PC |
| 306 | TGV24011 | TGV24012 | PC | 330 | TGV24059 | TGV24060 | PC |
| 307 | TGV24013 | TGV24014 | PC | 331 | TGV24061 | TGV24062 | PC |
| 308 | TGV24015 | TGV24016 | PC | 332 | TGV24063 | TGV24064 | PC |
| 309 | TGV24017 | TGV24018 | PC | 333 | TGV24065 | TGV24066 | PC |
| 310 | TGV24019 | TGV24020 | PC | 334 | TGV24067 | TGV24068 | PC |
| 311 | TGV24021 | TGV24020 | PC | 335 | TGV24069 | TGV24070 | PC |
| 312 | TGV24023 | TGV24024 | PC | 336 | TGV24071 | TGV24072 | PC |
| 313 | TGV24025 | TGV24026 | PC | 337 | TGV24073 | TGV24074 | PC |
| 314 | TGV24027 | TGV24028 | PC | 338 | TGV24075 | TGV24076 | PC |
| 315 | TGV24029 | TGV24030 | PC | 339 | TGV24077 | TGV24078 | PC |
| 316 | TGV24031 | TGV24032 | PC | 340 | TGV24079 | TGV24080 | PC |
| 317 | TGV24033 | TGV24034 | PC | 341 | TGV24081 | TGV24082 | PC |
| 318 | TGV24035 | TGV24036 | PC | 342 | TGV24083 | TGV24084 | PC |
| 319 | TGV24037 | TGV24038 | PC | 343 | TGV24085 | TGV24086 | PC |
| 320 | TGV24039 | TGV24040 | PC | 344 | TGV24087 | TGV24088 | PC |
| 321 | TGV24041 | TGV24042 | PC | 345 | TGV24089 | TGV24090 | PC |
| 322 | TGV24043 | TGV24044 | PC | 346 | TGV24091 | TGV24092 | PC |
| 323 | TGV24045 | TGV24046 | PC | 347 | TGV24093 | TGV24094 | PC |
| 324 | TGV24047 | TGV24048 | PC | 348 | TGV24095 | TGV24096 | PC |

## TGV Atlantique — 10 Car Two Voltage Sets — 1500V DC / 25 kV AC 50Hz

| | | | |
|---|---|---|---|
| 349 | TGV24097 | TGV24098 | PC |
| 350 | TGV24099 | TGV24100 | PC |
| 351 | TGV24101 | TGV24102 | PC |
| 352 | TGV24103 | TGV24104 | PC |
| 353 | TGV24105 | TGV24106 | PC |
| 354 | TGV24107 | TGV24108 | PC |
| 355 | TGV24109 | TGV24110 | PC |
| 356 | TGV24111 | TGV24112 | PC |
| 357 | TGV24113 | TGV24114 | PC |
| 358 | TGV24115 | TGV24116 | PC |
| 359 | TGV24117 | TGV24118 | PC |
| 360 | TGV24119 | TGV24120 | PC |
| 361 | TGV24121 | TGV24122 | PC |
| 362 | TGV24123 | TGV24124 | PC |
| 363 | TGV24125 | TGV24126 | PC |
| 364 | TGV24127 | TGV24128 | PC |
| 365 | TGV24129 | TGV24130 | PC |
| 366 | TGV24131 | TGV24132 | PC |
| 367 | TGV24133 | TGV24134 | PC |
| 368 | TGV24135 | TGV24136 | PC |
| 369 | TGV24137 | TGV24138 | PC |
| 370 | TGV24139 | TGV24140 | PC |
| 371 | TGV24141 | TGV24142 | PC |
| 372 | TGV24143 | TGV24144 | PC |
| 373 | TGV24145 | TGV24146 | PC |
| 374 | TGV24147 | TGV24148 | PC |
| 375 | TGV24149 | TGV24150 | PC |
| 376 | TGV24151 | TGV24152 | PC |
| 377 | TGV24153 | TGV24154 | PC |
| 378 | TGV24155 | TGV24156 | PC |
| 379 | TGV24157 | TGV24158 | PC |
| 380 | TGV24159 | TGV24160 | PC |
| 381 | TGV24161 | TGV24162 | PC |
| 382 | TGV24163 | TGV24164 | PC |
| 383 | TGV24165 | TGV24166 | PC |
| 384 | TGV24167 | TGV24168 | PC |
| 385 | TGV24169 | TGV24170 | PC |
| 386 | TGV24171 | TGV24172 | PC |
| 387 | TGV24173 | TGV24174 | PC |
| 388 | TGV24175 | TGV24176 | PC |
| 389 | TGV24177 | TGV24178 | PC |
| 390 | TGV24179 | TGV24180 | PC |
| 391 | TGV24181 | TGV24182 | PC |
| 392 | TGV24183 | TGV24184 | PC |
| 393 | TGV24185 | TGV24186 | PC |
| 394 | TGV24187 | TGV24188 | PC |
| 395 | TGV24189 | TGV24190 | PC |
| 396 | TGV24191 | TGV24192 | PC |
| 397 | TGV24193 | TGV24194 | PC |
| 398 | TGV24195 | TGV24196 | PC |
| 399 | TGV24197 | TGV24198 | PC |
| 400 | TGV24199 | TGV24200 | PC |
| 401 | TGV24201 | TGV24202 | PC |
| 402 | TGV24203 | TGV24204 | PC |
| 403 | TGV24205 | TGV24206 | PC |
| 404 | TGV24207 | TGV24208 | PC |
| 405 | TGV24209 | TGV24210 | PC |
| Spare | TGX24211 | PC | |

### Named Units

| | | | | |
|---|---|---|---|---|
| 303 | Le Mans. | | 345 | Région Centre Le Coeur De France. |
| 304 | Saint Brieuc. | | 348 | Poitiers. |
| 312 | Pays D'Auray. | | 349 | La Baule. |
| 313 | Villebon - Sur-Yvette. | | 353 | Laval. |
| 316 | Angoulême. | | 355 | Le Croisic. |
| 319 | Marcoussis. | | 356 | Pays de Vannes. |
| 321 | Orthez. | | 359 | Châtellerault. |
| 322 | Lamballe Côtes D'Armor. | | 361 | Alençon. |
| 325 | Vendôme. | | 362 | St. Jean-De-Luz. |
| 329 | Morlaix. | | 364 | Bayonne. |
| 330 | Chinon. | | 365 | Tarbes. |
| 332 | Libourne. | | 369 | Lourdes. |
| 333 | Bordeaux. | | 370 | Hendaye. |
| 334 | Villejust. | | 371 | Lorient. |
| 336 | Tours. | | 385 | Chambray-Les-Tours. |
| 337 | Saint-Pierre-Des-Corps. | | 389 | Le Pouliguen. |
| 338 | Vouvray. | | 390 | Ancenis. |
| 339 | Montlouis-Sur-Loire. | | 391 | Massy. |
| 340 | Dourdan. | | 393 | Pornichet. |
| 341 | Angers. | | 396 | Loches. |
| 342 | Conseil Général Du Val D'Oise. | | 398 | Langeais. |
| 343 | Saint-Nazaire. | | 400 | Quimper. |
| 344 | Nantes. | | 405 | Aytré. |

## TGV Reseau — 8 Car Two Voltage Sets 1500V DC / 25 kV AC 50Hz

| | |
|---|---|
| Built by:- | GEC-Alsthom / Francorail-MTE / De Dietrich 1992-94 |
| Length:- | 22.15 + 21.845 (+ 6x 18.70) + 21.845 +22.15m |
| Weight:- | 65 + 43 (+ 6x 28) + 43 + 65 t |
| Max Speed:- | 300km/h |
| Cab Signalling:- | TVM 430    #-Equiped for multiple working with TGV Euro Duplex |

| | | | | | | | |
|---|---|---|---|---|---|---|---|
| 501 | TGV28001 | TGV28002 | PQ | 536 | TGV28071 | TGV28072 | PQ |
| 503 | TGV28005 | TGV28006 | PQ | 537# | TGV28073 | TGV28074 | PQ |
| 504 | TGV28007 | TGV28008 | PQ | 538 | TGV28075 | TGV28076 | PQ |
| 505 | TGV28009 | TGV28010 | PC | 539# | TGV28077 | TGV28078 | PQ |
| 506 | TGV28011 | TGV28012 | PQ | 540 | TGV28079 | TGV28080 | PQ |
| 507 | TGV28013 | TGV28014 | PC | 541 | TGV28081 | TGV28082 | PQ |
| 508 | TGV28015 | TGV28016 | PQ | 542 | TGV28083 | TGV28084 | PQ |
| 509 | TGV28017 | TGV28018 | PQ | 543 | TGV28085 | TGV28086 | PQ |
| 510 | TGV28019 | TGV28020 | PQ | 544# | TGV28087 | TGV28088 | PQ |
| 511# | TGV28021 | TGV28022 | PQ | 545# | TGV28089 | TGV28090 | PQ |
| 512# | TGV28023 | TGV28024 | PQ | 546 | TGV28091 | TGV28092 | PQ |
| 513# | TGV28025 | TGV28026 | PQ | 547 | TGV28093 | TGV28094 | PQ |
| 514 | TGV28027 | TGV28028 | PQ | 548 | TGV28095 | TGV28096 | PQ |
| 534# | TGV28067 | TGV28068 | PC | 549 | TGV28097 | TGV28098 | PQ |
| 535 | TGV28069 | TGV28070 | PQ | 550 | TGV28099 | TGV28100 | PQ |
| 551 | TGV28101 | TGV28102 | PQ | [TGV28053 | TGV28054] | | |
| 552 | TGV28103 | TGV28104 | PQ | [TGV28055 | TGV28056] | | |
| 553 | TGV28105 | TGV28106 | PQ | [TGV28061 | TGV28062] | | |
| Spare | TGV28003 | PE | | | | | |

### Named Units

| | | | | |
|---|---|---|---|---|
| 514 | La Madeleine. | | 548 | Lomme. |
| 534 | Ville De Dunkerque. | | 551 | Région Champagne Ardenne |
| 536 | VILLE DE reims | | 552 | Cambrai. |
| 540 | Assemblée Nationale / Sénat Ambassadeur des Territoires | | | |

## TGV Reseau Duplex — 8 Car Two Voltage Sets 1500V DC / 25 kV AC 50Hz

| | | | | |
|---|---|---|---|---|
| Built by:- | GEC - Alsthom 2006-08 | | Weight :- | 390 tonnes |
| Length:- | 200.19m | | Max Speed:- | 300 / 320km/h |

| | | | | | |
|---|---|---|---|---|---|
| 601 | TGV28601 | TGV28602 | PE [TGV28029 | TGV28030] | |
| 602 | TGV28603 | TGV28604 | PE [TGV28035 | TGV28036] | |
| 603 | TGV28605 | TGV28606 | PE [TGV28031 | TGV28032] | Douai Cité Des Geants. |
| 604 | TGV28607 | TGV28608 | PE [TGV28033 | TGV28034] | |
| 605 | TGV28609 | TGV28610 | PE [TGV28037 | TGV28038] | |
| 606 | TGV28611 | TGV28612 | PE [TGV28039 | TGV28040] | |
| 607 | TGV28613 | TGV28614 | PE [TGV28043 | TGV28044] | |
| 608 | TGV28615 | TGV28616 | PE [TGV28051 | TGV28052] | Chessy. |
| 609 | TGV28617 | TGV28618 | PE [TGV28063 | TGV28064] | |
| 610 | TGV28619 | TGV28620 | PE [TGV28047 | TGV28048] | Arnouville-Les-Gonnesse. |
| 611 | TGV28621 | TGV28622 | PE [TGV28049 | TGV28050] | |
| 612 | TGV28623 | TGV28624 | PE [TGV28041 | TGV28042] | Tourcoing La Creative. |
| 613 | TGV28625 | TGV28626 | PE [TGV380013 | TGV380014] | |
| 614 | TGV28627 | TGV28628 | PE [TGV380015 | TGV380016] | |
| 615 | TGV28629 | TGV28630 | PE [TGV380017 | TGV380018] | |
| 616 | TGV28631 | TGV28632 | PE [TGV28045 | TGV28046] | |

## TGV Reseau Duplex 8 Car Tri Voltage Sets 3000Vdc/1500Vdc/25 kVAC 50Hz

| Built by:- | GEC-Alsthom 2006-08 | Weight:- | 390 tonnes |
|---|---|---|---|
| Length:- | 200.19m | Max Speed:- | 300 / 320km/h |

| | | | | | |
|---|---|---|---|---|---|
| 617 | TGV386033 [TGV28057] | TGV386034 [TGV28058] | PE | | |
| 618 | TGV386035 [TGV28065] | TGV386036 [TGV28066] | PE | Tournan-En-Brie. | |
| 619 | TGV386037 [TGV28059] | TGV386038 [TGV28060] | PE | | |

## TGV Duplex Units     1500V DC / 25 kV AC 50Hz

| Built by:- | GEC-Alsthom 2006-09 | Weight:- | 390 tonnes |
|---|---|---|---|
| Length:- | 200.19m | Max Speed:- | 300 / 320km/h |

Note:- Units 732 - 749 are now equipped for operation in Spain.

| | | | | | | | | |
|---|---|---|---|---|---|---|---|---|
| 701 | TGV29701 | TGV29702 | PE | 728 | TGV29755 | TGV29756 | PE |
| 702 | TGV29703 | TGV29704 | PE | 729 | TGV29757 | TGV29758 | PE |
| 703 | TGV29705 | TGV29706 | PE | 730 | TGV29759 | TGV29760 | PE |
| 704 | TGV29707 | TGV29708 | PE | 731 | TGV29761 | TGV29762 | PE |
| 705 | TGV29709 | TGV29710 | PE | 732 | TGV29763 | TGV29764 | PE |
| 706 | TGV29711 | TGV29712 | PE | 733 | TGV29765 | TGV29766 | PE |
| 707 | TGV29713 | TGV29714 | PE | 734 | TGV29767 | TGV29768 | PE |
| 708 | TGV29715 | TGV29716 | PE | 735 | TGV29769 | TGV29770 | PE |
| 709 | TGV29717 | TGV29718 | PE | 736 | TGV29771 | TGV29772 | PE |
| 710 | TGV29719 | TGV29720 | PE | 737 | TGV29773 | TGV29774 | PE |
| 711 | TGV29721 | TGV29722 | PE | 738 | TGV29775 | TGV29776 | PE |
| 712 | TGV29723 | TGV29724 | PE | 739 | TGV29777 | TGV29778 | PE |
| 713 | TGV29725 | TGV29726 | PE | 740 | TGV29779 | TGV29780 | PE |
| 714 | TGV29727 | TGV29728 | PE | 741 | TGV29781 | TGV29782 | PE |
| 715 | TGV29729 | TGV29730 | PE | 742 | TGV29783 | TGV29784 | PE |
| 716 | TGV29731 | TGV29732 | PE | 743 | TGV29785 | TGV29786 | PE |
| 717 | TGV29733 | TGV29734 | PE | 744 | TGV29787 | TGV29788 | PE |
| 718 | TGV29735 | TGV29736 | PE | 745 | TGV29789 | TGV29790 | PE |
| 719 | TGV29737 | TGV29738 | PE | 746 | TGV29791 | TGV29792 | PE |
| 720 | TGV29739 | TGV29740 | PE | 747 | TGV29793 | TGV29794 | PE |
| 725 | TGV29749 | TGV29750 | PE | 748 | TGV29795 | TGV29796 | PE |
| 726 | TGV29751 | TGV29752 | PE | 749 | TGV29797 | TGV29798 | PE |
| 727 | TGV29753 | TGV29754 | PE | | | | |

## TGV Duplex Units OUIGO     1500V DC / 25 kV AC 50Hz

| Built by:- | GEC-Alsthom 2013 | Weight :- | 390t |
|---|---|---|---|
| Length:- | 200,19m | Max Speed:- | 300/320km/h |

Note: Units for "low cost" TGV services from Marne la Vallée-Chessy to Lyon, Marseille and Montpellier.
Note: These are modified TGV Duplex (DASYE) with high density seating and no bistro car.

| | | | | |
|---|---|---|---|---|
| 760 | TGV29741 | TGV29742 | PE | Reformed from 721 |
| 761 | TGV29743 | TGV29744 | PE | Reformed from 722 |
| 762 | TGV29745 | TGV29746 | PE | Reformed from 723 |
| 763 | TGV29747 | TGV29748 | PE | Reformed from 724 |

## RGV2N2     8 Car Double Deck Sets     1500V DC / 25 kV AC 50Hz

| Built by:- | GEC-Alsthom 2011- | Weight:- | 390t |
|---|---|---|---|
| Length:- | 200.19m | Max Speed:- | 300 / 320km/h |

| | | | | | | | | |
|---|---|---|---|---|---|---|---|---|
| 801 | TGV310201 | TGV310202 | PE | 808 | TGV310215 | TGV310216 | PE |
| 802 | TGV310203 | TGV310204 | PE | 809 | TGV310217 | TGV310218 | PE |
| 803 | TGV310205 | TGV310206 | PE | 810 | TGV310219 | TGV310220 | PE |
| 804 | TGV310207 | TGV310208 | PE | 811 | TGV310221 | TGV310222 | PE |
| 805 | TGV310209 | TGV310210 | PE | 812 | TGV310223 | TGV310224 | PE |
| 806 | TGV310211 | TGV310212 | PE | 813 | TGV310225 | TGV310226 | PE |
| 807 | TGV310213 | TGV310214 | PE | 814 | TGV310227 | TGV310228 | PE |

| RGV2N2 | | | 8 Car Double Deck Sets | | 1500V DC / 25 kV AC 50Hz | | |
|---|---|---|---|---|---|---|---|
| 815 | TGV310229 | TGV310230 | PE | 821 | TGV310241 | TGV310242 | PE |
| 816 | TGV310231 | TGV310232 | PE | 822 | TGV310243 | TGV310244 | PE |
| 817 | TGV310233 | TGV310234 | PE | 823 | TGV310245 | TGV310246 | PE |
| 818 | TGV310235 | TGV310236 | PE | 824 | TGV310247 | TGV310248 | PE |
| 819 | TGV310237 | TGV310238 | PE | 825 | TGV310249 | TGV310250 | PE |
| 820 | TGV310239 | TGV310240 | PE | | | | |

## Eurostar — 9 Car "Three Capitals" Sets.
### 750V DC (3rd Rail) / 3000V DC / 25 kV AC 50Hz / 1500V DC #

| | | |
|---|---|---|
| Built by:- | GEC-Alsthom / Brush / ANF / De Dietrich / BN Construction / ACEC 1992-93 | |
| Length:- | 22.15 + 21.845 (+ 7x 18.70) + 21.845m | |
| Total Weight :- | 752.4t | |
| Max Speed:- | 300km/h | Cab Signalling:- TVM 430. |

| | | | | | | | |
|---|---|---|---|---|---|---|---|
| 3001 | 3730010 | TM | Tread Lightly | 3210 | 3732100 | LY | The Da Vinci Code |
| 3002 | 3730020 | TM | Voyage Vert | 3211 | 3732110 | LY | |
| 3003 | 3730030 | TM | Tri-City-Athlon 2010 | 3212 | 3732120 | LY | |
| 3004 | 3730040 | TM | Tri-City-Athlon 2010 | 3213 | 3732130 | LY | |
| 3005 | 3730050 | TM | | 3214 | 3732140 | LY | |
| 3006 | 3730060 | TM | | 3215# | 3732150 | LY | |
| 3007 | 3730070 | TM | Waterloo Sunset | 3216# | 3732160 | LY | |
| 3008 | 3730080 | TM | Waterloo Sunset | 3217 | 3732170 | LY | |
| 3009 | 3730090 | TM | Remembering Fromelles | 3218 | 3732180 | LY | |
| 3010 | 3730100 | TM | Remembering Fromelles | 3219 | 3732190 | LY | |
| 3011 | 3730110 | TM | | 3220 | 3732200 | LY | |
| 3012 | 3730120 | TM | | 3221 | 3732210 | LY | |
| 3013 | 3730130 | TM | LONDON 2012. | 3222 | 3732220 | LY | |
| 3014 | 3730140 | TM | LONDON 2012. | 3223# | 3732230 | LY | |
| 3015 | 3730150 | TM | | 3224# | 3732240 | LY | |
| 3016 | 3730160 | TM | | 3225# | 3732250 | LY | |
| 3017 | 3730170 | TM | | 3226# | 3732260 | LY | |
| 3018 | 3730180 | TM | | 3227# | 3732270 | LY | |
| 3019 | 3730190 | TM | | 3228# | 3732280 | LY | |
| 3020 | 3730200 | TM | | 3229# | 3732290 | LY | |
| 3021 | 3730210 | TM | | 3230# | 3732300 | LY | |
| 3022 | 3730220 | TM | | 3231 | 3732310 | LY | |
| 3101 | 3731010 | FF | | 3232 | 3732320 | LY | |
| 3102 | 3731020 | FF | | 3301 | 3733010 | TM | |
| 3103 | 3731030 | FF | | 3302 | 3733020 | TM | |
| 3104 | 3731040 | FF | | 3303 | 3733030 | LY | |
| 3105 | 3731050 | FF | | 3304 | 3733040 | TM | |
| 3106 | 3731060 | FF | | 3305 | 3733050 | TM | Yorkshire Forward. |
| 3201# | 3732010 | LY | | 3306 | 3733060 | TM | Yorkshire Forward. |
| 3202# | 3732020 | LY | | 3307 | 3733070 | LY | |
| 3203# | 3732030 | LY | | 3308 | 3733080 | TM | |
| 3204# | 3732040 | LY | | 3309 | 3733090 | TM | |
| 3205 | 3732050 | LY | | 3310 | 3733100 | TM | |
| 3206 | 3732060 | LY | | 3311 | 3733110 | TM | |
| 3207# | 3732070 | LY | Michel Hollard. | 3312 | 3733120 | TM | |
| 3208# | 3732080 | LY | Michel Hollard. | 3313 | 3733130 | TM | Entente Cordiale. |
| 3209 | 3732090 | LY | The Da Vinci Code | 3314 | 3733140 | TM | Entente Cordiale. |

## Universal Spare Power Car

| | | |
|---|---|---|
| 3999 | 3739990 | TM |

European Rail Datafile France 2014

## Thalys — 8 Car Two Voltage Sets
### 1500V DC / 25 kV AC 50Hz / 3000V DC / 15 kV AC 16.7Hz

| Built by:- | GEC-Alsthom / Bombardier Eurorail / De Dietrich / ACEC / Holec 1996-98 |
|---|---|
| Length:- | 22.15 + 21.845 (+ 6x 18.70) + 21.845 +22.15m |
| Weight:- | 300km/h |
| Max Speed:- | 67 + 43 (+ 6x 28) + 43 + 67 t    Cab Signalling:- TVM 430 |

| 4301 | TGV43010 | TGV43019 | FF | 4331 | TGV43310 | TGV43319 | FF |
| 4302 | TGV43020 | TGV43029 | FF | 4332 | TGV43320 | TGV43329 | FF |
| 4303 | TGV43030 | TGV43039 | FF | 4341 | TGV43410 | TGV43419 | LY |
| 4304 | TGV43040 | TGV43049 | FF | 4342 | TGV43420 | TGV43429 | LY |
| 4305 | TGV43050 | TGV43059 | FF | 4343 | TGV43430 | TGV43439 | LY |
| 4306 | TGV43060 | TGV43069 | FF | 4344 | TGV43440 | TGV43449 | LY |
| 4307 | TGV43070 | TGV43079 | FF | 4345 | TGV43450 | TGV43459 | LY |
| 4321 | TGV43210 | TGV43219 | FF | 4346 | TGV43460 | TGV43469 | LY |
| 4322 | TGV43220 | TGV43229 | FF |      |          |          |    |

## TGV P.O.S. - Paris, Ostfrankreich Süddeutschland
### 1500V DC / 25 kV AC 50Hz / 15 kV AC 16.7Hz

| Built by:- | GEC-Alsthom 2004 | Max Speed:- | 320km/h |
|---|---|---|---|
| Length:- |  | Cab Signalling:- | TVM 430 |
| Weight:- | 65 tonnes per power car |  |  |

| 4401 | TGV384001 | TGV384002 | TG |  |
| 4402 | TGV384003 | TGV384004 | TG |  |
| 4403 | TGV384005 | TGV384006 | TG | Saverne/Donaueschingen |
| 4404 | TGV384007 | TGV384008 | TG |  |
| 4405 | TGV384009 | TGV384010 | TG |  |
| 4406 | TGV384011 | TGV384012 | TG | Basel |
| 4407 | TGV384013 | TGV384014 | TG |  |
| 4408 | TGV384015 | TGV384016 | TG | Chessy |
| 4409 | TGV384017 | TGV384018 | TG | Conseil General du Val D'oise |
| 4410 | TGV384019 | TGV384020 | TG | Arnouville-les-Gonesse/Gonesse |
| 4411 | TGV384021 | TGV384022 | TG |  |
| 4412 | TGV384023 | TGV384024 | TG | Tourcoing La Créative |
| 4413 | TGV384025 | TGV384026 | TG | Saint Omer Audomarois |
| 4414 | TGV384027 | TGV384028 | TG | Cambrai |
| 4415 | TGV384029 | TGV384030 | TG |  |
| 4416 | TGV384031 | TGV384032 | TG |  |
| 4417 | TGV384033 | TGV384034 | TG |  |
| 4418 | TGV384035 | TGV384036 | TG |  |
| 4419 | TGV384037 | TGV384038 | TG | Tournan-en-Brie |

## TGV Reseau — 8 Car Three Voltage Sets
### 1500V DC / 3000V DC / 25 kV AC 50Hz

| Built by:- | GEC-Alsthom / Francorail-MTE / De Dietrich 1994-96 |
|---|---|
| Length:- | 22.15 + 21.845( + 6x 18.70) + 21.845 +22.15m |
| Weight:- | 65 + 43 (+ 6x 28) + 43 + 65 t |
| Max Speed:- | 300km/h    Cab Signalling:- TVM 430 |

| 4501 | TGV380001 | TGV380002 | PE | 4512 | TGV380023 | TGV380024 | LY |
| 4502 | TGV380003 | TGV380004 | PE | 4513 | TGV380025 | TGV380026 | LY |
| 4503 | TGV380005 | TGV380006 | PE | 4514 | TGV380027 | TGV380028 | LY |
| 4504 | TGV380007 | TGV380008 | PE | 4515 | TGV380029 | TGV380030 | LY |
| 4505 | TGV380009 | TGV380010 | PE | 4516 | TGV380031 | TGV380032 | LY |
| 4506 | TGV380011 | TGV380012 | PE | 4517 | TGV380033 | TGV380034 | LY |
| 4510 | TGV380019 | TGV380020 | LY | 4518 | TGV380035 | TGV380036 | LY |
| 4511 | TGV380021 | TGV380022 | LY | 4519 | TGV380037 | TGV380038 | LY |

## TGV Reseau — 8 Car Three Voltage Sets 1500V DC / 3000V DC / 25 kV AC 50Hz

| | | | | | | | |
|---|---|---|---|---|---|---|---|
| 4520 | TGV380039 | TGV380040 | LY | 4533 | TGV380065 | TGV380066 | LY |
| 4521 | TGV380041 | TGV380042 | LY | 4534 | TGV380067 | TGV380068 | LY |
| 4522 | TGV380043 | TGV380044 | LY | 4535 | TGV380069 | TGV380070 | LY |
| 4523 | TGV380045 | TGV380046 | LY | 4536 | TGV380071 | TGV380072 | LY |
| 4524 | TGV380047 | TGV380048 | LY | 4537 | TGV380073 | TGV380074 | LY |
| 4525 | TGV380049 | TGV380050 | LY | 4538 | TGV380075 | TGV380076 | LY |
| 4526 | TGV380051 | TGV380052 | LY | 4539 | TGV380077 | TGV380078 | LY |
| 4527 | TGV380053 | TGV380054 | LY | 4540 | TGV380079 | TGV380080 | LY |
| 4528 | TGV380055 | TGV380056 | LY | 4551 [4531] | TGV380061 | TGV380062 | LY |
| 4529 | TGV380057 | TGV380058 | LY | Spare | TGV380081 | | LY |
| 4532 | TGV380063 | TGV380064 | LY | | | | |

**Named Unit**

4511 Villeneuve D'Ascq.

## RGV 2N2 — 8 Car Three Voltage Sets 1500V DC / 3000V DC / 25 kV AC 50Hz

**Built by:-** GEC-Alsthom 2010-
**Length:-** 22.15 + 21.845( + 6x 18.70) + 21.845 +22.15m
**Weight :-** 65 + 43 (+ 6x 28) + 43 + 65 t
**Max Speed:-** 300km/h          **Cab Signalling:-** TVM 430

| | | | | | | | |
|---|---|---|---|---|---|---|---|
| 4701 | TGV310001 | TGV310002 | PQ | 4716 | TGV310031 | TGV310032 | PQ |
| 4702 | TGV310003 | TGV310004 | PQ | 4717 | TGV310033 | TGV310034 | PQ |
| 4703 | TGV310005 | TGV310006 | PQ | 4718 | TGV310035 | TGV310036 | PQ |
| 4704 | TGV310007 | TGV310008 | PQ | 4719 | TGV310037 | TGV310038 | TG |
| 4705 | TGV310009 | TGV310010 | PQ | 4720 | TGV310039 | TGV310040 | TG |
| 4706 | TGV310011 | TGV310012 | PQ | 4721 | TGV310041 | TGV310042 | TG |
| 4707 | TGV310013 | TGV310014 | PQ | 4722 | TGV310043 | TGV310044 | TG |
| 4708 | TGV310015 | TGV310016 | PQ | 4723 | TGV310045 | TGV310046 | TG |
| 4709 | TGV310017 | TGV310018 | PQ | 4724 | TGV310047 | TGV310048 | |
| 4710 | TGV310019 | TGV310020 | PQ | 4725 | TGV310049 | TGV310050 | |
| 4711 | TGV310021 | TGV310022 | PQ | 4726 | TGV310051 | TGV310052 | |
| 4712 | TGV310023 | TGV310024 | PQ | 4727 | TGV310053 | TGV310054 | |
| 4713 | TGV310025 | TGV310026 | PQ | 4728 | TGV310055 | TGV310056 | |
| 4714 | TGV310027 | TGV310028 | PQ | 4729 | TGV310057 | TGV310058 | |
| 4715 | TGV310029 | TGV310030 | PQ | 4730 | TGV310059 | TGV310060 | |

**Named Unit**

4715 Élysée-Vertrag / Traité de L'élysée 50 Jahre / Ans

**Notes**

# RATP - Regie Autonome des transports Parisiens

## Electric Locomotives

| Class 4900 | | Bo-Bo | | | | 1500 V DC | | |
|---|---|---|---|---|---|---|---|---|
| Built by:- | CGE 1935-36 | | | Weight:- | 54 tonnes | | | |
| Length:- | 12.60m | | | Max Speed:- | 60-80 km/h | | | |
| 4902 | BY | YB | 4904 | BY | YB | 4906 | BY | YB |
| 4903 | BY | YB | 4905 | BY | YB | 4907 | BY | YB |

## Diesel Locomotives

| Class C 61000 | | | C | | | | | |
|---|---|---|---|---|---|---|---|---|
| Built by:- | CEM 1946-50 | | | Weight:- | 51t | | | |
| Length:- | 9.50m | | | Max Speed:- | 60km/h | | | |
| T 101 | RU | | T 105 | BY | [C61025] | T 132 | MY | [C61033] |

| Class Y 7400 | | B | | | |
|---|---|---|---|---|---|
| Built by:- | Moyse 1969 | | Weight:- | 32t | |
| Length:- | 8.94m | | Max Speed:- | 60km/h | |
| T 102 | BY | | T 103 | RU | |

| Class BB63500 | | | Bo-Bo | | | | | |
|---|---|---|---|---|---|---|---|---|
| Built by:- | Brissonneau and Lotz 1959-63 | | | Weight:- | 72-80t | | | |
| Length:- | 14.48m | | | Max Speed:- | 80km/h | | | |
| T 160 | MY | J | T 163 | MY | J | T 167 | MY | J | T 169 | BY | J |
| T 161 | BY | J | T 165 | MY | J | T 168 | RU | J | T 170 | BY | J |
| T 162 | BY | J | T 166 | RU | J | | | | | | |

## Electric Multiple Units

As these units do not keep the same formations and are currently undergoing major overhaul, many have been reformed so the data is listed as single carriages. A & B have a different front end design to batches C to E. These run on RER Line A.

| Class MS 61 Type A&B | | 3 Car Units (Power Car) | | 1500 V DC | |
|---|---|---|---|---|---|
| Built by:- | B&L/CIMT/ANF/TCO/MTE 1966-80 | | Weight:- | 40t | |
| Length:- | 24.555m | | Max Speed:- | 100km/h | |

| | | | | | | | |
|---|---|---|---|---|---|---|---|
| IM15001 | BY | M15018 | BY | M15035 | BY | M15052 | BY |
| M15002 | BY | M15019 | BY | M15036 | BY | M15053 | BY |
| M15003 | BY | M15020 | BY | M15037 | BY | M15054 | BY |
| M15004 | BY | M15021 | BY | M15038 | BY | M15055 | BY |
| M15005 | BY | M15022 | BY | M15039 | BY | M15056 | BY |
| M15006 | BY | M15023 | BY | M15040 | BY | M15057 | BY |
| M15007 | BY | M15024 | BY | M15041 | BY | M15058 | BY |
| M15008 | BY | M15025 | BY | M15042 | BY | M15059 | BY |
| M15009 | BY | M15026 | BY | M15043 | BY | M15060 | BY |
| M15010 | BY | M15027 | BY | M15044 | BY | M15061 | BY |
| M15011 | BY | M15028 | BY | M15045 | BY | M15062 | BY |
| M15012 | BY | M15029 | BY | M15046 | BY | M15063 | BY |
| M15013 | BY | M15030 | BY | M15047 | BY | M15064 | BY |
| M15014 | BY | M15031 | BY | M15048 | BY | M15065 | BY |
| M15015 | BY | M15032 | BY | M15049 | BY | M15066 | BY |
| M15016 | BY | M15033 | BY | M15050 | BY | M15067 | BY |
| M15017 | BY | M15034 | BY | M15051 | BY | M15068 | BY |

## Class MS 61 Type A&B　　3 Car Units (Power Car)　　1500 V DC

| | | | | | | | |
|---|---|---|---|---|---|---|---|
| M15069 | BY | M15083 | BY | M15097 | BY | M15111 | BY |
| M15070 | BY | M15084 | BY | M15099 | BY | M15112 | BY |
| M15071 | BY | M15085 | BY | M15100 | BY | M15113 | BY |
| M15072 | BY | M15086 | BY | M15101 | BY | M15114 | BY |
| M15073 | BY | M15087 | BY | M15102 | BY | M15115 | BY |
| M15074 | BY | M15088 | BY | M15103 | BY | M15116 | BY |
| M15075 | BY | M15089 | BY | M15104 | BY | M15117 | BY |
| M15076 | BY | M15090 | BY | M15105 | BY | M15118 | BY |
| M15077 | BY | M15091 | BY | M15106 | BY | M15119 | BY |
| M15078 | BY | M15092 | BY | M15107 | BY | M15121 | BY |
| M15079 | BY | M15093 | BY | M15108 | BY | M15122 | BY |
| M15080 | BY | M15094 | BY | M15109 | BY | M15123 | BY |
| M15081 | BY | M15095 | BY | M15110 | BY | M15124 | BY |
| M15082 | BY | M15096 | BY | | | | |

## Class MS 61 Type C to E　　3 Car Units (Power Car)　　1500 V DC

**Built by:-** B&L/CIMT/ANF/TCO/MTE 1966-80　**Weight:-** 40t
**Length:-** 24.555m　**Max Speed:-** 100km/h

| | | | | | | | |
|---|---|---|---|---|---|---|---|
| M15125 | BY | M15157 | RU | M15189 | RU | M15221 | RU |
| M15126 | RU | M15158 | RU | M15190 | RU | M15222 | RU |
| M15127 | RU | M15159 | RU | M15191 | RU | M15223 | RU |
| M15128 | RU | M15160 | RU | M15192 | RU | M15224 | RU |
| M15129 | RU | M15161 | RU | M15193 | RU | M15225 | RU |
| M15130 | BY | M15162 | RU | M15194 | RU | M15226 | RU |
| M15131 | RU | M15163 | RU | M15195 | RU | M15227 | RU |
| M15132 | RU | M15164 | RU | M15196 | RU | M15228 | RU |
| M15133 | RU | M15165 | RU | M15197 | RU | M15229 | BY |
| M15134 | RU | M15166 | RU | M15198 | RU | M15230 | RU |
| M15135 | RU | M15167 | RU | M15199 | RU | M15233 | RU |
| M15136 | RU | M15168 | RU | M15200 | RU | M15234 | RU |
| M15137 | RU | M15169 | RU | M15201 | RU | M15235 | RU |
| M15138 | RU | M15170 | RU | M15202 | RU | M15236 | RU |
| M15139 | RU | M15171 | RU | M15203 | RU | M15237 | RU |
| M15140 | RU | M15172 | RU | M15204 | RU | M15238 | RU |
| M15141 | RU | M15173 | RU | M15205 | RU | M15239 | RU |
| M15142 | RU | M15174 | RU | M15206 | RU | M15240 | RU |
| M15143 | RU | M15175 | RU | M15207 | RU | M15241 | RU |
| M15144 | RU | M15176 | RU | M15208 | RU | M15242 | RU |
| M15145 | RU | M15177 | RU | M15209 | RU | M15243 | RU |
| M15146 | RU | M15178 | RU | M15210 | RU | M15244 | RU |
| M15147 | RU | M15179 | RU | M15211 | RU | M15245 | RU |
| M15148 | RU | M15180 | RU | M15212 | RU | M15246 | RU |
| M15149 | RU | M15181 | RU | M15213 | RU | M15247 | RU |
| M15150 | RU | M15182 | RU | M15214 | RU | M15248 | RU |
| M15151 | RU | M15183 | RU | M15215 | RU | M15249 | RU |
| M15152 | RU | M15184 | RU | M15216 | RU | M15250 | RU |
| M15153 | RU | M15185 | RU | M15217 | RU | M15251 | RU |
| M15154 | RU | M15186 | RU | M15218 | RU | M15252 | RU |
| M15155 | RU | M15187 | RU | M15219 | RU | M15253 | RU |
| M15156 | RU | M15188 | RU | M15220 | RU | M15254 | RU |

## Class MS 61 Type A to E    3 Car Units (Trailer)

| Built by:- | B&L/CIMT/ANF/TCO/MTE 1966-80 | Weight:- | 32t |
|---|---|---|---|
| Length:- | 24.110m | Max Speed:- | 100km/h |

| | | | | | | | |
|---|---|---|---|---|---|---|---|
| B18001 | BY | B18032 | BY | B18065 | RU | B18097 | RU |
| B18002 | BY | B18033 | BY | B18066 | RU | B18098 | RU |
| B18003 | BY | B18034 | BY | B18067 | RU | B18099 | RU |
| B18004 | BY | B18035 | BY | B18069 | RU | B18100 | RU |
| B18005 | BY | B18036 | BY | B18070 | RU | B18101 | RU |
| B18006 | BY | B18038 | BY | B18071 | RU | B18102 | RU |
| B18007 | BY | B18039 | BY | B18072 | RU | B18103 | RU |
| B18008 | BY | B18040 | BY | B18073 | RU | B18104 | BY |
| B18009 | BY | B18041 | BY | B18074 | RU | B18105 | RU |
| B18010 | BY | B18042 | BY | B18075 | BY | B18106 | BY |
| B18011 | BY | B18043 | BY | B18076 | RU | B18107 | RU |
| B18012 | BY | B18044 | BY | B18077 | RU | B18108 | RU |
| B18013 | BY | B18045 | BY | B18078 | RU | B18109 | BY |
| B18014 | BY | B18046 | BY | B18079 | RU | B18110 | RU |
| B18015 | BY | B18047 | BY | B18080 | RU | B18111 | RU |
| B18016 | BY | B18048 | BY | B18081 | RU | B18112 | RU |
| B18017 | BY | B18049 | BY | B18082 | RU | B18113 | RU |
| B18018 | BY | B18050 | BY | B18083 | RU | B18115 | RU |
| B18019 | BY | B18051 | BY | B18084 | BY | B18116 | RU |
| B18020 | BY | B18052 | BY | B18085 | RU | B18117 | RU |
| B18021 | BY | B18053 | BY | B18086 | RU | B18118 | RU |
| B18022 | BY | B18055 | BY | B18087 | RU | B18119 | BY |
| B18023 | BY | B18056 | BY | B18088 | RU | B18120 | RU |
| B18024 | BY | B18057 | BY | B18089 | RU | B18121 | RU |
| B18025 | BY | B18058 | BY | B18090 | RU | B18122 | RU |
| B18026 | BY | B18059 | BY | B18091 | RU | B18123 | RU |
| B18027 | BY | B18060 | BY | B18092 | BY | B18124 | RU |
| B18028 | BY | B18061 | BY | B18093 | RU | B18125 | RU |
| B18029 | BY | B18062 | BY | B18094 | RU | B18126 | RU |
| B18030 | BY | B18063 | BY | B18095 | RU | B18127 | RU |
| B18031 | BY | B18064 | RU | B18096 | RU | B18128 | RU |

## Class MI 2N    5 Car Double Deck Units    1500V DC / 25 kV AC 50Hz

| Built by:- | ANF/CIMT/GEC Alsthom 1996-2002 | Weight:- | 288t |
|---|---|---|---|
| Length:- | 22.85+22.10+22.10+22.10+22.85m | Max Speed:- | 140km/h |

| | | | | | | | | | | |
|---|---|---|---|---|---|---|---|---|---|---|
| 1501 | 2501 | 3501 | 2502 | 1502 | BY | 1537 | 2537 | 3519 | 2538 | 1538 | BY |
| 1503 | 2503 | 3502 | 2504 | 1504 | BY | 1539 | 2539 | 3520 | 2540 | 1540 | BY |
| 1505 | 2505 | 3503 | 2506 | 1506 | BY | 1541 | 2541 | 3521 | 2542 | 1542 | BY |
| 1507 | 2507 | 3504 | 2508 | 1508 | BY | 1543 | 2543 | 3522 | 2544 | 1544 | BY |
| 1509 | 2509 | 3505 | 2510 | 1510 | BY | 1545 | 2545 | 3523 | 2546 | 1546 | BY |
| 1511 | 2511 | 3506 | 2512 | 1512 | BY | 1547 | 2547 | 3524 | 2548 | 1548 | BY |
| 1513 | 2513 | 3507 | 2514 | 1514 | BY | 1549 | 2549 | 3525 | 2550 | 1550 | BY |
| 1515 | 2515 | 3508 | 2516 | 1516 | BY | 1551 | 2551 | 3526 | 2552 | 1552 | BY |
| 1517 | 2517 | 3509 | 2518 | 1518 | BY | 1553 | 2553 | 3527 | 2554 | 1554 | BY |
| 1519 | 2519 | 3510 | 2520 | 1520 | BY | 1555 | 2555 | 3528 | 2556 | 1556 | BY |
| 1521 | 2521 | 3511 | 2522 | 1522 | BY | 1557 | 2557 | 3529 | 2558 | 1558 | BY |
| 1523 | 2523 | 3512 | 2524 | 1524 | BY | 1559 | 2559 | 3530 | 2560 | 1560 | BY |
| 1525 | 2525 | 3513 | 2526 | 1526 | BY | 1561 | 2561 | 3531 | 2562 | 1562 | BY |
| 1527 | 2527 | 3514 | 2528 | 1528 | BY | 1563 | 2563 | 3532 | 2564 | 1564 | BY |
| 1529 | 2529 | 3515 | 2530 | 1530 | BY | 1565 | 2565 | 3533 | 2566 | 1566 | BY |
| 1531 | 2531 | 3516 | 2532 | 1532 | BY | 1567 | 2567 | 3534 | 2568 | 1568 | BY |
| 1533 | 2533 | 3517 | 2534 | 1534 | BY | 1569 | 2569 | 3535 | 2570 | 1570 | BY |
| 1535 | 2535 | 3518 | 2536 | 1536 | BY | 1571 | 2571 | 3536 | 2572 | 1572 | BY |

## Class MI 2N      5 Car Double Deck Units      1500V DC / 25 kV AC 50Hz

| | | | | | | | | | | | |
|---|---|---|---|---|---|---|---|---|---|---|---|
| 1573 | 2573 | 3537 | 2574 | 1574 | BY | I | 1581 | 2581 | 3541 | 2582 | 1582 | BY | I |
| 1575 | 2575 | 3538 | 2576 | 1576 | BY | I | 1583 | 2583 | 3542 | 2584 | 1584 | BY | I |
| 1577 | 2577 | 3539 | 2578 | 1578 | BY | I | 1585 | 2585 | 3543 | 2586 | 1586 | BY | I |
| 1579 | 2579 | 3540 | 2580 | 1580 | BY | I | | | | | | | |

## Class M109      5 Car Double Deck Units      1500V DC / 25 kV AC 50Hz

**Built by:-** ANF/CIMT/GEC Alsthom 2010-2014    **Weight:-** 288t  
**Length:-** 22.85+22.10+22.10+22.10+22.85 m    **Max Speed:-** 140km/h

| | | | | | | | | |
|---|---|---|---|---|---|---|---|---|
| 1601 | 2601 | 3601 | 2602 | 1602 | 1661 | 2661 | 3631 | 2662 | 1662 |
| 1603 | 2603 | 3602 | 2604 | 1604 | 1663 | 2663 | 3632 | 2664 | 1664 |
| 1605 | 2605 | 3603 | 2606 | 1606 | 1665 | 2665 | 3633 | 2666 | 1666 |
| 1607 | 2607 | 3604 | 2608 | 1608 | 1667 | 2667 | 3634 | 2668 | 1668 |
| 1609 | 2609 | 3605 | 2610 | 1610 | 1669 | 2669 | 3635 | 2670 | 1670 |
| 1611 | 2611 | 3606 | 2612 | 1612 | 1671 | 2671 | 3636 | 2672 | 1672 |
| 1613 | 2613 | 3607 | 2614 | 1614 | 1673 | 2673 | 3637 | 2674 | 1674 |
| 1615 | 2615 | 3608 | 2616 | 1616 | 1675 | 2675 | 3638 | 2676 | 1676 |
| 1617 | 2617 | 3609 | 2618 | 1618 | 1677 | 2677 | 3639 | 2678 | 1678 |
| 1619 | 2619 | 3610 | 2620 | 1620 | 1679 | 2679 | 3640 | 2680 | 1680 |
| 1621 | 2621 | 3611 | 2622 | 1622 | 1681 | 2681 | 3641 | 2682 | 1682 |
| 1623 | 2623 | 3612 | 2624 | 1624 | 1683 | 2683 | 3642 | 2684 | 1684 |
| 1625 | 2625 | 3613 | 2626 | 1626 | 1685 | 2685 | 3643 | 2686 | 1686 |
| 1627 | 2627 | 3614 | 2628 | 1628 | 1687 | 2687 | 3644 | 2688 | 1688 |
| 1629 | 2629 | 3615 | 2630 | 1630 | 1689 | 2689 | 3645 | 2690 | 1690 |
| 1631 | 2631 | 3616 | 2632 | 1632 | 1691 | 2691 | 3646 | 2692 | 1692 |
| 1633 | 2633 | 3617 | 2634 | 1634 | 1693 | 2693 | 3647 | 2694 | 1694 |
| 1635 | 2635 | 3618 | 2636 | 1636 | 1695 | 2695 | 3648 | 2696 | 1696 |
| 1637 | 2637 | 3619 | 2638 | 1638 | 1697 | 2697 | 3649 | 2698 | 1698 |
| 1639 | 2639 | 3620 | 2640 | 1640 | 1699 | 2699 | 3650 | 2700 | 1700 |
| 1641 | 2641 | 3621 | 2642 | 1642 | 1701 | 2701 | 3651 | 2702 | 1702 |
| 1643 | 2643 | 3622 | 2644 | 1644 | 1703 | 2703 | 3652 | 2704 | 1704 |
| 1645 | 2645 | 3623 | 2646 | 1646 | 1705 | 2705 | 3653 | 2706 | 1706 |
| 1647 | 2647 | 3624 | 2648 | 1648 | 1707 | 2707 | 3654 | 2708 | 1708 |
| 1649 | 2649 | 3625 | 2650 | 1650 | 1709 | 2709 | 3655 | 2710 | 1710 |
| 1651 | 2651 | 3626 | 2652 | 1652 | 1711 | 2711 | 3656 | 2712 | 1712 |
| 1653 | 2653 | 3627 | 2654 | 1654 | 1713 | 2713 | 3657 | 2714 | 1714 |
| 1655 | 2655 | 3628 | 2656 | 1656 | 1715 | 2715 | 3658 | 2716 | 1716 |
| 1657 | 2657 | 3629 | 2658 | 1658 | 1717 | 2717 | 3659 | 2718 | 1718 |
| 1659 | 2659 | 3630 | 2660 | 1660 | 1719 | 2719 | 3660 | 2720 | 1720 |

# SNCF Narrow Gauge Lines
## SNCF Ligne De Cerdagne

### Power Cars — 850V DC Third Rail
| Built by:- Carde&Cie/Sprague-Thomson 1908-09 | Weight:- 30t |
|---|---|
| Length:- 14.904m | Max Speed:- 55km/h |

| Z102 | BZ | Z106 | BZ | Z108 | BZ | Z111 | BZ | Z115 | BZ | Z117 | BZ |
| Z104 | BZ | Z107 | BZ | Z109 | BZ | Z113 | BZ | Z116 | BZ | Z118 | BZ |
| Z105 | BZ | | | | | | | | | | |

### Class Z150 — 2 Car EMU — 850V DC Third Rail
| Built by:- Stadler 2003 | Weight:- 41t |
|---|---|
| Length:- 32.182m | Max Speed:- 80 km/h |

Z151    Z152

### Snow Plough
| Built by:- Carde 1909 | Weight:- 27t |
|---|---|
| Length:- 11.284m | Max Speed:- 30km/h |

ZR201    ZR202

### Trailer Cars
| Built by:- Carde & Cie 1908-09 | Weight:- 16t |
|---|---|
| Length:- 14.384m | Max Speed:- 55km/h |

20001 BZ | 20002 BZ | 20003 BZ | 20004 BZ

### Open-Top Trailer Cars
| Built by:- Carde & Cie 1912 | Weight:- 11t |
|---|---|
| Length:- 10.50m | Max Speed:- 55km/h |

20030 BZ | 20031 BZ | 20032 BZ | 20033 BZ | 20034 BZ

### Balcony Trailer Cars
| Built by:- Decauville 1910-12 | Weight:- 15t |
|---|---|
| Length:- 13.37m | Max Speed:- 55km/h |

20023 BZ | 20036 BZ | 20037 BZ | 20038 BZ | 20039 BZ

## SNCF Ligne De Savoie [St.Gervais-Chamonix-Vallorcine]

### Z 600 — 750V DC Third Rail
| Built by:- Decauville / Oerlikon 1958 | Weight:- 40.9t |
|---|---|
| Length:- 18.20m | Max Speed:- 70km/h |

| Z601 | SG | Chamonix - Mt Blanc | Z604 | SG | | Z606 | SG |
| Z603 | SG | | Z605 | SG | | Z607 | SG |

### Z 691 — Rotary Snow-Plough
| Built by:- SNCF / Oerlikon 1958 | Weight:- 33.5t |
|---|---|
| Length:- 9.01 m | Max Speed:- 40km/h |

Z691    SG

### Z800 — 2 Car Units — 850V DC 3rd Rail / Overhead
| Built by:- | Vevey Technologies / SLM / Adtranz 1996-97 | |
|---|---|---|
| Length:- | 18.90 + 18.90m | |
| Weight:- | 36 + 36t | Max Speed:-70km/h (16km/h on rack) |

Z801    Z802 SG    | Z803    Z804 SG    | Z805    Z806 SG

## Class Z850

| Built by:- | | | | Weight:- | |
|---|---|---|---|---|---|
| Length:- | | | | Max Speed:- | |
| ZR1851 | Z851 | ZR1852 | SG | "Saint Gervais Mont Blanc" | |
| ZR1853 | Z852 | ZR1854 | SG | | |
| ZR1855 | Z853 | ZR1856 | SG | | |
| ZR1857 | Z854 | ZR1858 | SG | | |
| ZR1859 | Z855 | ZR1860 | SG | | |
| ZR1861 | Z856 | ZR1862 | SG | | |

## Z 20600 — Trailer Car

| Built by:- | Decauville 1958 | Max Speed:- 70km/h |
|---|---|---|
| Length:- | 18.20m | Works with Class Z600 |
| Weight:- | 19.7t | |

| Z20601 | SG | OG | Z20602 | SG | OG | Z20603 | SG | OG | Z20604 | SG | OG |

### Notes

# Private Narrow Gauge Lines
## Chemin de Fer du Blanc-Argent
### Diesel Locomotives

| Built by:- | SNCF Perigueux Works 1953 | Weight:- | 17t |
|---|---|---|---|
| Length:- | 8.45m | Max Speed:- | 30km/h |

| BA 13 | | BA 14 | |

### Railcars

**Class X200** — XBD

| Built by:- | De Dion Bouton 1948 | Weight:- | 18t |
|---|---|---|---|
| Length:- | 19.12m | Max Speed:- | 70km/h |

X 205

**Class X210** — XBD

| Built by:- | Verney 1950-51 | Weight:- | 21t |
|---|---|---|---|
| Length:- | 18.535m | Max Speed:- | 85km/h |

| X 211 | X 212 | X 213 | X 214 |

**Class X220** — XBD

| Built by:- | Verney 1951 | Weight:- | 18t |
|---|---|---|---|
| Length:- | 18.535m | Max Speed:- | 80km/h |

X 224

**Class X240** — XBD

| Built by:- | CFD Montmirail/Socofer 1983 | Weight:- | 25t |
|---|---|---|---|
| Length:- | 18.28m | Max Speed:- | 85km/h |

| X 241 | Romorantin - Lanthenay. | X 242 | Valencay |

**Class XR700** — XRBD — Trailer

| Built by:- | Verney 1951 | Weight:- | 9.5t |
|---|---|---|---|
| Length:- | 12.975m | Max Speed:- | 85km/h |

| XR 701 | XR 702 | XR 703 |

**Class X74500** — Articulated Units

| Built by:- | CFD 2001 | Weight:- | 45t |
|---|---|---|---|
| Length:- | | Max Speed:- | |

| X 74501 | X 74502 | X 74503 | X 74504 | X 74505 |

## Chemin de Fer de Chamonix au Montenvers

**Diesel Loco** — 1-B

| 31 | 32 | 33 |

**Steam Loco's**

| 6 | 0-4-2T Plinthed | 7 | 0-4-2T Stored | 8 | 0-4-2T Spares |

**Electric Railcar**

| 41 | 42 | 43 | 44 | 45 | 46 |

# Chemins de Fer Corses (Corsica)
## Diesel Locomotives

### Class 001 — B-B — DH
| Built by:- | CFD Industrie 1995 | Weight:- | |
|---|---|---|---|
| Length:- | | Max Speed:- | |

001

### Class 114 — B-B — DM
| Built by:- | Bastia Depot 1958 | Weight:- | |
|---|---|---|---|
| Length:- | | Max Speed:- | |

114

### Class BB 400 — B-B — DH
| Built by:- | CFD 1963/1966 | Weight:- | 32t |
|---|---|---|---|
| Length:- | 10.76m | Max Speed:- | 50km/h |

| 404 | 405 | 406 | BB007 | 408 |

## Diesel Railcars and Trailers

### Class — XRBD — Trailer
| Built by:- | Garnero 1977 | Weight:- | 13t |
|---|---|---|---|
| Length:- | 19.80m | Max Speed:- | |

| R 104 | R 105 |

### Class 113 — XRBDx
| Built by:- | Billard 1987 | Weight:- | |
|---|---|---|---|
| Length:- | 14.50m | Max Speed:- | 75km/h |

XR113

### Class 200 — XBD
| Built by:- | Renault 1949-50 | Weight:- | |
|---|---|---|---|
| Length:- | 19.50m | Max Speed:- | 60km/h |

| X201 | X202 | X204 | X206 | X207 |

### Class — XRBD — Trailer
| Built by:- | Billard 1938 / 1949 | Weight:- | |
|---|---|---|---|
| Length:- | 11.50m | Max Speed:- | |

| XR210 | XR211 | XR212 |

### Class X240 — XRD
| Built by:- | Billard 1938 / 1949 | Weight:- | |
|---|---|---|---|
| Length:- | 11.50m | Max Speed:- | |

| XR242 | XR243 |

### Class X500 — XRD
| Built by:- | Billard 1938 | Weight:- | |
|---|---|---|---|
| Length:- | 13.35m | Max Speed:- | |

| 503 | 513 |

### Class 526 — XRBDx
| Built by:- | Billard 1947 | Weight:- | |
|---|---|---|---|
| Length:- | 13.35m | Max Speed:- | |

XR526

# Chemins de Fer Corses (Corsica)

## Class AMG 800 — 2 Car Unit — XBD

| Built by:- | CFD Bagnères 2007-2008 | Weight:- | 70.8t |
| --- | --- | --- | --- |
| Length:- | 20m + 20m | Max Speed:- | 100km/h |

| 801 | 802 | 807 | 808 | 813 | 814 | 819 | 820 |
| --- | --- | --- | --- | --- | --- | --- | --- |
| 803 | 804 | 809 | 810 | 815 | 816 | 821 | 822 |
| 805 | 806 | 811 | 812 | 817 | 818 | 823 | 824 |

## Class X2000 — XB

| Built by:- | CFD 1975-76 | Weight:- | |
| --- | --- | --- | --- |
| Length:- | 15.90m | Max Speed:- | 85km/h |

| X 2001 | X 2002 | X 2004 | X 2005 |
| --- | --- | --- | --- |

## Class X5000 — XB

| Built by:- | CFD 1981 | Weight:- | |
| --- | --- | --- | --- |
| Length:- | 16.50m | Max Speed:- | 85km/h |

| X 5001 | X 5002 |
| --- | --- |

## Class X97050 — XBD

| Built by:- | Soule 1989 - 90/92/97 | Weight:- | 35.6t |
| --- | --- | --- | --- |
| Length:- | 18.28m | Max Speed:- | 90km/h |

| X 97051 | X 97053 | X 97055 | X 97057 |
| --- | --- | --- | --- |
| X 97052 | X 97054 | X 97056 | |

## Class XR9700 — XRBDx

| Built by:- | Soule 1989 - 90/92/97 | Weight:- | 22.4t |
| --- | --- | --- | --- |
| Length:- | 18.28m | Max Speed:- | 90km/h |

| XR 9701 | XR 9703 | XR 9705 | XR 9707 |
| --- | --- | --- | --- |
| XR 9702 | XR 9704 | XR 9706 | |

# Chemin de Fer du Lac d'Artouste

## Class D — DM

| Built by:- | Weitz 1948/*Billard 1963 | Weight:- | 7.8t/*4.5t |
| --- | --- | --- | --- |
| Length:- | | Max Speed:- | |

| D1* | D3 | D4 | D5 | D6 | D7 | D8 | |
| --- | --- | --- | --- | --- | --- | --- | --- |

## Class D — DM

| Built by:- | Whitcomb (USA) 1967-78 | Weight:- | 5t |
| --- | --- | --- | --- |
| Length:- | | Max Speed:- | |

| D2 | D7 | D9 | D10 | D11 | D12 | D13 | D14 |
| --- | --- | --- | --- | --- | --- | --- | --- |

## Class Snowplough — DM

| Built by:- | Berliet. | Weight:- | |
| --- | --- | --- | --- |
| Length:- | | Max Speed:- | |

| Snowplough | | | |
| --- | --- | --- | --- |

## Passenger open coaches.

| Built by:- | Quatre Mares Works (SNCF)1968-1983 | Weight:- | 800kg |
| --- | --- | --- | --- |
| Length:- | 6.00m | Max Speed:- | |

| 1 | 7 | 13 | 19 | 25 | 31 | 37 | 43 | 49 | 55 |
| --- | --- | --- | --- | --- | --- | --- | --- | --- | --- |
| 2 | 8 | 14 | 20 | 26 | 32 | 38 | 44 | 50 | 56 |
| 3 | 9 | 15 | 21 | 27 | 33 | 39 | 45 | 51 | 57 |
| 4 | 10 | 16 | 22 | 28 | 34 | 40 | 46 | 52 | 58 |
| 5 | 11 | 17 | 23 | 29 | 35 | 41 | 47 | 53 | 59 |
| 6 | 12 | 18 | 24 | 30 | 36 | 42 | 48 | 54 | 60 |

# Chemin de Fer de la Mure

## Secheron Loco — Bo-Bo

| T6 | ST. GEORGES DE COMMIERS | T9 |
| T7 | LA MURE D'ISERE | T10 |
| T8 | | |

## Thomson-Buire Electric Car

| A1 | A3 | A5 |

## SWS Electric Car

| 1 | 5 | T10 | 11 |

## Brissonneau & Lotz Locos

| T2 | T4 |

## Decauville Railcar - un-numbered

## ABDe 4/4 — Electric Railcar

| 484 | 486 |

## Type Tm 2/2 — Diesel Shunter

100

# Chemins de Fer de la Provence

## Class T62 — Bo-Bo — DE

| T62 | T66 |

## Class BB400 — B-B — DM

BB 401

## Class BB1200 — B-B — DH

BB 1200

## Trailer — XRBD

Note: On long term loan from Chemins de Fer de Corse.    R105

## Class X200 — XD

212

## Class X300/1/2 — XB

| X 301 | X 302 | X 303 | X 304 | X 305 | X 306 | X307 |

## Class X3020(ZZ) — XB

| X 320 | X 326 | ZZ 6 | ZZ 10 | ZZ 21 dsm | ZZ 22 |
| X 322 | ZZ 3 dsm | ZZ 8 | | | |

## Class X350 — XBD+Bx

X 351    XR 1351

## Class XR1330 — Trailers

| XR 1331 | XR 1333 | XR 1337 |

## Class XR1340/XR1370 — Hauled Stock

| XR 1341 | XR 1342 | XR 1343 | XR 1344 | X 1370 | X 1372 | X 1376 |

## Class X2000 — XB

Note: On long term loan from Chemins de Fer de Corse.    X2003

# Chemins de Fer de la Provence

**Class AMP 800** — 2-Car DMU

X801 X802 "BLÉONE"  | X803 X804 "VAR"  | X805 X806 "VERDON"  | X807 X808 "VAÏRE"

Preserved or stored locos

| 51 | D | oou | E211 | 2-4-6-0T | pres | E327 | 4-6-0T | pres |

## Chemin de fer de la Rhune

**4 Wheel Rack Locomotives**

| 1 | 2 | 3 | 4 | 5 | 6 |

## Panoramique Des Dômes

Note: This is a new metre gauge rack line due to open in 2012.
Note: 4 units have been ordered but no info on numbers.

**2-Car Unit Rack** — GTW 2/6

| Unit 1 | Unit 2 | Unit 3 | Unit 4 |

## Tramway du Mont Blanc

**Diesel Locomotive** — 1-B

31

**Steam Locomotives**

| 2 | 0-4-0T (Evires) | 3 | 0-4-0T (St. Gervais) |

**Rack Railcars**

The units do not carry numbers but are identified by their livery.

| Unit 1 | Dark Red | "Jeanne" | Unit 2 | Green | "Anne" | Unit 3 | Dark Blue | "Marie" |

## Notes

# Private / Industrial Railways

This section lists privately owned standard gauge locomotives and stock working totally within France. This can be at Tourist locations, within Industry or at Construction sites. Locomotives hired out for Infrastructure work are also included.

## Electric Locomotives

### Class 186 (Traxx) — Bo-Bo — E

| | | | | | | | | | |
|---|---|---|---|---|---|---|---|---|---|
| E186.161 | ECR | E186.171 | ECR | E186.184 | AKM | 186.308-3 | ECR | 186.317-4 | ECR |
| E186.162 | ECR | E186.172 | ECR | E186.185 | AKM | 186.309-1 | ECR | 186.318-2 | ECR |
| E186.163 | ECR | E186.173 | ECR | E186.186 | AKM | 186.310-9 | ECR | 186.319-0 | ECR |
| E186.164 | ECR | E186.174 | ECR | 186.301-8 | ECR | 186.311-7 | ECR | 186.320-8 | ECR |
| E186.165 | ECR | E186.175 | ECR | 186.302-6 | ECR | 186.312-5 | ECR | 186.341-4 | ECR |
| E186.166 | ECR | E186.176 | ECR | 186.303-4 | ECR | 186.313-3 | ECR | 186.342-2 | ECR |
| E186.167 | ECR | E186.177 | ECR | 186.304-2 | ECR | 186.314-1 | ECR | 186.343-0 | ECR |
| E186.168 | ECR | E186.178 | ECR | 186.305-9 | ECR | 186.315-8 | ECR | 186.344-8 | ECR |
| E186.169 | ECR | E186.179 | ECR | 186.306-7 | ECR | 186.316-6 | ECR | 186.345-5 | ECR |
| E186.170 | ECR | E186.180 | ECR | 186.307-5 | ECR | | | | |

### Class 37500 — Bo-Bo — E

| | | | | | | | | | |
|---|---|---|---|---|---|---|---|---|---|
| E 37501 | EPF | E 37508 | CB | E 37514 | CB | E 37520 | CB | E 37526 | CB |
| E 37502 | EPF | E 37509 | EPF | E 37515 | VC | E 37521 | CB | E 37527 | CB |
| E 37503 | EPF | E 37510 | CB | E 37516 | CB | E 37522 | CB | E 37528 | CB |
| E 37504 | EPF | E 37511 | VC | E 37517 | CB | E 37523 | CB | E 37529 | VC |
| E 37505 | EPF | E 37512 | CB | E 37518 | CB | E 37524 | VC | E 37530 | VC |
| E 37506 | VC | E 37513 | VC | E 37519 | CB | E 37525 | CB | E 37531 | VC |
| E 37507 | VC | | | | | | | | |

## Diesel Locomotives

### Class 0 — B

| | | | | | | | | | |
|---|---|---|---|---|---|---|---|---|---|
| 074 | VFLI | 082 | VFLI | 091 | VFLI | 095 | VFLI | 096 | VFLI |
| 081 | VFLI | 086 | VFLI | 093 | VFLI | | | | |

### Class B000 Various — B — DH

| | | | | | | | | | |
|---|---|---|---|---|---|---|---|---|---|
| B001 | VFLI | B017 | VFLI | B026 | VFLI | BB029 | VFLI | 096 | VFLI |
| B002 | VFLI | B018 | VFLI | B027 | VFLI | BB030 | VFLI | B101 | VFLI |
| B004 | VFLI | B020 | VFLI | B029 | VFLI | BB032 | VFLI | | |
| B005 | VFLI | B022 | VFLI | B035 | VFLI | BB039 | VFLI | | |
| B007 | VFLI | B023 | VFLI | B042 | VFLI | BB044 | VFLI | | |

### Type BB01-35 — BB

Note:- Basically same as NS 2400. T= Fitted with remote control equipment.

| | | | | | | | | | |
|---|---|---|---|---|---|---|---|---|---|
| 1 | HBL | 8 | HBL | 15T | HBL | 24 | HBL | 30 | HBL |
| 2 | HBL | 9 | HBL | 16T | HBL | 25 | HBL | 31 | HBL |
| 3 | HBL | 10 | HBL | 20 | HBL | 26 | HBL | 32 | HBL |
| 4 | HBL | 11 | HBL | 21 | HBL | 27 | HBL | 33 | HBL |
| 5 | HBL | 12 | HBL | 22 | HBL | 28 | HBL | 34 | HBL |
| 6 | HBL | 13 | HBL | 23 | HBL | 29 | HBL | 35 | HBL |
| 7 | HBL | 14T | HBL | | | | | | |

### Class 50 — Bo — DE

| | | | | | | | | | |
|---|---|---|---|---|---|---|---|---|---|
| 51 | RDT | 53 | RDT | 55 | RDT | 56 | RDT | 57 | RDT |
| 52 | RDT | 54 | RDT | | | | | | |

| Type BB40-51 | | | BB | | | | | |
|---|---|---|---|---|---|---|---|---|

Note:- Identical to SNCF BB63500 class. M= fitted with multiple working.

| 40 | HBL | 43M | HBL | 46 | HBL | 48 | HBL | 50 | HBL |
|---|---|---|---|---|---|---|---|---|---|
| 41 | HBL | 44M | HBL | 47 | HBL | 49 | HBL | 51 | HBL |
| 42 | HBL | 45M | HBL | | | | | | |

| Class 58 | | | Co-Co | | | | | DE |
|---|---|---|---|---|---|---|---|---|

Note: Ex British Rail Locos but all are now stored at Amiens.

| 58004 | TSO | 58010 | TSO | 58026 | TSO | 58034 | TSO | 58046 | TSO |
|---|---|---|---|---|---|---|---|---|---|
| 58007 | TSO | 58011 | TSO | 58032 | TSO | 58035 | TSO | 58050 | TSO |
| 58009 | TSO | 58018 | TSO | 58033 | TSO | 58040 | TSO | | |

| Type M70 | | | BB | | | | | |
|---|---|---|---|---|---|---|---|---|

Note:-Shunters, normally based at Carling with one at Merlebach. Note some VFLI

| 70 | HBL | 72 | HBL | 74 | HBL | 76 | HBL | 77 | HBL |
|---|---|---|---|---|---|---|---|---|---|
| 71 | HBL | 73 | HBL | 75 | HBL | | | | |

| Class 77 (Class 247) | | | Co-Co | | | | | D |
|---|---|---|---|---|---|---|---|---|

| 77001 | ECR | 77008 | ECR | 77015 | ECR | 77023 | ECR | 77032 | ECR |
|---|---|---|---|---|---|---|---|---|---|
| 77002 | ECR | 77009 | ECR | 77017 | ECR | 77024 | ECR | 77033 | ECR |
| 77003 | ECR | 77010 | ECR | 77018 | ECR | 77025 | ECR | 77036 | ECR |
| 77004 | ECR | 77012 | ECR | 77019 | ECR | 77027 | ECR | 77037 | ECR |
| 77005 | ECR | 77013 | ECR | 77021 | ECR | 77028 | ECR | 77040 | ECR |
| 77006 | ECR | 77014 | ECR | 77022 | ECR | 77030 | ECR | | |

| Class 77/5 | | | Co-Co | | | | | D |
|---|---|---|---|---|---|---|---|---|

| 77501 | VFLI | 77503 | VFLI | 77505 | VFLI | 77506 | VFLI | 77507 | VFLI |
|---|---|---|---|---|---|---|---|---|---|
| 77502 | VFLI | 77504 | VFLI | | | | | | |

| Class 81 | | Bo+Bo | | DE |
|---|---|---|---|---|

Note:-Double units consisting of a shunter plus cables "mule". Used at the VAC and Carling coking plant.

| BNY81+BNT81 | HBL/VFLI | BNY82+BNT82 | HBL/VFLI |
|---|---|---|---|

| Class 100 | | | Bo | | | | | |
|---|---|---|---|---|---|---|---|---|

| 106 | VFLI | 111 | VFLI | 113 | VFLI | 115 | VFLI | 117 | VFLI |
|---|---|---|---|---|---|---|---|---|---|
| 107 | VFLI | 112 | VFLI | 114 | VFLI | 116 | VFLI | 118 | VFLI |
| 108 | VFLI | | | | | | | | |

| Class 131 | B | D |
|---|---|---|

L 131.02   COLRA

| Class 135 | B-B | D |
|---|---|---|

L 135.02   COLRA

| Class 136 | Bo-Bo | D |
|---|---|---|

L 136.01   [99.87.9582.501-2 F-COLRA]   COLRA

**Notes**

| Class 211 (Class 182) | | Bo-Bo | | | DH |
|---|---|---|---|---|---|
| 182.501-6 | [DB 211 192] | VEC | 182.548-7 | [DB 211 114] | COLRA |
| 182.505-7 | [DB 211 151] | TSO | 182.549-5 | [DB 211 238] | COLRA |
| 182.506-5 | [DB 211 096] | TSO | 182.550-3 | [DB 211 055] | COLRA |
| 182.507-3 | [DB 211 188] | OLI | 182.551-1 | [DB 211 058] | COLRA |
| 182.511-5 | [DB211.272] | FT | 182.552-9 | [DB 211 132] | TR |
| 182.512-3 | [DB 211 164] | ETF | 182.553-7 | [DB 211 180] | TSO |
| 182.513-1 | [DB 211 157] | ETF | 182.554-5 | [DB 211 149] | TSO |
| 182.514-9 | [DB 211 187] | ETF | 182.555-2 | [DB 211 147] | TSO |
| 182.515-6 | [DB 211 299] | ETF | 182.556-0 | [DB 211 137] | TSO |
| 182.516-4 | [DB 211 175] | ETF | 182.557-8 | [DB 211 173] | TSO |
| 182.517-2 | [DB 211 361] | ETF | 182.558-6 | [DB 211 264] | TSO |
| 182.518-0 | [DB 211 081] | ETF | 182.559-4 | [DB 211 322] | TSO |
| 182.519-8 | [DB 211 335] | ETF | 182.560-2 | [DB 211 328] | TSO |
| 182.520-6 | [DB 211 115] | ETF | 182.561-0 | [DB 211 310] | TSO |
| 182.521-4 | [DB 211 246] | ETF | 182.562-8 | [DB 211 320] | TSO |
| 182.522-2 | [DB 211 127] | ETF | 182.563-6 | [DB 211 183] | TSO |
| 182.523-0 | [DB 211 285] | ETF | 182.566-9 | [DB 211 197] | TSO |
| 182.524-8 | [DB 211 236] | ETF | 182.567-7 | [DB 211 280] | TSO |
| 182.525-5 | [DB 211 136] | ETF | 182.568-5 | [DB 211 087] | TSO |
| 182.526-3 | [DB 211 188] | ETF | 182.569-3 | [DB 211 090] | TSO |
| 182.527-1 | [DB 211 069] | ETF | 182.570-1 | [DB 211 102] | TSO |
| 182.528-9 | [DB 211 139] | ETF | 182.571-9 | [DB 211 289] | TSO |
| 182.529-7 | [DB 211 167] | ETF | 182.572-7 | [DB 211 168] | TSO |
| 182.530-5 | [DB 211 167] | ETF | 182.573-5 | [DB 211 221] | TSO |
| 182.531-3 | [DB 211 327] | ETF | 182.574-3 | [DB 211 269] | TSO |
| 182.532-1 | [DB 211 174] | FSC | 182.575-0 | [DB 211 359] | TSO |
| 182.533-9 | [DB 211 010] | GEN | 182.576-8 | [DB 211 191] | TSO |
| 182 534-7 | [DB 211 128] | MCI | 182.578-4 | [DB 211 128] | VEC |
| 182.535-4 | [DB 211 033] | COLRA | 182.579-2 | [DB 211 117] | VEC |
| 182.536-2 | [DB 211 185] | COLRA | 182.581-8 | [DB 211 318] | ETF |
| 182.537-0 | [DB 211 245] | COLRA | 182.584-2 | [DB 211 329] | TSO |
| 182.538-8 | [DB 211 144] | COLRA | 182.611-3 | [DB 211 230] | TSO |
| 182.539-6 | [DB 211 034] | COLRA | 182.623-8 | [DB 211.350] | OLI |
| 182.540-4 | [DB 211 234] | COLRA | 182.624-6 | [DB 211 047] | TSO |
| 182.541-2 | [DB 211 156] | COLRA | 384.501-2 | [DB 211 106] | ETF |
| 182.542-0 | [DB 211 152] | COLRA | 384.502-0 | [DB 211 226] | ETF |
| 182.543-8 | [DB 211 111] | COLRA | AT3 ATA 0209 | [211 328] | TSO |
| 182.544-6 | [DB 211 113] | COLRA | V142-47 | [211 143] | TSO |
| 182.545-3 | [DB 211 131] | COLRA | V142-69 | [211 120] | TSO |
| 182.546-1 | [DB 211 158] | COLRA | V211 182 506 | [211 096] | TSO |
| 182.547-9 | [DB 211 137] | COLRA | | | |

| Named Locomotives | |
|---|---|
| 182.547-9 "Elisabeth" | 182.579-2 "Karine" |

| Class 212 (Class 182) | | Bo-Bo | | | DH |
|---|---|---|---|---|---|
| 212.130 | | ALS | 182.605-5 | [DB 212 088] | VEC |
| 212.297 | | E-G | 182.606-3 | [DB 212 014] | TSO |
| 182.502-4 | [DB 212 068] | PB | 182.607-1 | [DB 212 117] | TSO |
| 182.503-2 | [DB 212 125] | VEC | 182.610-5 | [DB 212 179] | TSO |
| 182.508-1 | [DB 212 126] | VEC | 182.612-1 | [DB 212 025] | COLRA |
| 182.509-9 | [DB 212 258] | VEC | 182.613-9 | [DB 212 073] | COLRA |
| 182.510-7 | [DB 212 276] | MCI | 182.614-7 | [DB 212 038] | COLRA |
| 182.565-1 | [DB 212 305] | GEN | 182.615-4 | [DB 212 253] | COLRA |
| 182.577-6 | [DB 212 173] | COLRA | 182.616-2 | [DB 212 328] | COLRA |
| 182.580-0 | [DB 212 219] | ETF | 182.617-0 | [DB 212 292] | COLRA |
| 182.582-6 | [DB 212 344] | FR | 182.618-8 | [DB 212 255] | COLRA |
| 182.583-4 | [DB 212 027] | FR | 182.619-6 | [DB 212 037] | MCI |
| 182.585-9 | [DB 212 282] | GEN | 182.620-4 | [DB 212 296] | MCI |
| 182.586-7 | [DB 212 221] | GEN | 182.621-2 | [DB 212 122] | ETF |
| 182.587-5 | [DB 212 154] | MCI | 182.622-0 | [DB 212 105] | GEN |
| 182.588-3 | [DB 212 170] | MCI | 182.628-7 | [DB 212 289] | MCI |
| 182.589-1 | [DB 212 177] | MCI | 182.629-5 | [DB 212 234] | MCI |
| 182.590-9 | [DB 212 266] | COLRA | 182.630-3 | [99.87.9182.630-3] | E-G |
| 182.591-7 | [DB 212 380] | MCI | 182.631-1 | [212.017] | E-G |
| 182.592-5 | [DB 212 232] | MCI | 182.632-9 | [212.102] | E-G |
| 182.593-3 | [DB 212 360] | PB | 182.633-7 | [212.361] | E-G |
| 182.594-1 | [DB 212 373] | COLRA | 182.702-0 | [DB 212 116, 214 024] | AR |
| 182.595-8 | [DB 212 061] | COLRA | 182.703-8 | [DB 212 127, 214 026] | AR |
| 182.596-6 | [DB 212 072] | COLRA | 182.704-6 | [DB 212 108] | DF |
| 182.597-4 | [DB 212 099] | COLRA | 182.705-3 | [DB 212 187] | DF |
| 182.598-2 | [DB 212 319] | COLRA | 182.706-1 | [212.159-8] | ETF |
| 182.599-0 | [DB 212 304] | COLRA | 212.041-8 | | TSO |
| 182.600-6 | [DB 212 262] | MCI | 212.130-9 | | ALS |
| 182.601-4 | [DB 212 056] | COLRA | 212.297-6 | | E-G |
| 182.602-2 | [DB 212 214] | VEC | 280.501-7 | [DB 212 016] | TSO |
| 182.603-0 | [DB 212 375] | MCI | AT3 ATA 0763 | [212 014] | TSO |
| 182.604-8 | [DB 212 070] | VEC | V142-59 | [212 326] | TSO |

| Named Locomotives | |
|---|---|
| 182.577-6 "Anita" | 182.592-5 "Theo" |
| 182.588-3 "Arnaud" | 182.598-2 "Sabine" |
| 182.591-7 "Vincent" | |

| Class 214 (Class 182 Ex 212) | | Bo-Bo | | | DH |
|---|---|---|---|---|---|
| 182.700-4 | [DB212.351, 214 027] | DF | 214.024 | [DB212.116] | NOR |
| 182.701-2 | [DB212.130, 214 025] | DF | 214.026 | [DB212.127] | NOR |

| Class 215 | Bo-Bo | DH |
|---|---|---|
| 99.87.9182.504-0 [DB 215 089] | TSO | |

| Class 216 | | Bo-Bo | | DH |
|---|---|---|---|---|
| 99.87.9182.608-9 [DB 216 214] | TSO | 99.87.9182.609-7 [DB 216 213] | | TSO |

| Class 300 (Ex CFL-G850BB) | | Bo | | | DE |
|---|---|---|---|---|---|
| 301 | RDT | 302 | RDT | 303 | RDT |

| Class 600 | | Bo | | DE |
|---|---|---|---|---|
| 601 | RDT | 602 | RDT | |

| Class 900 | | Bo | | | DE |
|---|---|---|---|---|---|
| 901 | [Ex - CFL 907] RDT | 902 | [Ex - CFL 904] RDT | 903 | [Ex - CFL 905] RDT |

## Class 1200 — Bo-Bo — DE

| 1201 | RDT | 1202 | RDT | 1203 | RDT | 1204 | RDT |

## Class 1400 — Bo-Bo — DE

| 1401 | RDT |

## Class BB500 — BB — DE

| BB551 | CF |

## Class BB4000 — BB — DE

| 4036 | CF |

## Class BB4500 — Bo-Bo — D

| BB 4501 | PD | BB 4503 | EP | BB 4504 | EP | BB 4510 | SO |

## Class BB4800 — Bo-Bo — D

| BB 4801 | PD | BB 4805 | EP | BB 4809 | EP | BB 4813 | EP | BB 4816 | EP |
| BB 4802 | PD | BB 4806 | EP | BB 4810 | EP | BB 4814 | EP | BB 4817 | CF |
| BB 4803 | EP | BB 4807 | EP | BB 4811 | CF | BB 4815 | EP | BB 4818 | EP |
| BB 4804 | EP | BB 4808 | EP | BB 4812 | CF |

## Class BB60000 — Bo-Bo

| A 00.0001 | [2613] | E-G | 2614 | E-G |

## Class BB61000 — BB

| BB61010 | [1001152] | CFR  | BB61016 | [016] | VFLI | BB61020 | [020] | VFLI |
| BB61012 | [1001376] | CFR  | BB61017 | [017] | VFLI | BB61021 | [021] | VFLI |
| BB61014 | [014] | VFLI | BB61018 | [018] | VFLI | BB61022 | [022] | VFLI |
| BB61015 | [015] | VFLI | BB61019 | [019] | VFLI | BB61023 | [023] | VFLI |

## Class BB62400 — Bo-Bo

| 01 | VFLI | 13 | VFLI | 62414 | VFLI | 62430 | VFLI | 62454 | VFLI |
| 03 | VFLI | 16 | VFLI | 62418 | VFLI | 62432 | VFLI | 62502 | VFLI |
| 06 | VFLI | 62403 | VFLI | 62424 | VFLI | 62439 | VFLI | 62518 | VFLI |
| 11 | VFLI | 62413 | VFLI |

## Class BB63000 — Bo-Bo

| 4 |  | VFLI | BB305 | [BB63198] | VFLI | BB323 |  | VFLI |
| 006 |  | VFLI | BB306 | [BB63085] | VFLI | BB324 |  | VFLI |
| 16 |  | VFLI | BB307 | [BB63182] | VFLI | BB325 |  | VFLI |
| 41 |  | VFLI | BB308 | [BB63168] | VFLI | BB326 |  | VFLI |
| 42 |  | VFLI | BB309 | [BB63244] | VFLI | BB331 | [BB63233] | VFLI |
| 43 |  | VFLI | BB310 |  | VFLI | BB332 | [BB63140] | VFLI |
| 47 |  | VFLI | BB311 |  | VFLI | BB333 | [BB63239] | VFLI |
| 51 |  | VFLI | BB312 |  | VFLI | BB350 | [BB63072] | VFLI |
| 062 |  | VFLI | BB313 | [BB63167] | VFLI | BB351 | [BB63540] | VFLI |
| BB 048 | [63085] | VFL | BB314 |  | VFLI | BB353 |  | VFLI |
| BB 049 | [63145] | VFL | BB315 |  | VFLI | BB354 |  | VFLI |
| BB 050 | [63168] | VFL | BB316 |  | VFLI | BB355 |  | VFLI |
| BB 051 | [63233] | VFL | BB317 | [BB63622] | VFLI | BB356 |  | VFLI |
| BB200 | [BB63143] | VFLI | BB318 |  | VFLI | BB357 |  | VFLI |
| BB201 | [BB63157] | VFLI | BB319 | [BB63664] | VFLI | BB400 | [BB63250] | VFLI |
| BB301 | [BB63795] | VFLI | BB320 | [BB63870] | VFLI | BB401 |  | VFLI |
| BB302 | [BB63714] | VFLI | BB321 | [BB63188] | VFLI | BB402 | [BB63249] | VFLI |
| BB304 |  | VFLI | BB322 | [BB63205] | VFLI | BB403 | [BB63209] | VFLI |

| Class BB63000 | | | Bo-Bo | | | | |
|---|---|---|---|---|---|---|---|
| BB410 | [BB63726] | AKM/VFLI | BB426 | [BB63553] | VFLI | BB63195 | VFLI |
| BB411 | [BB63735] | AKM/VFLI | BB431 | [BB63885] | VFLI | BB63207 | VFLI |
| BB412 | [BB63749] | AKM/VFLI | BB63068 | | VFLI | BB63217 | VFLI |
| BB413 | [BB63583] | AKM/VFLI | BB63142 | | VFLI | BB63226 | TPCF |
| BB414 | [BB63549] | AKM/VFLI | BB63145 | | VFLI | BB63228 | VFLI |
| BB415 | [BB63610] | VFLI | BB63152 | | VFLI | BB63230 | VFLI |
| BB416 | [BB63883] | VFLI | BB63156 | | VFLI | BB63231 | VFLI |
| BB421 | [BB63921] | VFLI | BB63170 | | VFLI | BB63232 | VFLI |
| BB422 | [BB63998] | VFLI | BB63179 | | VFLI | BB63237 | VFLI |
| BB423 | [BB63772] | VFLI | BB63187 | | VFLI | BB63243 | VFLI |
| BB424 | [BB63741] | VFLI | BB63197 | | VFLI | BB63921 | VFL |
| BB425 | [BB63942] | VFLI | | | | | |

| Class BB63500 | | Bo-Bo | | | |
|---|---|---|---|---|---|
| 26 | | COLRA | 52027 | [99.87.9481.504-8] | ETF |
| 27 | | COLRA | 52028 | [99.87.9481.506-3] | ETF |
| 40 | | COLRA | BB63501 | | VFLI |
| 42 | | COLRA | BB63525 | | VFLI |
| 45 | | COLRA | BB63583 | | VFL |
| 56 | | COLRA | BB63595 | | CFBD |
| 701 | | RDT | BB63633 | | VFLI |
| 801 | | RDT | BB63642 | | VFLI |
| 802 | | RDT | BB63661 | | CFBD |
| 803 | | RDT | BB63745 | | VFLI |
| 132.01 | [99.87.9481.509-7] | COLRA | BB63841 | | VFLI |
| 132.03 | [99.87.9481.507-1] | COLRA | BB 033 | [63540] | VFL |
| 132.04 | [99.87.9481.508-9] | COLRA | BB 034 | [63622] | VFL |
| 52002 | [99.87.9481.505-5] | ETF | BB 035 | [63795] | VFL |

| Class BB64000 | | | Bo-Bo | | | | |
|---|---|---|---|---|---|---|---|
| BB417 | [BB64000] | VFLI | BB419 | [BB64010] | VFLI | BB64003 | VFLI |
| BB418 | [BB64013] | VFLI | BB420 | [BB64028] | VFLI | BB64036 | VFL/VFLI |

| Class CC65500 | | Co-Co | | DE |
|---|---|---|---|---|
| 138.01 | [99.87.9481.510-5] , SNCF 65507] | COLRA | | |
| 52029 | [99.87.9481.514-9] | ETF | | |
| 52032 | [99.87.9481.513-9] | ETF | | |

| Class BB66000 | | | Bo-Bo | | | | |
|---|---|---|---|---|---|---|---|
| BB601 | [BB66013] | VFLI | BB606 | [BB66104] | VFL/VFLI | BB610 | [BB66163] VFL/VFLI |
| BB602 | [BB66050] | VFL/VFLI | BB607 | [BB66122] | VFL/VFLI | BB66046 | VFLI |
| BB603 | [BB66072] | VFLI | BB608 | [BB66153] | VFL/VFLI | BB66065 | VFLI |
| BB604 | [BB66092] | VFLI | BB609 | [BB66156] | VFL/VFLI | BB66261 | VFLI |
| BB605 | [BB66097] | VFLI | | | | | |

**Notes**

| Class BB66600 | | Bo-Bo | | DE |
|---|---|---|---|---|
| 52003 | [99.87.9181.513-2] | ETF | | |
| 52004 | [99.87.9181.514-0] | ETF | | |
| 99.87.9481.511-3 | [SNCF CC65522] | TSO | | |
| 99.87.9481.512-1 | [SNCF CC65512] | TSO | | |
| 99.87.9181.515-7 | [SNCF BB66610] | MCI | "Karine" | |
| 99.87.9181.516-5 | [SNCF BB66611] | MCI | "Nicolas" | |
| 99.87.9181.517-3 | [SNCF BB66612] | PB | | |
| 99.87.9181.518-1 | [SNCF BB66608] | VEC | "Boxer" | |
| 99.87.9181.519-9 | [SNCF BB66606] | VEC | "Isabelle" | |
| BB661 | [BB66614] | VFLI | | |
| BB662 | [BB66615] | VFLI | | |
| BB663 | [BB66616] | VFLI | | |

| Class CC72000 | | Co-Co | | |
|---|---|---|---|---|
| 72024 | VFLI | | 72067 | VFLI |

| Class Euro 4000 | | | Co-Co | | | D |
|---|---|---|---|---|---|---|
| 4001 | | EPF | | 4014 | | EPF |
| 4002 | | EPF | | 4015 | | EPF |
| 4003 | | EPF | | 4016 | | EPF |
| 4004 | | EPF | | E4017 | | VFLI |
| 4005 | | EPF | | E4018 | | VFLI |
| 4006 | | EPF | "Alesia" | E4019 | | VFLI |
| 4007 | | EPF | | E4020 | | VFLI |
| 4008 | | EPF | | E4021 | | VFLI |
| 4009 | | EPF | | E4022 | | VFLI |
| 4010 | | EPF | | 4023 | [92.87.0004.023-3] | EPF |
| 4011 | | EPF | | 4024 | [92.87.0004.024-1] | EPF |
| 4012 | | EPF | | 4025 | [92.87.0004.025-8] | EPF |
| 4013 | | EPF | | 4026 | [92.87.0004.026-6] | EPF |

| Class G1000 | | | B-B | | | DH |
|---|---|---|---|---|---|---|

Note: Some are hired from AT (Alfa Trains)

| 101 | [92 87 0001 021-0] | COLRA | 5001543 | | VFLI |
|---|---|---|---|---|---|
| 102 | [92 87 0001 022-8] | COLRA | 5001586 | | CFR |
| 103 | [92 87 0001 033-5] | COLRA | 5001827 | [92.87.0001.013-7] | ECR |
| 104 | [92 87 0001 034-3] | COLRA | 5001828 | [92.87.0001.014-5] | ECR |
| 1023 | [92.87.0001.023-6] | EPF | 5001829 | [92.87.0001.015-2] | ECR |
| 1024 | [92.87.0001.024-4] | EPF | 5001831 | [92.87.0001.016-0] | ECR |
| 1025 | [92.87.0001.025-1] | EPF | 5001970 | | FT |
| 1026 | [92.87.0001.026-9] | EPF | 5001971 | [1043] | FT |
| 1027 | [92.87.0001.027-7] | EPF | 5001972 | | FT |
| 1028 | [92.87.0001.028-5] | EPF | FB1487 | [92.87.0001.001-2] | ECR(AT) |
| 1029 | [92.87.0001.029-3] | EPF | FB1602 | | ECR(AT) |
| 1030 | [92.87.0001.030-1] | EPF | FB1610 | [92.87.0001.002-0] | ECR(AT) |
| 1035 | [5001705] | EPF | FB1611 | [92.87.0001.003-8] | ECR(AT) |
| 1036 | [92.87.0001.036-8] | EPF | FB1623 | [92.87.0001.011-1] | ECR |
| 1037 | [5001994] | EPF | FB1624 | [92.87.0001.012-9] | ECR |
| 1038 | | EPF | FB1642 | [92.87.0001.004-6] | ECR |
| 1039 | | EPF | FB1643 | [92.87.0001.005-3] | ECR |
| 1040 | [5602009] | EPF | FB1703 | [92.87.0001.006-1] | ECR |
| 1041 | [5602010] | EPF | FB1706 | [92.87.0001.007-9] | ECR |
| 1595 | [5001595] | CFR | FB1784 | [92.87.0001.008-7] | ECR |
| 1596 | [5001596] | CFR | FB1785 | [92.87.0001.009-5] | ECR |
| 5001540 | | VFLI | FB1786 | [92.87.0001.010-3] | ECR |
| 5001541 | | VFLI | | | |

| Class G1206 | | B-B | | | DH |
|---|---|---|---|---|---|
| 01 | | COLRA/SR | 5001806 | [99.87.9181.522-3] | FT |
| 02 | | COLRA/SR | 5001814 | | VFLI |
| 03 | | COLRA/SR | 5001820 | [92.87.0061.740-2 F-FVLI] | VFLI |
| 04 | | COLRA/SR | 5001821 | | VFLI |
| 05 | | COLRA/SR | 5001824 | [99 87 9181 507-4 F-DVF] | DVF |
| 06 | | COLRA/SR | 5001825 | [92.87.0061.739-4 F-VFLI] | VFLI |
| 07 | | COLRA/SR | 5001837 | [99.87.9181.509-0] | ETF |
| 08 | | COLRA/SR | 5001838 | [99.87.9181.510-8] | ETF |
| 09 | | COLRA/SR | 5001863 | | TSO |
| 10 | | COLRA/SR | 5001864 | | TSO |
| 11 | | COLRA/SR | 5001867 | [92.87.0061.741-0 F-VFLI] | VFLI |
| 12 | | COLRA/SR | 5001885 | [99.87.9181.512-4] | ETF |
| 13 | [266 774] | COLRA/SR | 5001886 | [99.87.9181.511-6] | ETF |
| 14 | [266 775] | COLRA/SR | 5001888 | | GEN |
| 15 | [266 776] | COLRA/SR | 5001898 | [99 87 9181 520-7 F-DVF] | DVF |
| 16 | [266 777] | COLRA/SR | 5001899 | [99.87.9181.523-1] | PB |
| 17 | [266 778] | COLRA/SR | 5001909 | [99.87.9181.524-9] | PB |
| 18 | [266 779] | COLRA/SR | 5001913 | [99 87 9181 525-6 F-DVF] | DVF |
| 19 | [266 780] | COLRA/SR | 5001916 | [99.87.9181.526-4] | FT |
| 20 | [266 781] | COLRA/SR | 5001917 | | ESAF |
| 21 | [92 87 0061 703-0] | COLRA/SR | 5001975 | [99 87 9181 537-1 F-DVF] | DVF |
| 22 | [92 87 0061 704-8] | COLRA/SR | 5701976 | | MCI |
| 23 | [92 87 0061 705-5] | COLRA/SR | 5701977 | | MCI |
| 24 | [92 87 0061 706-3] | COLRA/SR | BB61730 | [92.87.0061.730-3] | VFLI |
| 25 | [92.87.0002.001-1] | COLRA/SR | BB61731 | [92.87.0061.731-1] | VFLI |
| 26 | [92.87.0002.002-9] | COLRA/SR | BB61732 | [92.87.0061.732-9] | VFLI |
| 27 | | COLRA | BB61733 | [92.87.0061.733-7] | VFLI |
| 40 | | COLRA | BB61734 | [92.87.0061.734-5] | VFLI |
| 1152 | [BB61010] | CFR | BB61735 | [92.87.0061.735-2] | VFLI |
| 1512 | [5001512, 92.87.0061.702-2] | VC | BB61736 | [92.87.0061.736-0] | VFLI |
| 1514 | [5001514, 92.80.1276.025-4] | MRCE | BB61737 | [92.87.0061.737-8] | VFLI |
| 1515 | [5001515] | AT | BB61738 | [92.87.0061.738-6] | VFLI |
| 1544 | | OSR | BB61739 | [92.87.0061.739-4] | VFLI |
| 1545 | | OSR | BB61740 | [92.87.0061.740-2] | VFLI |
| 1573 | [5001573] | AT | BB61741 | [92.87.0061.741-0] | VFLI |
| 1574 | [5001574] | AT | BB61742 | [92.87.0061.742-8] | VFLI |
| 1650 | [92.80.1276.035-0] | MRCE | BB61743 | [92.87.0061.743-6] | VFLI |
| 1722 | [5001722, 92.80.1276.003-1] | RR | BB61744 | [92.87.0061.744-4] | VFLI |
| 1725 | [5001725, 92.80.1276.004-9] | AT | BB61745 | [92.87.0061.745-1] | VFLI |
| 1728 | [5001728] | VC | BB61746 | [92.87.0061.746-9] | VFLI |
| 1729 | [5001729, 92.87.0061.729-5] | VC | BB61747 | [92.87.0061.747-7] | VFLI |
| 1730 | [5001730, 92.87.0061.728-7] | MRCE | FB1544 | [5001628] | ECR |
| 1732 | [5001732, 92.80.1276.013-0] | MRCE | FB1545 | [5001630] | ECR |
| 5001497 | [99 87 9181 501-7] | ETF | FB1546 | [5001631] | ECR |
| 5001498 | [99.87.9181.502-5] | ETF | FB1547 | [5001516] | ECR |
| 5001546 | [99 87 9181 503-3] | ETF | TSO 61707 | [92.87.0061.707-1 F-TSO] | TSO |
| 5001547 | [99 87 9181 504-1] | ETF | TSO 61708 | [92.87.0061.708-9 F-TSO] | TSO |
| 5001655 | [92.87.0061.742-8 F VFLI] | VFLI | 99 87 9181 533-0 | [5701974] | DF |
| 5001685 | [92.87.0061.736-0 F-VFLI] | VFLI | 99 87 9181 536-3 | [5702016] | ESAF |
| 5001688 | [92.87.0061.738-6 F-VFLI] | VFLI | 99 87 9181 539-7 | [5701979] | DF |

| Class G2000 | | B-B | | | DH |
|---|---|---|---|---|---|
| 1615 | | AT | 5001667 | [92.80.1272.604-0] | ETMF |
| 1616 | | AT | 5001670 | [92.87.0002.010-2] | ECR |
| 1749 | [92.80.1272.606-5] | AT | 5001672 | [92.87.0002.004-5] | ECR |
| 1755 | | AT | 5001701 | [92 87 0002 024-3] | COLRA |
| 1756 | [92.87.0002.015-1] | AT | 5001735 | [92.80.1272.605-7] | ECR |
| 5001549 | [92 87 0002 026-8] | COLRA | 5001802 | [92.87.0002.023-5] | RDT |
| 5001551 | [92.87.0002.021-9] | VL | 5001803 | [92 87 0002 025-0] | COLRA |
| 5001632 | [92.80.1272.601-6] | ETMF | 5001839 | [92 87 0002 027-6] | COLRA |
| 5001633 | [92.80.1272.602-4] | ECR | 5001840 | [2028] | FT |
| 5001640 | [92.87.0002.007-8] | ECR | RDT 13 | [92.87.0002.023-5], 5001551 | RDT |
| 5001641 | [92.87.0002.008-6] | ECR | | | |

| Class - Ugine-Renault Douai | | B | |
|---|---|---|---|
| 063 | VFLI | | |

| Class Y01 Shunter | | B | | | |
|---|---|---|---|---|---|
| B 088 | [Y 01] | VFL | B 089 | [Y 02] | VFL |

| Class Y6200 Locotracteur | | B | | | |
|---|---|---|---|---|---|
| Y6232 | CF | | AT2 TR 038 | [SNCF Y6234] | MCI |

| Class Y7100 Locotracteur | | B | | | |
|---|---|---|---|---|---|
| Y7172 | | VFLI | Y7245 | | VFL |
| Y7193 | RIV | RR | Y7253 | RIV | RR |
| Y7200 | | VFL/VFLI | Y7294 | | VFLI |
| Y7214 | [98.87.0007.214-9] | VFL/VFLI | | | |

| Class Y7400 Locotracteur | | B | | | |
|---|---|---|---|---|---|
| Y7423 | | VFLI | Y7711 | | RR |
| Y7426 | | VFLI | Y7732 | Stored at Veauche | OFP |
| Y7474 | | VFLI | Y7744 | | RR |
| Y7496 | | VFLI | Y7748 | Stored at Veauche | OFP |
| Y7518 | | VFLI | Y7778 | | VFLI |
| Y7566 | | CFBD | Y7780 | | RR |
| Y7573 | | RR | Y7789 | | VFLI |
| Y7613 | | TPCF | Y7791 | Stored at Veauche | OFP |
| Y7614 | | RR | Y7805 | Stored at Veauche | OFP |
| Y7631 | | RR | Y7817 | | RR |
| Y7672 | | RR | Y7834 | | RR |
| Y7684 | | VFLI | Y7841 | | RR |
| Y7693 | Stored at Veauche | OFP | Y7856 | Stored at Veauche | OFP |
| Y7696 | RIV | RR | Y7883 | Stored at Veauche | OFP |

| Class Y51200 Shunter | | B | |
|---|---|---|---|
| AT3 PE 060 | [Y 51228] | VEC | |

**Notes**

## New Locomotives on Test in France

| Type G6 Vossloh | C | DH |
|---|---|---|
| G6 VL | | |

| Type G18 Vossloh | B-B | DH |
|---|---|---|
| G18 VL | | |

## Diesel Multiple Units

| Class 44 (Ex-SNCB) | Railcar |
|---|---|
| 4406 CFTSA | |

| Class X2400 | Railcar | | | | |
|---|---|---|---|---|---|
| X2416 CF | | X2423 CF | | X2429 CF | |

| Class X2800 | Railcar |
|---|---|
| X2882 CF | |

| Class X4000 | Railcar |
|---|---|
| X4051 CF | |

| Class X8200 | Railcar | | |
|---|---|---|---|
| XR8264 CF | | XR8292 CF | |

| Class X97150 | Railcar | | | | |
|---|---|---|---|---|---|
| X97151 CF | | X97152 CF | | X97153 CF | |

## Notes

# Ex- SNCF Locomotives In Industrial Use

| | |
|---|---|
| BB 13044 | Eurotunnel, Coquelles. |
| | |
| C 61037 | Béghin-Say, Sermaize les Bains |
| | |
| BB63140 | Paper Plant, Alizay |
| BB63195 | Potasses d'Alsace, Richwiller |
| BB63213 | ZI de la Martinerie, Déols |
| BB63218 | Ciments Lafarge, Le Teil |
| BB63220 | Ciments Lafarge, La Couronnee. |
| BB63230 | ASUEPA, Artix. |
| BB63242 | Bocahut quarry, Fourmies |
| BB63245 | Decoexa, Irún (Spain) |
| BB63246 | Aciéries de l'Atlantique, Tarnos. |
| | |
| BB71001 | Enterprises Méditerranée (Semer). Rivesaltes |
| BB71006 | Aproport, Macôn |
| BB71007 | Péchinery, Dunkerque |
| BB71010 | Flüelen (CH) |
| BB71014 | A quarry in La Patte near Lyon |
| BB71015 | Cellulose du Pin, Tartras |
| BB71016 | CDRA, St Gaudens |
| BB71018 | Soc Métallurgique d'Epernay. |
| BB71019 | Kronenbourg, Corbas. |
| BB71020 | Transports Bridier, La Chapelle St Ursin |
| BB71022 | Kronenbourg, Strasbourg, Port du Rhin. |
| BB71023 | CDRA, St Gaudens |
| BB71026 | Europorte's Gray Depot (s) |
| BB31027 | Holcim Cement, Chelles |
| BB71028 | Metalonor, Dunkerque. |
| BB71030 | Europorte's Gray Depot (s) |
| | |
| Y2101 | Sablières de Bourron-Marlotte. |
| Y2102 | COPAG, St Julien-les-Villas |
| Y2105 | Soufflet, Polisot |
| Y2106 | Coop Agricole de la Charente, Angoulême. |
| Y2108 | Potain, Moulins |
| Y2109 | SA Patry, Persan-Beaumont. |
| Y2110 | Graines Selectif Tezier, Portes-les-Valence. |
| Y2111 | Coop Agricole du Dunois, Bailleau-le-Pin. |
| Y2112 | Centre Commercial de Gros, Toulouse |
| Y2116 | Franciade, Lamotte-Beauvron. |
| Y2118 | ACOR, Blanquefort |
| Y2121 | MAGEFI, Nouveaux Ports de Metz. |
| Y2122 | Soufflet Agriculture, Anglure. |
| Y2128 | Coop Agricole La Dauphinoise, Port de Lyon |
| Y2129 | UCP, Châlons-en-Champagne |
| Y2134 | SICA SERROGRAIN, Sens |
| Y2135 | Coop Agricole du Dunois Châteaudun. |
| Y2137 | SACO, Lavaur |
| Y2139 | Franciade, Mondoubleau. |
| Y2140 | Coop Agricole du Dunois, Allonnes-Boisville |
| Y2141 | Charpente, Carcassone. |
| Y2145 | Alcan, Aumale |
| Y2149 | Purmet, Marignene |
| Y2150 | DAVUM, Audincourt |

# Ex- SNCF Locomotives In Industrial Use

| | |
|---|---|
| Y2206 | CEGELEC, Paris. |
| Y2209 | Epernay Scrapyard |
| Y2210 | Papeteries du Limousin, Saillat. |
| Y2212 | Coop Agricole du Dunois, Gommiers. |
| Y2217 | Coop Agricole du Dunois, Janville. |
| Y2218 | Champage Céréales, Fère-Champenoise |
| Y2223 | Cornet et Fils, Lignerolles. |
| Y2227 | France Appro, Pleine Fougères. |
| Y2229 | Sopalin, Sotteville. |
| Y2230 | Sablières de Bourron-Marlotte. |
| Y2235 | Coop des Pyrénées Orientales, Perpignan. |
| Y2243 | SAD, Port d'Illange |
| Y2244 | Coop Agricole du Dunois, Vieuvicq. |
| Y2245 | Cooperative de Verneuil, Berteuil sur Iton. |
| Y2253 | Cie. Bases de Lubrifiants, Port Jerome. |
| Y2254 | Coop Agricole, Le Blanc |
| Y2256 | SCAEL, Bonneval. |
| Y2258 | Siding, St Pierre-le-Moûtier (58) |
| Y2261 | Potain, St Nizier sous Charlieu. |
| Y2265 | Usine Metal de Massily, Massily. |
| Y2268 | Bourgeois, Besançon. |
| Y2272 | Coop Agricole, Brienon. |
| Y2278 | DAVUM, Nancy |
| Y2286 | Van Leer, Grand Quevilly |
| Y2290 | Agralco, Coutances. |
| Y2293 | Chavanne-Ketin, Berlaimont |
| Y2302 | SA Patry, Persan-Beaumont. |
| Y2307 | Scrap Yard, Marignane |
| Y2309 | SA Patry, Persan-Beaumont. |
| Y2312 | Cie. Française de Ferraille |
| Y2314 | André Recerdier, Pernes-le-Fontaines. |
| Y2323 | Map Metal |
| Y2324 | UCP, Châlons-en-Champagne |
| Y2325 | Cornet et Fils, Orgeres en Beauce. |
| Y2327 | Coop Agricole du Dunois, Auneau. |
| Y2329 | Ets. Desbrugeres, Noyon. |
| Y2332 | Silo Ligea, St Romain sur Cher |
| Y2333 | Epis Centre, Jean Varenne, near Issoudun. |
| Y2335 | Scrapyard, St Avre le Chambre. |
| Y2338 | Ateliers d'Occitanie, Narbonne. |
| | |
| Y2408 | Factory, St. Étienne |
| Y2421 | B.M. Traction, Lyon. |
| Y2422 | SAM, Follingy. |
| Y2426 | Factory, St. Juilien-Montrichier. |
| Y2430 | Ets. Fonlupt, Bourg-en-Bresse. |
| Y2437 | Carrières de Pagnac, Pagnac. |
| Y2442 | Carrières de Pagnac, Pagnac. |
| Y2454 | Scrapyard, Cluses. |
| Y2456 | Imerys, St Martin-Lys |
| Y2462 | Cie. Française de Ferrailles |
| Y2466 | Ets. Lambiotte, Prémery. |
| Y2472 | Soc. Kaolins du Finistere, Pleyber-Christ. |
| Y2473 | Rhône Poulenc Films, Miribel. |
| Y2488 | Gannat |
| Y2503 | Soc. Nouvelle de Transports, Chambéry. |

# Ex- SNCF Locomotives In Industrial Use

| | |
|---|---|
| Y2508 | Union Agricole, Saint Gaudens |
| Y2512 | C. Alpine de Recyclage, Aiton-Bourgneuf. |
| Y2513 | SA Gaston Arnould, Vittel. |
| Y2516 | Moullins de Savoie, Chambéry. |
| Y2517 | Carbone Savoie, N. Dame de Briançon. |
| | |
| Y5113 | Allevard Ressorts, Douai. |
| Y5120 | Chartenay, St. Imbert. |
| Y5128 | Coop Agricole du Dunois,Châteaudun. |
| Y5136 | Coop Agricole, Connerré |
| Y5149 | Leclerc, Bordeaux. |
| Y5154 | Butagaz, Corbehem. |
| | |
| Y6023 | Imes France, Culoz. |
| Y6032 | Sapprime, (?) |
| Y6036 | Rhône-Progil, (?) |
| Y6039 | Glon, Montauban-de-Bretagne |
| Y6208 | Metaux Spéciaux, Pomblières-St. Marcel. |
| Y6211 | SCAEL, Courville sur Eure. |
| Y6213 | Factory, Dannemarie-Velesmes. |
| Y6218 | SCAB, Bonneval. |
| Y6223 | Champagne Céréales, Coucy-les-Eppes. |
| Y6226 | Gènèrale Sucrerie (SOL, St Louis), Laon. |
| Y6227 | Silo, Vitry le François |
| Y6228 | CFRT, Flixecourt. |
| Y6235 | Primagaz, Lavéra (13) |
| Y6236 | Sogeloc, Gargenville. |
| Y6237 | Guyomar'ch, Gargenville. |
| Y6241 | Total Gaz, St. Loubes. |
| Y6246 | Dijon Céréales Les Laumes-Alésia |
| Y6249 | Cereal Coop. |
| Y6250 | Coop Agricole, Morigny, Etampes. |
| Y6254 | SICA La Pallice La Rochelle Port |
| Y6259 | DOMAGRI, Gerzat. |
| Y6262 | SPAD, Canals near Grisolles. |
| Y7663 | |
| Y6277 | Sucrerie de Pithiviers. |
| Y6278 | Toulouse Raynal |
| Y6279 | SICA La Pallice La Rochelle Port |
| Y6284 | Soc.Breizel, Vannes |
| Y6288 | Champagne Céréales, Reims |
| Y6292 | Sonegra, Darcey. |
| | |
| Y6302 | Champagne Céréales, Gondrecourt-le-Château |
| Y6303 | Total Gaz, Frontenex. |
| Y6308 | Champagne Cèrèales, Fere Champenoise. |
| Y6316 | Siciété CA, Thouars. |
| Y6318 | Coop Agricole, Longuejumelles. |
| Y6321 | Champagne Cèrèales, ZI de Pompelle, Reims. |
| Y6322 | La Providence Agricole, Matougues. |
| Y6324 | Sogemi-Fillod, St. Amour. |
| Y6325 | Soufflet, Polisot. |
| Y6330 | UCOP Silo, Breteuil Ville. |
| | |
| Y6403 | Calcia, Port de Rouen. |
| Y6405 | Champagne Céréales, Révigny |

# Ex- SNCF Locomotives In Industrial Use

| | |
|---|---|
| Y6407 | Silo, Châtel-Censoir. |
| Y6411 | Transagra, Tracy-sur-Loire. |
| Y6416 | Inton-Seine, Bonnières-sur-Seine. |
| Y6418 | UNCAC, St. Jean de Losne. |
| Y6421 | SOCOMAC, La Rochelle. |
| Y6422 | SPAD 69, Vénissieux. |
| Y6425 | Heineken / Pelforth, Schiltigheim. |
| Y6427 | Silo, Bram [11] |
| Y6431 | Silo, Monthois. |
| Y6438 | Combronde, Thiers |
| Y6439 | Coop Agricole de la Champage, Coligny. |
| Y6440 | SOCOMAC, La Pallice |
| Y6452 | Distrilux, Gonfreville l'Orcher. |
| Y6454 | FRET SNCF, Rouen |
| Y6455 | Sucrerie de Colville |
| Y6466 | Inton-Seine, Bonnières-sur-Seine. |
| Y6473 | Sablières, Les Andelys |
| Y6475 | VAHOMILLS, Sète. |
| Y6479 | SICA, Port-la-Nouvelle. |
| Y6480 | Factory, Montlucon |
| Y6482 | No details |
| Y6484 | FLB Breteuil-sur-Iton |
| Y6485 | Coop de Chemin, Chemin. |
| Y6593 | SOCOMAC, La Pallice |
| Y6496 | Rubis Terminal, Quenneport (Port of Rouen) |
| Y6498 | TRANSAGRA, Chateauneuf-sur-Cher |
| Y6499 | Lesaffre, Sucrerie de Nangis, Nangis. |
| | |
| Y6500 | Montmirail |
| Y6503 | SONOGRA, Nuits sous Ravières. |
| Y6504 | Sollac, Desvres |
| Y6508 | Tioxide, Calais. |
| Y6511 | Comurex, Malvesi, near Narbonne. |
| Y6523 | Générale Sucrerie, Etrepagny. |
| Y6524 | Cadeg Occitane, St Jean-de-Rives [81] |
| Y6526 | Berry-au-Bac, Engrais |
| Y6528 | Général Sucrerie, Roye. |
| Y6530 | Decoexa, Hendaye/Irun. |
| Y6536 | Société des Talcs de Luzenac, Luzenac. |
| Y6537 | Oullins |
| Y6542 | Champagne Cereales, Coolus. |
| Y6543 | Factory, Cosne-sur-Loire. |
| Y6545 | Transagra, Polly-les-Gien. |
| Y6546 | C.F. des Pyrénées de Champagne Ardenne |
| Y6548 | Distrilux, Marly-la-Ville. |
| Y6550 | FRET SNCF, Rouen "FRET 2". |
| Y6552 | Factory, Breteuil. |
| Y6554 | Factory, Bergerac. |
| Y6556 | BSN, Wingles. |
| Y6570 | Interface Céréales,Châteauneuf-St Sauveur  (28) |
| Y6572 | Union Sud Alim. Villefranche-de-Rouergue. |
| Y6578 | Silo, Montcornet |
| Y6579 | UCACEL, Rouen. |
| Y6581 | BSN, Veauche |
| Y6582 | Champagne Céréales, Dontrien. |
| Y6583 | Ciments Lafarge, Boussens. |

# Ex- SNCF Locomotives In Industrial Use

| | |
|---|---|
| Y6584 | Coop Agricole, Pithiviers |
| Y6588 | FRET SNCF Rouen. |
| Y6593 | SCAN, Guérigny |
| Y6597 | Rouen area. |
| Y6598 | Silo Coop Bretagne, Chatelaudren Plouaget. |
| Y6599 | SBE, Brétigny-sur-Orge |
| | |
| Y6602 | St Gobain, Chalons-sur-Saone. |
| Y6603 | Soufflet, Rouen |
| Y6610 | Soufflet, Sotteville. |
| Y6614 | Dijon Céréales, Is-sur-Tille |
| Y6618 | Port du Rhin, Strasbourg |
| Y6619 | SODEPAC, Monseempron-Libos |
| Y6620 | SOGEMA, Grand Couronne. |
| Y6624 | Soferti, Caen. |
| | |
| Y7021 | Sigma, La Grande Paroisse |
| Y7026 | Lacombe, Boutrassol-Justarette, near Pinsaguel. |
| Y7030 | Ph Rey Transit Groupages, Perpignan. |
| Y7038 | SCAEL, Marchezais-Broué |
| | |
| Y7106 | Toulousaine des Farines, Mirepeisset |
| Y7118 | Cie. Normande de Manutention, Rouen docks. |
| Y7128 | Sénalia Terminal Céréalier, Rouen |
| Y7142 | Narbonne |
| Y7182 | Colombiers |
| | |
| Y7246 | Ateliers d'Occitane, Narbonne (11) |
| | |
| Y7392 | Port Autonome de Mulhouse (Ex-SNCB) |
| | |
| Y7663 | O-I Glass, Gironcourt |
| Y7692 | SME, Culoz (AT2 CH 018) |
| Y7806 | La Dauphinoise, Heyrieux |
| Y7883 | Combronde, Thiers |
| | |
| YBE14022 | Silo, Coulanges-Crain |
| YBE14086 | SCADEC Epi Centre, Cercy |
| | |
| YDE20001 | Ciments Lafarge, Wissous |
| | |
| Y50101 | Magasins Généraux, Toulouse |
| Y50103 | Cooperative Scara, Mailly |
| Y50109 | Gardi-Loire |
| | |
| Y51122 | CCI Vaucluse, Avignon |
| Y51129 | Magasins Généraux, Toulouse |
| Y51130 | Coop du Mans, Le Mans |
| Y51135 | Matisa, Sens |
| Y51139 | Coop Agricole, La Hutte |
| Y51201 | PCUK, Brignoud |
| Y51207 | La Cellulose du Rhône, Tarascon |
| Y51209 | Usine Renault, Sandouville |
| Y51210 | Sucrerie d'Escaudoeuvres |
| Y51219 | Coop Agricole des Charente, Charmant |
| Y51229 | Hurel, Aunay-sous-Crécy |

## Notes